**Institutional Incentives and Sustainable Development:
Infrastructure Policies in Perspective**

制度激励与可持续发展

基础设施政策透视

[美] 埃莉诺·奥斯特罗姆（Elinor Ostrom）
拉里·施罗德（Larry Schroeder）
苏珊·薇恩（Susan Wynne）
著

李梅 毛寿龙 陈幽泓 等 译

中国人民大学出版社
·北京·

目　录

中文版译序 / 1
前　言 / 21
致　谢 / 23
导　言 / 27

第一章　基础设施与发展 / 1
第一节　战后的发展倡议 / 2
第二节　解释发展结果的制度方法 / 7
第三节　物质基础设施的重要性 / 9
第四节　基础设施可持续性意味着什么 / 13
第五节　研究方法综述 / 17
第六节　结论 / 21

第二章　基础设施的可持续问题 / 24
第一节　基础设施的维护与融资 / 25
第二节　基础设施开发的几个阶段 / 29
第三节　影响单个私人资本所有者-使用者的维护决策的因素 / 34
第四节　结论 / 38

第三章　个人、激励与交易成本 / 41
第一节　有关个人的假设 / 42

制度激励与可持续发展：基础设施政策透视

　　第二节　契约不确定性与交易成本问题/ 44
　　第三节　信息不对称是契约不确定的根源/ 47
　　第四节　作为抵御性制度的亲属关系网/ 59
　　第五节　裙带关系与腐败/ 62
　　第六节　结论/ 66

第四章　农村基础设施的供给与生产/ 69
　　第一节　供给与生产的区分/ 70
　　第二节　主要影响供给的农村基础设施的属性/ 72
　　第三节　主要影响生产的农村基础设施的属性/ 91
　　第四节　结论/ 99

第五章　制度绩效评估/ 104
　　第一节　综合绩效标准/ 105
　　第二节　中间绩效标准/ 111
　　第三节　结论/ 116

第六章　制度安排分析/ 119
　　第一节　私人开发基础设施的制度安排/ 120
　　第二节　公共基础设施开发的制度安排/ 125
　　第三节　结论/ 129

第七章　集权的制度安排/ 132
　　第一节　集权的基础设施开发/ 133
　　第二节　简化分析方法的问题/ 145
　　第三节　援助机构的作用/ 147
　　第四节　结论/ 150

第八章　分权的制度安排/154

第一节　分权努力/155

第二节　行政分权是否导致集权的全国政府绩效的改善？/159

第三节　结论/166

第九章　多中心制度安排/168

第一节　多中心的概念/169

第二节　多中心制度在发展中国家的可行性/175

第三节　对多中心制度安排的普遍顾虑/183

第四节　作为分权的私有化/196

第五节　结论/199

第十章　可持续发展的制度方法的意义/203

第一节　本书提出的分析方法/205

第二节　本书研究方法的一般政策意义/208

第三节　本书研究方法的直接政策意义/213

第四节　结论/220

参考文献/224

索　引/245

中文版译序

毛寿龙　李　梅

《制度激励与可持续发展：基础设施政策透视》是埃莉诺·奥斯特罗姆（Elinor Ostrom，1933—2012）和她的研究小组对发展中国家农村基础设施可持续性研究的重要成果。埃莉诺·奥斯特罗姆，美国政治学家、行政学家、经济学家，2009年诺贝尔经济学奖获得者之一，是获此殊荣的第一位女性。埃莉诺和她的丈夫文森特·奥斯特罗姆共同创办了印第安纳大学政治理论与政策分析研究所（Workshop in Political Theory and Policy Analysis），在国际政治学界、行政学界以及经济学界都有重要的影响。制度分析与发展框架、多中心治理、复合共和制政治理论、民主制行政理论以及公共池塘资源的自主治理理论，都是其重要的学术贡献。

埃莉诺·奥斯特罗姆长期关注公共问题的治理之道，特别对公共物品中公共池塘资源的治理研究有突出贡献。对真实世界各类自组织模式的广泛考察，使她具备超越一般经济学家的视野。奥斯特罗姆分析了不同制度如何影响公共选择形成集体行动，她的研究可以概括为公益物品和服务如何通过自主治理获得成功。有关公益物品的"公地悲剧"是公共选择理论的一个经典理论模型，大抵是说，对于那些不能排除别人使用的公益物品，比如对于一块"公用绿地"，如果不受约束又无须承担成本，那么理性的牧民都会倾向于多放牧，结果导致绿地变沙地，出现所谓的"公地悲剧"。如何防止"公地悲剧"呢？

过去的说法是，要么政府通过设置限制加以管制，要么将产权划归私人经营。奥斯特罗姆通过脚踏实地的研究，表明通过私人合作来管理"公共物品"或"公共资源"是可以成功的。在《公共事务的治理之道》(Governing the Commons: The Evolution of Institutions for Collective Action)一书中，奥斯特罗姆对"公地悲剧"、"囚徒理论"和"集体行动逻辑"等理论的探讨，就揭示了上述朴素的道理，也就是说，在特定社会里的人，会具体问题具体分析，缔结不同的合约来进行有效自治。她的研究表明，通过私人合作来管理"公共物品"或"公共资源"是可以成功的。

奥斯特罗姆的理论与公共选择学派一脉相承，关注集体行动的逻辑、人们面对的问题，以及他们的互动过程。奥斯特罗姆和她的团队研究发现，公共物品的属性十分复杂，其属性决定了其供给、生产与消费方式。不同种类、不同属性和不同层次的公共物品供给，应该采取不同的组织模式。提供公益物品，解决公共问题的集体行动，并非只能通过国家解决，也不是只能通过市场解决。人类可以通过自主治理来解决他们所面临的集体行动难题，自治和多中心体制也是人类的可选择方案之一，多中心体制作为处理复杂性的一种制度安排，在市场与国家之间提供了更多的选择。

《制度激励与可持续发展：基础设施政策透视》是奥斯特罗姆理论的重要组成部分，在本书中，她将其分析方法聚焦于一个特殊领域——农村基础设施的可持续发展。基础设施是可持续发展之本，这是许多国家持续发展的经验。但是，在发展中国家，许多发展基础设施的政策不仅没有带来持续发展，反而给发展带来了严重的问题。在本书中，奥斯特罗姆和另两位作者从经济学、政治学、公共行政学、博弈论和组织学领域中制度分析学者的研究出发，研究了国际组织和许多发展中国家的基础设施发展政策，认为不良的制度激励，是发展中国家农村基础设施不可持续的重要原因。本书援引了大量的案例研究，主要通过作为农村基础设施的灌溉系统和道路系统，论述真实世界的人们如何合作，他们面临什么问题，为了使合作有效，应该克服

中文版译序

什么障碍。除了常见的"搭便车"、规避责任和其他策略行为，人们的实际互动过程是十分复杂的，有许多环境因素可以影响人们的行为。只有实践者才能体察制度的细微之处，学者将它揭示出来，不是让人们单纯地模仿，而是让人们更深入地思考在真实世界中如何面对各种挑战。

中国改革开放的40多年，也是基础设施大发展的40多年，农村基础设施的建造和可持续问题也是其中的重要内容。随着乡村振兴战略的提出，农村基础设施建造向精细化迈进。国家将大量资源投入农村，农村基础设施的可持续问题非常值得研究。实际上，来自各个方面的消息也表明，农村基础设施因缺乏维修难以持续的问题大量存在。本书所描述的许多问题，对于一个中国读者来说，有似曾相识的感觉。因此，我们相信，本书的翻译和出版，不仅有利于中国学者更好地开发分析公共政策的理论，而且有助于我们更好地理解基础设施维护不力等问题的性质，并在较好理解的基础上，更好地采取有针对性的公共政策，提高基础设施服务的质量，并实现持续的社会经济发展。本译序的目的是结合译者的读书体会，力图展现本书所包含的理论思路和智慧内核。

一、社会资本的重要性

本书作者开篇就指出，基础设施对于持续发展是必要的，它是"繁荣经济、继往开来的基础所在，或者说它是经济增长的必要前提"。这是许多发达国家的经验，尤其是第二次世界大战后欧洲重建和继续发展的宝贵经验。但是，在许多发展中国家，重点发展基础设施的政策却并未起到其应有的支持经济发展的作用，并且基础设施本身也难以持续，并给发展中国家带来了严重的债务负担。这是为什么呢？埃莉诺·奥斯特罗姆等学者认为，在世界上许多地方，治理形式的现有结构为从事基础设施发展的绝大部分工作人员提供了一种不良的激励。一旦不当的激励渗透到基础设施发展的各个方面，就会有许多处于有利地位的人员从中受益，再想要改变时无疑会遇到非常大的

3

阻力。改变人们的激励，这在任何时候都是一项困难的任务。

正是带着这一问题，本书作者开始了艰苦的探索。他们首先界定了基础设施的概念及其问题属性，以及制度分析的基本概念、理论框架、方法论基础。他们认为，基础设施不仅仅限于物质基础设施，物质基础设施是可持续发展的重要条件，但是社会基础设施也是可持续发展的重要条件，而"社会基础设施由制度构成，制度就是人及其规律性和重复性的互动模式，它使投入转化为产出。制度包括这样一类事物，如家庭、私人公司、政府部门、地方社团、教会和园艺俱乐部等。……社会基础设施本身也是一种资本形式——社会资本"。在发达国家，物质基础设施之所以能够支持可持续发展，关键在于有适应于发展现代工业经济所需要的社会基础设施，但在发展中国家，"现有制度主要产生于对农业经济的支持，未来所需要的则是完全不同的制度"。并且许多外国援助集团在实施援助策略时，往往致力于强化发展中国家的国家集权制度，而削弱传统的自主治理制度的因素，这更加损害了发展中国家可持续发展所需要的社会基础设施，即当今发展研究学者所常说的"社会资本"。

因此，要正确诊断发展中国家基础设施发展政策难以持续的病症，就需要系统地、深入地分析其社会基础设施的缺陷，特别是不当激励的问题。本书作者认为，制度所包含的激励，不只是财政奖励或惩罚，它们是个人所能感觉到的在结果上的积极和消极变化。这种感觉很可能产生于以特定的物质和社会内容为背景并在一定制度范围内实施的特定行动。动机的类型包括许多方面，如得到升迁、提高威信和获取个人权力的机会，工作环境的改善，本职工作的自豪感，良好的社会关系，参与感，等等。激励是与个人价值观和内在情感以及与他人共享的文化价值观密切相关的。

本书作者认为，物质基础设施政策是否可持续，关键取决于作为参与者的个人在特定制度激励范围内所做的理性选择，也就是说，他的付出与他的所得应当匹配。在一个最为理想的制度安排里，激励会促使个人为所有的人获取净利而非净消耗。然而，鲜有可操作的制度能够达到这样一种理想境界,激励往往只是为了达到总体上的次优结果。因此,基础设施可持续发展的关键在于要有一个适当的制度,也就是说,在设计、融资、建造、维护和使用公共设施的过程中,要创建一个能带来相对有效和公平的激励体制,即要有适当的社会基础设施。对于这一点,说起来容易、做起来难,在日常生活中,我们经常听人们说"机制不好,但无可奈何"。但是,奥斯特罗姆等人认为,人类完全有能力做到这一点,而在经验里,也的确有很多基础设施由于群体成员定期的资源投入而能非常有效地维持其继续运行。当然,虽然设计一个激励体制,并使其能调动个人的积极性以开发农村基础设施的可持续性并不是不可能的事,但这比设计一个能有效生产物品与服务的物质结构要困难得多。增加的困难主要源于公共设施的自身特征,即它是公益性质的物品,而不是仅仅靠市场机制就可以有效发展的私益物品。但这一困难也并不是绝对难以克服的。

二、人的属性与物品属性

为了克服制度设计的困难,以奥斯特罗姆为首的研究小组进行了长期的研究。为了进一步评估基础设施开发可持续性所需要的社会基础设施,他们开发了一套制度分析的理论框架。该理论框架由三个因素组成:一是人的属性的分析,主要分析可能影响基础设施开发可持续性的人的特性;二是物品属性的分析,主要分析可能影响有关个人行为动机的物品的属性特征;三是确立制度安排绩效的标准,并分析各种制度安排的相对绩效,即绩效评估框架。

对于人的属性的分析,主要集中在第三章。奥斯特罗姆等人认为:第一,个人是理性的,个人在特定环境下的策略选择取决于其如何考察并权衡各种不同策略的收益、成本及它们的可能结果。第二,人在计算收益和成本方面容易犯错,但也会学习,能够根据确定的环境调整自己的行为。第三,人所面临的环境是复杂的,人的理性是有限的,人虽然趋向于理性,但实际上只能是有限理性。第四,有限理性,也意味着信息是有限的,这就给个人提供了实施机会主义行为的空间。理性的人一旦有机会，就会实施规避责任、"搭便车"或者寻租等有利于私人利益但不利于公共利益的行为。

每个人都是在一定的环境中进行决策的。环境越是确定，其决策也越确定。因此，几乎所有的人都力图减少决策环境的不确定性。通过契约，可以使个人决策的环境趋于明确化，从而减少不确定性。签约活动涉及奥利弗·威廉森所说的事先交易成本和事后交易成本，要通过契约来确定环境，需要高额的交易成本，尤其是需要克服信息不对称的问题。由于信息不对称问题是难以用较适当的成本彻底克服的，因此希望用契约来解决不确定性问题是不可能的。信息不对称，涉及地方知识和科学知识的不对称，一般来说，全国政府拥有较多的科学知识，而地方政府和消费者拥有较多的地方知识，即有关时间与地点的知识，这两种知识都是非常重要的。这两种不对称，就可能引起投机行为，这使得某些人可以凭自己知道而他人不知道的信息获益，并损害他人的利益。信息不对称还有其他表现，如当个人或物品的内在质量属性变化幅度很大，但不投入相当时间或其他成本则难以测量这种质量时，就发生了一种常见的信息不对称。在中国有一些俗话，如"买的没有卖的精"，"有买错的，没有卖错的"，就是这一信息不对称的表述。对于信息不对称问题，如果没有适当的防御性的制度，就会发生逆向选择和道德风险的问题，这就会大大增加交易成本。

由此不难看出，制度分析理论对于人的属性的分析是一种复杂的人性理论，它没有断言人性是恶的或者是善的，而是认为人性是一种客观存在，它是复杂的，与所处的环境有密切的关系，而人性是恶，还是善，则取决于人本身的属性以及其所处的环境。

对于基础设施物品属性的分析，主要在第二章和第四章。通过分析，本书作者认为基础设施的可持续性，不仅仅在于维护，而且还与其设计、建造、运行和使用有关。基础设施作为一种公益物品，具有非排他性和不可竞争性的特征，考虑这种物品，有必要区分其供给活动和生产活动。供给活动是指通过集体选择机制对以下问题做出决策：由指定的一组人提供各类物品和服务，所提供物品和服务的数量与质量，与这些物品和服务有关的私人活动被管制的程度，如何安排这些物品和服务的生产，如何对这些物品和服务的供给进行融资以及如何对生产这些物品和服务的人进行管理。生产活动则只是更加技术化地将投入变成产出的过程，它指制造一个产品，或者给予一项服务。这一区分的意义在于，公益物品要通过集体行动由公共部门供给，但并不意味着由公共部门生产。

农村基础设施具有如下特征：首先，它作为公益物品，从供给或消费方面来说，它的收益具有非排他性的特征，这一特征导致如下后果：第一，容易产生"搭便车"和投资不足的问题，需要公共经济部门的介入。第二，由公共部门提供农村基础设施时，在偏好决定和融资组织方面也会有一些问题。把个人偏好综合为公共偏好，往往要通过投票或者代表协商的机制来完成。但是公共选择理论的研究表明，以投票表达偏好，存在着各种各样的困难，从而难以准确表达消费者的偏好；而非投票机制则由于难以加工具体的时间与地点的信息，即使有信息传递，也有很大的扭曲，难以表达消费者偏好。第三，收益非排他性还可能导致融资方面的问题。这时通过税收来融资，是有效的选择。但是，这涉及高额的税务行政成本。

农村基础设施作为公益物品，还具有共用性的特征，即其所产生的服务是由众多的消费者共同使用的。这时，用户的特征，如用户数量的大小、其分布集中还是分散、用户之间的利益等方面相似或相异，对于农村基础设施开发和维护都有影响。如果用户数量少，居住集中，其利益等方面比较相似，那么农村基础设施开发和维护的问题就比较易于解决，否则，难以解决。农村基础设施是公益物品，它是共用的，其服务的流量在某些情况下不一定会减少，但是另外一些情况下其服务的流量会减少，也就是说一个用户的消费会影响其他用户的消费。灌溉水资源等公共池塘资源就是不具有排他性但具有可分性的典型。这时，服务的分配规则、服务用途的限定，就成为必要的选择了。

其次，农村基础设施建造存在测量上的困难，其中最困难的是基础设施需求分析。在设计阶段，对特定设施投资可能带来的收益也难以进行可信的评估。在建造阶段、维护阶段，由于测量的困难，难以准确监督工程的质量，同样也难以观察维护活动的频率和质量。

再次，农村基础设施建造易于产生寻租问题。这一问题实际上是由政府大规模介入基础设施供给以克服"搭便车"问题而引起的。政府介入虽然克服了"搭便车"问题，但也引起了寻租的问题。通过寻租，少数人可以从公共基础设施建造中获得可观的私人利益，从而使得该基础设施的建造不符合公共利益。

最后，从生产方面来看，基础设施有显著的规模经济效应，其资产有一定的专门性，其损坏率有自己的特性。但是，在设计、建造及运行、使用和维护方面，其规模经济效应有显著的差异。一般来说，设计、建造方面的规模经济效应大于使用和维护方面的规模经济效应。规模经济效应在不同阶段的差异性表明基础设施设计、建造、运行、使用和维护需要各级政府适当协作。基础设施的许多资产有专门性，这就需要有适当的制度安排，鼓励减少基础设施资产的专门性，使其有再利用的可能性。不同的基础设施，其损坏率是不同的，并且其可觉察性也各不相同，这也会影响基础设施的建造和维护。当然，现有的开发农村基础设施的公共-私营部门的行业结构，也会影响基础设施的生产。

本书作者认为，农村基础设施的供给、消费以及生产方面的这些属性，使设计适当的制度安排变得非常困难，至少难于有关私益物品的市场制度安排的设计。但是，通过适当的努力，可以恰当地解决这些问题。这就是制度分析的任务。

三、制度绩效的标准

本书作者认为，基础设施可持续的标准是其总体收益大于或至少等于其总体的成本，也就是说，只有满足这一条件时，基础设施才是可持续的。为了实现这一目标，需要选择特定的制度安排来解决基础设施设计、建造、运行、维护等方面的问题。那么，如何评价制度安排的绩效呢？本书作者开发了一套系统的绩效评估指标，一是综合绩效标准，二是中间绩效标准，这些绩效标准是制度分析的重要内容。

综合绩效标准包括经济效率、通过财政平衡实现公平、再分配公平、责任和适应性五个标准。经济效率是由与资源配置及再配置相关的净收益流量的变化决定的，它主要是指资源配置是否符合帕累托最优的标准。公平主要涉及两个方面：一是贡献与收益是否相适应，即是否实现了财政平衡；二是是否实现了再分配，即资源是否配置给了比较穷的人。责任是指政府官员对公民所承担的开发和使用基础设施的责任。重要的是确保基础设施适合公民的需求，避免和遏制策略行为，并使政府官员承担基础设施建造不当的责任等。适应性是指制度安排能够对环境变化做出适当的反应。当然，这些标准是需要进行权衡的，尤其是效率和再分配目标之间必须进行选择。但是，本书作者认为，资源有效配置应该是重点，再分配目标并非一定要使资源配置无效。相反，资源有效配置是有利于穷人利益的。

中间绩效标准包括供给成本和生产成本两个方面。在供给方面，供给成本包括转换成本和交易成本。转换成本包括：将公民对物品的偏好及其支付意愿转化为公共部门提供物品和服务的明确需求量所需的成本，融资和生产这些物品和服务所需的安排成本，监督生产者绩效所需的成本，规范消费者使用模式所需的成本，强制遵守税收和其他资源动员手段所需的成本。交易成本则是与协调、信息和策略行为相关的转换成本的增加。它包括三个类型：一是协调成本，投资于行动者之间供给协议的协商、监督和执行的时间、金钱以及人力成本的总和。二是信息成本，搜集和组织信息的成本以及由时间、地点变量和一般科学原则的知识的缺乏或无效混合所造成的错误成本。三是策略成本，指当个人利用信息、权力及其他资源的不对称分配，以牺牲别人的利益为代价获得效益，从而造成的转换成本的增加。与供给活动相关的最常见的策略成本是"搭便车"、寻租和腐败。

生产成本是指基础设施设计、建造、运行和维护的成本，包括转换成本和交易成本。转换成本是将投入转化为产出的成本。交易成本包括协调成本、信息成本和策略成本。协调成本是投资在协商、监督和实施协议方面的时间、资本和人员的成本总和。信息成本是指搜集和组织信息的成本以及由时间、地点变量和一般科学原则的知识的缺乏或无效混合所造成的错误成本。策略成本是指由于个人使用不对称分配的信息、权力及其他资源在别人付出代价的情况下获得收益，从而造成的转换成本的增加。与生产行为有关的最常见的策略成本是规避责任、腐败（或欺诈）、逆向选择和道德风险。

四、市场安排与用户团体

制度分析框架的目的不在于建立分析框架本身，而在于去评价现有的各种各样的制度安排，并探索更为有效的制度安排框架。奥斯特罗姆等人首先探索了开发小型基础设施的制度安排：单一市场、差异化市场和用户团体。

单一市场是这样一种市场，每个消费者负责供给，且必须为他或她想承担的每一基础设施项目寻求必要的生产者，包括设计者、建造者、运行者和维护者。基础设施的融资通过消费者和相关的各类技工之间的一系列等价交换来实现。同样，消费者向相关生产者直接而清晰地表达对各类基础设施设计、建造、运行、维护活动的需求。单一市场易于用来组织单个家庭户的私人资本投资的供给与生产，如修建私有住房。在这种情况下，每一家庭单位对自身的供给全权负责，并决定是由自己或是雇用他人承担各项任务，也可自由地与可能的设计者协商，寻找建造者并与特定建造者达成协议。最终，一个家庭要么挑选并雇用园丁、管道工、电工和清洁工长期维护房子，要么决定在家庭内部由自己来做这些事情。单一市场的规则是相对简单的。所有消费者和技工都可按自己的意愿成为买方或卖方。没有双方可接受的交换协议，任何人不得占有他人财产。

差异化市场是一种比较复杂的市场。在其中，每个消费者再也不必去和诸多技术工人协商。相反，他们可以在较少量的建造公司中进行选择。这些公司按长期合同雇用技术工人，监督其绩效并尽量树立高效的声誉。假定生产者和金融机构存在完全竞争，以致没有个人寡头垄断，在此情况下，一些消费者有可能在大量可选择的潜在生产者和各类金融机构中进行选择，而其他消费者则可能面临较为有限的选择。除公司外，一些独立的技工仍将继续提供服务。愿意大量投资的消费者在建立起足够的信用并提供足够财产以获取贷款后，从金融机构获得资金。金融机构有可能检查建造进程以确保质量标准的实现。差异化市场使得个人能够抵押财产以交换信用，并获得包括相互责任和义务的长期雇佣合同。

用户团体是在差异化市场基础上出现的制度安排。与差异化市场相比，用户团体生产方面的市场结构保持不变，但消费方面则发生了变化。它的特色是，一组农民决定修建一项灌溉系统，它只服务于在工程中购买了原始股份的消费者，或那些后来购买用户团体提供的股份的人。那些拥有股份的人及其拥有的股份量可分到等量投票权。然后使用者利用某种投票从群体成员中选出用户团体的负责人。引水成功后，按股份份额分配水资源。每一个持股人必须每年为用户团体贡献一定比例的资源，包括实物或货币，用来付酬给运行控制人员和护渠人员，以使水资源能按照大家都同意的方式被分配。当用户团体集体清理渠道并承担常规或紧急维修工作时，每一个持股人每年有责任贡献一定份额的劳力。

本书作者用表格的形式详细列举了三种制度安排的相对绩效，从供给成本、生产成本和综合绩效标准方面分别加以衡量。供给成本与生产成本都包含转换成本、交易成本和策略成本，其中，交易成本又包括协调成本、信息成本，策略成本主要包括"搭便车"、寻租与腐败的成本。综合绩效标准则是效率、财政平衡、再分配、责任和适应性。本书作者分别给出高、中、低的评估。对供给成本和生产成本来说，评分越低越好；而对综合绩效标准来说，评分越高越好。他们最后的结论是，在纯粹私人的基础设施的开发中，与单一市场相比，差异化市场产生较高的经济效率。在公益物品的开发和维护中，无论是单一市场还是差异化市场,"搭便车"的成本都较高,这个问题只能有赖于用户团体解决。由于个人无法完全靠社会制度克服"搭便车"问题,因此许多分析家建议所有的公共设施由国家政府提供资金。但是,做出这样的政策方案时,通常并没有区分以下两种设施:一种是服务于少数比较确定的人的设施(例如小型灌溉系统),另一种是服务于众多而不确定的人的设施(例如大型灌溉系统和高速公路网)。许多小型基础设施项目可以由那些最直接受其影响的人非常有效地设计、建造、运行和维护,在这一方面,用户团体的制度安排能够发挥作用。然而,很明显,当公共设施服务于众多难以界定的受益者时,这种组织供给的方法并不足够。这时,就需要求助于集权的制度安排。

五、集权与分权的选择

人们一般认为,大型基础设施的设计、建造、运行、维护以及使用,最好选择集权的制度安排。这种制度安排在供给与生产两方面的组织关系上完全不同于单一市场、差异化市场和用户团体这三种制度安排。在供给方面,不是少数独立行动的消费者或集体行动的消费者,而是遍及全国的消费者,面临着有限的选择。这些消费者定期选举专职官员作为他们的代表,对基础设施供给以及许多其他的供给问题进行决策。在两次选举之间,消费者群体能够设法影响这些官员,不让他们为他们的支持者牟取想要的收益。在生产方面,另一组官员在政府部委内通常按照行业部门组织专业化的生产机构。供给和生产两方面的两组官员都是专职人员,他们的职业前途依赖于上级,是上级帮助他们获得职位并且得到提升。在集权政治制度中,官员所面对的这种激励因素可伴之以复杂的负面效应,影响基础设施的设计、建造的决策,也影响对运行和维护的投资。

那么,集权制度安排的绩效如何呢?人们一般认为,与私人安排相比,集权制度安排能够取得较高的规模经济效应,能够比较方便地利用科学知识,并能够较有效地遏制"搭便车"问题,因此其生产成本、科学知识成本和"搭便车"成本都会低于私人安排。这是人们倾向于通过集权制度安排来开发基础设施的基本理由。本书作者认为，这种分析过于简单化，因此称为"简化分析方法"，它没有区分基础设施的规模大小，而且除了考察生产成本、科学知识成本和"搭便车"成本之外，没有进一步考察其他各个方面的成本，如协调成本、信息成本、寻租、规避责任和腐败的成本等。另外，它没有区分大型基础设施设计和建造阶段与运行和维护阶段的差异，它还假设制度选择只有市场和政府。由于分析过于简单，其得出的结论也往往是错误的，其政策实践则往往导致各种基础设施建造难以持续。

本书作者的研究表明，集权制度安排的绩效评估应该区分设计和建造阶段与运行和维护阶段，并系统地考察供给成本、生产成本和综合绩效标准。大量实践表明，由集权的制度安排来设计、建造、运行和维护大型基础设施，虽然在一定程度上实现了简化分析所说的规模经济，控制了"搭便车"问题，并充分利用了科学知识，但是由于还存在其他成本，尤其是存在着信息成本问题及规避责任、寻租和腐败等问题，集权制度安排在基础设施设计、建造、运行和维护方面，并未表现出人们所预想的高绩效。

实践出了问题，人们自然会选择与此相反的做法，即分权的制度安排。实际上，许多发展中国家鉴于集权制度安排的失败，而采取了放松行政集权的改革，试图以此来克服全国政府官僚机构集权的缺陷。集权的制度安排只有一种，但分权的努力却五花八门，不过无论如何，它都意味着集权的放松。对于基础设施政策问题的回应来说，它主要意味着在首都的全国政府官员的权力控制的放松，将其分散转移给全国各地的政府官员。通过分权努力，政府官员与当地有较为密切的接触，对于地方知识有较多的了解，其时间与地点的信息成本会因此而降低。不过，由于许多方面没有什么实质性的变化，分权的努力往往是"集权的分权"，其表现是许多重要的政策制定权实际上依然掌握在全国政府手中，一旦分权出现问题，就非常容易立即恢复集权，因此，尽管这些政策对于高度集权的公共基础设施的供给具有某

13

些潜在的减少交易成本的作用,但许多这类制度变革并未产生预期效果,其供给成本和生产成本都难以有显著的下降,其总体绩效水平显然也难以提高。

六、多中心的制度安排

集权有其优势,但也有其缺陷;分权似乎可以避免其中的缺陷,尤其是减少所需时间与地点信息的成本,但是实践表明,分权的努力并不能产生预期的效果,而且行政分权往往因为策略成本迅速提高,即高水平的规避责任、腐败和寻租活动,而使得情形比分权前还要糟糕。这使得人们不得不终止分权的努力,重新走向集权,于是就出现了中国人所熟知的"一收就死、一放就乱"的问题。这一问题发生的制度原因就在于,无论是集权的还是分权的制度安排,其制度结构实际上都是单中心的:决策权是在等级制的命令链条中组织起来的,具有一个单一的终极权力中心。

根据本书作者的阐述,多中心的制度安排有如下几个特色:第一,多中心治理结构为公民提供机会组建许多个而不是一个治理当局。每一个政府可能会在特定地理区域的权限范围内行使重要的独立权力,去制定和实施规则。每一个政府首先是一个供给单位。一些供给单位可能组建它们自己的生产部门,可以选择与其他国家或地方管辖权内的公共机构签订合同,或者与生产特定物品和服务的私人公司签订合同。从多个生产者中选择,使得在基础设施的开发和维护活动中利用多样性的规模经济成为可能。

第二,在多中心体制中,不同政府单位行使权力的本质差异极大。其中一些具有一般目的的权力向一个社群提供内容广泛的公共服务。另外一些是有特殊目的的职权,它可能只提供例如灌溉系统或道路系统的运行和维护这类服务。这些政府单位的多样化功能意味着个人同时在几个政府单位中保有公民身份。

第三,在单个政府单位行使独立权力的地方,每个政府官员的选任独立于其他地区管辖单位的选举过程。一个管辖单位的官员不能对其他管辖单位的官员行使上司的权力，因此不能控制他们的职业发展。虽然科层制的关系在任何一种管辖单位都存在，但是与信息失灵和失控密切相关的长长的关系链条比较难以存在。不同管辖单位中的公务员具有平等法律地位，与此相一致的是，在官员中间的法律解释或管辖权限争议被适当地在行政等级制之外的法院解决，或者诉诸其他冲突解决机制。定期选举给人民提供机会去选择他们相信能为其管辖单位提供良好物品和服务的官员，或至少惩罚那些没能做到这一切的官员。

与集权制度安排相比，多中心的制度安排能够保留集权制度安排的优势，还能够提供额外的好处。第一，治理当局仍然能够处罚那些试图"搭便车"的人。小管辖单位的官员可以与较大管辖单位的生产部门签订合同以生产确保规模经济的特定服务。当特殊工程需要时，与较大辖区的专业人员或私人公司签订合同是购买专门科学技术的一种合宜的和经济的方式。如果这些当局拒不赞同其他当局提议的话，不同辖区当局之间协调成本可能会增加。不过，实际上，在独立单位之间关于不同政策的争论只不过比在集权公共部门内部各单位之间通常发生的政策选择的争论更公开罢了。实际协调成本是否增加取决于所涉及的不同利益集团是如何组织的以及它们是互惠的还是零和博弈关系。如果初始的不一致导致协调成本的确增加，但随后的政策改进产生了较好的结果，则增加的协调成本物有所值。

第二，产生地方政府当局的选举提供了一种虽不完美但却很重要的手段，来聚集时间与地点信息以用于决策。选举什么样的官员本身就体现了选民的偏好，与选民自己的利益相关，选民根据自己对候选人政策立场的理解进行选择。一旦当选，官员或代表就有强烈的激励让至少部分选民满意以寻求再度当选。官员需要使自己很好地获悉有关偏好的变化以保持声望。同时，地方官员之所以是地方的，也就意味着地方候选人也很可能拥有用于决策的大量地方时间与地点的信息。

第三，多中心体制还提供了减少机会主义成本的手段。想要除去腐败或懒惰的当选官员的公民们不需要依赖上层行政官员的协助,他们能够通过选举或其他选择和罢免程序,依靠自己达到目的。并且,在更多的管辖单位中有更多的独立运作的官员,其中任何人能够垄断控制重要的公益物品和服务的可能性被减少了。

多中心的制度安排的这些优势使得它有别于分权的制度安排,从而能够使它在弥补集权制度安排缺陷的同时保留集权制度安排所具有的优势,从而避免分权改革所导致的"一收就死、一放就乱"的集权与分权两难选择格局。但是,多中心的制度安排是否可能在发展中国家生存呢?奥斯特罗姆等学者认为,这是可能的。因为发展中国家许多本土制度都具有无中心的制度的特色,这些地方本土制度,甚至是非法的制度,都在实践中表现出惊人的活力。许多细致的研究都表明,这些地方本土制度的设计原则,符合奥斯特罗姆等人所阐述的多中心制度的基本原则,并且是多中心制度安排发育的基础。他们还相信,通过适当的司法制度,在多中心体制中,能够保证法律的一致性,并普遍地维护法律规则。同时,合格行政、服务责任的合理配置等问题也都是可能解决的。而这些问题,即使在高度集权的体制中,也不过是表面上似乎得到了解决,实际上这些问题依然非常严重。进一步的研究表明,在多中心制度安排框架中,作为分权的私有化的改革,虽然不是灵丹妙药,但一旦与多中心制度安排相结合,就比较可能成功。

七、制度分析与政策建议

在本书一开头,作者就提出了两个问题:为什么有如此多的农村基础设施不可持续?对此能够做些什么?应该说,本书大部分篇幅都在回答第一个问题,发展中国家基础设施建造与维护的各个环节所面临的不良激励是最根本的原因。问题的复杂性在于,许多不同却交互作用的因素影响到特定的一组激励机制,导致基础设施不可持续的具体刺激因素在不同国家,甚至在同一国家中不同的工程或项目中也不相同。因此,面对第一个问题,作者给的不是一个答案,而是一个分析模型，它能够解释许多农村基础设施不可持续的原因。

由于基础设施不可持续的原因非常复杂，而一旦不良激励渗入基础设施开发的各个方面，实现真正的变革是很难的。简单的改变很少能使一个系统得到显著改善，通常需要进行重要的制度变革，包括宏观层面的政治体制变革，这需要各个国家的官员和公民自己来进行分析，根据具体环境做出相应的变革。这是非常困难的任务，没有固定答案，也没有简单的解决办法。

通过总结前面各章的分析，作者对改善农村基础设施的可持续性提出了相应的政策建议：在专业的科学技术知识上，要加上本地具体的时间与地点信息；除了规模经济，还要注意寻租与腐败问题。如果仅仅由全国政府来进行供给，而资金很大部分来源于外部，根据前面的分析，可能的结果就是：过度投资于设计和建造得都很差的大型基础设施，这些基础设施的运行和维护投资不足，基础设施快速衰败，大量投资用于已建成的基础设施的维修与重建。不得不说，这一前景令人沮丧，但对它的理解也可以看出是改善的第一步。

设计出制度，激励所有行动者，在基础设施开发中让所有转换、协调和信息成本保持较低，同时试图反制所有策略行为者，这是一个重大挑战。多中心体制是一个可能的方案。为此，迫切需要研究多中心的治理体制在发展中国家的适用性。

多中心体制建立的关键，是使基础设施和其他形式公益物品的潜在受益者能够自己组织起来，组织成相应的生产单位，甚至享有某种有限的政府性权力，也就是说，享有某种程度的自治。发展多中心的治理体制不是那种能够或应该主要由外部力量来做的事情，虽然外部力量可以起到协助作用，主要靠当地人自己建立起相应的制度。通过经验观察发现，许多发展中国家存在着有力的、建设性的、非正式的公共部门。在解决纠纷的机制和其他非正式的公共机构中，也有与建设多中心体制相似的组织原则。这是多中心体制在发展中国家具有适应性的根源。当然，这一体制不是僵化固定的，而是随时间和人们面临的问题的不同而有所变化。多中心体制也需要有相应的监督、惩罚和冲突解决机制,以确保人们之间达成可实施的协定,否则,多中心体制就不能产生实效。

就多中心体制的一般原则而言,对于农村基础设施建造能够提出的建议是,相应的规划必须考虑基础设施的特殊属性、可能成为受益者的人、他们拥有的资源的特殊属性,以及工程所在地治理体制的特殊属性。有鉴于此,作者对小型基础设施和大型基础设施提出了不同的建议。前者的用户群体相对固定,分布较为集中,如小型灌溉系统和农村供水系统,而后者则为分散的众多人口提供服务,如大型灌溉设施以及高速公路等。两者的运行环境有很大的不同,面临的问题不同,相关的政策建议也不同。相对而言,小型基础设施面对的问题相对简单,更容易梳理出有关小型基础设施可持续性的建议,而大型基础设施的问题更加复杂,建议也只能是原则性的。关于政策建议的详细论述见本书第十章,在此不赘。

总之,本书作者从经验观察中得知,人们有可能设计出复杂的制度安排,在基础设施的供给与生产中非常成功地抵御不当激励。成功的制度安排要考虑特定的经济、技术和文化环境中的特定的供给与生产问题,不存在一种简单的设计原则,能用构造成功的制度来维护所有环境下所有类别的农村基础设施。成功的制度安排通常是复杂的,而不是简单的,并且在某些类型的农村基础设施中实施得相对较好的多中心体制,也不能被看成一种简单的类型。所有的制度安排都要付出成本,从分析和政策角度看,最重要的是与所有备选制度安排相关的一系列成本的实际评价。前面的章节说明了这些成本的性质和来源,并且说明了它们如何指导分析家和政策制定者探索制度改革,改善发展中国家农村基础设施的可持续性。

八、译余废墨

《制度激励与可持续发展:基础设施政策透视》于 1993 年由西部视点出版社(Westview Press)出版,本书出版后,引起了广泛的反响。1994 年,世界银行的世界发展报告《为发展提供基础设施》,把本书列为该报告的参考文献，阅读过该报告的人不难发现，本书的许多观点已经体现于其中。

读罢本书，使笔者深深震撼的有三点：一是它给出了一个系统的制度分析方法，该方法虽然是用来分析基础设施可持续性问题的，但是其应用价值绝对不止于此，它无疑可以广泛地应用于其他公共政策，如教育等领域。这对于有意研究具体公共政策，但又缺乏系统理论工具的人来说，无疑是一个利好的消息。二是它细致地分析了公共政策现有的各种制度安排，如单一市场和差异化市场，集权和分权，认为这些制度安排各有特色和优势，也各有局限，都可能导致基础设施政策的失败。过去，人们除了探讨政府与市场之外，就只知道探讨集权与分权，并在最后给出一个问题极其艰难、难以解答、尚需艰苦努力的感叹。三是提出并分析了更具有综合性的制度安排——多中心体制。该体制是复杂的，但是却可以通过包含在其中的复合的制度安排，发挥各项制度的优势，并制约各项制度可能的缺陷和弱势。这一设想，无疑可以帮助我们思考"集权与分权的悖论"。

当然，就如作者在本书结尾处所说的，没有一种单独的制度安排，无论它多么简单或多么复杂，能不付出显著成本而解决可持续的基础设施难题的。毕竟，任何收益都是需要付费的，越大的收益，其成本显然越大。换句话说，即使我们成功地建设了多中心的制度安排，但它还需要我们细心维护，并愿意为此付出相应的成本，当然其结果就是我们会取得进一步的收益，且其量超过所付出的成本。这无疑是一个常识，因为花了大力气，购买了汽车、房子，毕竟还需要进一步维护，否则其资产价值就会下降，并过早失去价值。但是，这一智慧无疑远远地超越了常识，因为许多人的确一直在追求简单的、似乎是不需要代价，至少是不需要进一步努力的方法。显然，这种违背常识的追求，目标虽然非常远大，其结果却只能是失败。

自本书完成以来，世界已经发生了很大的变化，特别是信息技术的进步，无疑改变了人们获取信息的方式，这必然带来制度建设方面新的考量。本书的案例，许多来源于不发达的第三世界国家。曾经的中国也是非常贫困落后的国家，经过几十年的发展，中国已经成为世界第二大经济体，本书所讨论的结论未必适合中国的国情。因为制度激励的组合并不是普遍的，没有任何因素是人类行为绝对的决定因素，相反，是许多物质的、文化的和制度的因素一起创造了复杂环境中多个行为者所面临的激励组合。要把本书所给出的分析方法运用于中国问题的研究，无疑还需要熟悉中国物质、文化和制度环境的学者做出艰苦的努力。但有一点是肯定的，适当的制度安排是重要的，它也是重要的基础设施，是持续发展所需要的重要的"社会资本"。本书的分析未必是标准答案，但是能够学习并且有动力进一步学习的人们，显然能够从中学到许多有价值的知识，而当这种知识与本地知识相联系并结合在一起时，显然可以发挥重要的指导作用。当然，这也是我们翻译并出版此书的宗旨所在。如果果然如此，我们的付出显然就物有所值了。

本书的初稿翻译于十几年前，由毛寿龙、谢明、任睿、陈幽泓完成。毛寿龙翻译了英文版前言和导言，谢明翻译了第一章，任睿翻译了第二到第六章，陈幽泓翻译了第七到第十章。由于时代的发展和学科的进步，本书的许多翻译需要矫正。2021年，全书由李梅重新翻译、统稿，她也对中文版译序进行了修改，增加了部分内容。

奥斯特罗姆夫妇1998年第一次访问中国，从此他们就与中国学者结下了深厚的友谊，印第安纳大学政治理论与政策分析研究所曾接待过好几批中国访问学者，也培养了一些中国学生。奥斯特罗姆夫妇生前曾多次到访中国，他们的主要学术著作也相继翻译成中文，对中国公共政策研究产生了深远的影响。本书的翻译出版，又一次使我们回想起他们的音容笑貌。尽管时代已经变迁，但学者留下的宝贵的精神财富还会进一步激励研究者继续前行。

前　言

正如本书副标题所言，本书主要阐述了几乎所有发展中国家都面临的一个很实际却十分复杂的公共政策问题，即农村基础设施缺乏维护。哪里缺乏维护，哪里公共投资就会在它的预期使用寿命结束之前迅速老化。这种资本资产的未老先衰致使那些低收入国家本来已稀少的资源进一步枯竭。而那些以开采自然资源来弥补财政匮乏的国家威胁到整个生态系统的生存，并进一步削弱了它们自身经济长期持续发展的前景。

本书的研究范围虽窄，但对于广大从事公共政策分析方法研究的学者来说，本书所开发的研究方法会使他们兴趣盎然。迄今为止，制度经济学、公共财政经济学以及制度分析文献中的概念整合得很差，我们证明，这些领域中的重要概念编织在一起，能产生比较替代性政策改革方案的方法。这种分析方法基于这样的假设：不存在十全十美的制度，当从一种制度安排转换到另一种制度安排时，必然涉及利弊权衡。这种分析方式也反映了一种关于维护问题的新观点，它比许多分析家所持有的观点更加宽泛。为了解释开发可持续基础设施成功或失败的原因，我们要考虑制度安排，因为农村基础设施正是在这些制度安排下设计、融资、建造、运行、维护和使用的。所有这些制度安排，与特定物质环境和社会环境中的特定形式的设施的运行有关，它们塑造了负责开发和维护该设施的人的动机。为了增加基础设施投资得以持续的可能性，必须进行制度变革以改变激励。

本书主要致力于开发一种理论论证并阐明一种分析方式。同时，本书也包括我们对几种基础设施开发工作的描述和重要理论讨论的简要总结，这些总结以"专栏"的形式给出。这些专栏所描述的开发努力并不是案例，也不代表某种随机的开发样本，毋宁说，它们是我们有意精选的放大的典型，因为它们能支持我们的观点并阐明重要的理论见解。无论如何，我们想要从遍布发展中世界以及若干农村基础设施部门的成功或不成功的努力中吸取教训。这些例子阐明了集权、分权、多中心的制度安排，其中某些安排稳固地植根于当地长期的自主治理的传统。读者们应当理解，一两页的概括无法反映这些例子的复杂性。

本书为从事发展行政管理和发展经济研究的实践者和学生而作。它既适用于政府上层部门的工作，也能用作大学研究生课程。虽然本书介绍的分析方法被应用于一个特定的、困难的政策问题，但我们认为它也适用于其他范围广泛的政策问题，这些问题存在于城市和乡村、发达国家或不那么发达的国家。我们希望，那些从事公共政策分析的同行，尤其是那些从事富有挑战性的工作——开发和维护成功的基础设施投资——的人，会觉得我们的工作有所助益。

埃莉诺·奥斯特罗姆
拉里·施罗德
苏珊·薇恩

致　谢

在本书的写作过程中，许多人给我们的工作提供了非常大的支持，他们花时间来阅读我们的草稿，并与我们交谈或写信讨论。他们富有助益的洞见对于我们的努力价值非凡。

我们尤其要感谢克赖顿（Creighton）大学的詹姆斯·温施（James Wunsch），他为我们的研究提供了大量的背景资料，这些资料对于我们写作本书初稿非常有用，他还给我们的整部初稿提出了很有价值的评论。在写作过程中，其他一些人给我们的研究提出了批评和建议，他们所提出的各种观点在书中都有所体现，但往往没有特别注明。其中埃德温·康纳利（Edvin Connerley）、戴维·格雷塔克（David Greytak）、肯尼思·科纳（Kenneth Kornher）、杰里·迈纳（Jerry Miner）、罗纳德·奥克森（Ronald Oakerson）、文森特·奥斯特罗姆、路易斯·西格尔（Louis Siegel）、詹姆斯·汤姆森（James Thomson）和蒂普·沃克（Tjip Walker）等提供的帮助尤其有助益。

还有一些人评阅了全书，给出了广泛且细致的评论，我们完成定稿非常仰赖这些意见。他们是伊丽莎白·安德森（Elizabeth Anderson）、罗伯特·比什（Robert Bish）、肯尼思·戴维（Kenneth Davey）、威廉·福克斯（William Fox）、克里斯蒂娜·格拉斯勒（Christine Glasler）、夏罗·纳纳塞尔凡（Shiro Gnanaselvam）、戈兰·海登（Goran Hyden）、蒂默·库兰（Timur Kuran）、埃德拉·施拉格尔（Edella Schlager）、威廉·西芬（William Siffin）以及诺曼·尤普霍夫（Norman Uphoff）等。我们丛书的编者保罗·A. 萨巴蒂尔（Paul A. Sabatier）在修改过程中给我们提供了极其有用的指导。尽管这些同行可能发现，本书并未完全采纳他们的所有评论，但希望他们了解，我们考虑过他们的见解，并因此而激发了许多思考。我们的确应对他们深表谢意。

我们也对我们所在机构的员工所给予的大力支持表示感谢。印第安纳大学政治理论与政策分析研究所的帕蒂·戴勒基（Patty Dalecki）参与了本书写作的整个过程，十分辛苦地逐字校对、逐页排版，并整理全书。本研究所的盖尔·希金斯（Gayle Higgins）和安杰拉·多奇（Angela Dortch）以及锡拉丘兹大学大城市研究项目的埃丝特·格雷（Esther Gray）对早期工作提供了帮助。我们的协作努力也得到了印第安纳大学公共与环境事务学院的帮助，该学院为拉里·施罗德在 1989—1990 学年提供了访问学者的机会，这使我们可以在同一地点进行主要的撰写工作。最后，农村开发研究学会的工作人员在审查早期报告的过程中提供了宝贵的帮助。项目管理员路易斯·西格尔（Louis Siegel）在整个项目进行过程中也是不可或缺的。我们有幸得到如下两位能干的、有奉献精神的编者的帮助，他们是较早时期的休·杰恩斯（Sue Jaynes）以及琼·W. 舍曼（Joan W. Sherman），他们极大地改进了本书手稿。尽管得到如此多人的大量帮助，但本书仍存在错漏之处，它们完全由我们负责。有些章节的部分发表于 1993 年 1 月出版的《公共行政研究与理论》杂志，题目是《发展中国家农村基础设施维护的不同制度安排的绩效分析》。

我们还想感谢西部视点出版社的丛书编者保罗·A. 萨巴蒂尔，项目编辑德博拉·莱恩斯（Deborah Lynes）和组稿编辑珍妮弗·克内尔（Jennifer Knerr），感谢他们的帮助与鼓励。

本研究得到"分权：财政及管理"项目的资助，这一项目由美国国际开发署（USAID）科技局下属的乡村与制度发展处赞助，USAID 合同号码 DHR－5446－Z－00－7033－00。本书表达的仅是我们自己的观点，并不代表赞助机构的官方观点。

埃莉诺·奥斯特罗姆
拉里·施罗德
苏珊·薇恩

导　言

保罗·A. 萨巴蒂尔

政策研究领域，至少对政治科学家来说，当前正陷入混乱。许多问题可以归咎于，政策学者缺乏他们可以用来观察政策领域的一套尽管有限但得到清晰界定的理论镜头（Sabatier 1991）。的确，政策评估分领域的研究框架基于福利经济学和成本-收益分析。但公共政策的许多工作就是描述和诊断分析一些重要的政策领域——教育、福利、控制污染等，它们缺少清晰的理论指导，特定领域之外的学者也很少对此感兴趣。在 20 世纪 70 年代和 80 年代早期，这一领域最出色的工作集中于政策过程的某些方面，主要是实施与设置议程。遗憾的是，这一工作并未超越政策阶段积累知识，因为它基于琼斯（Jones 1970）和安德森（Anderson 1974）有关阶段解释学的概念框架，根本就还不是有关因果的理论。它只是将政策过程划分为一些阶段——设置议程、形成政策、实施、评估/重新制定，但对于影响决策的因素和它们在政策过程各个阶段的社会影响，并没有提供一个统一的理论。

西部视点出版社的"公共政策的理论镜头"丛书试图填补这一空白。它欢迎发展出一个或多个有明确理论框架的著作，也欢迎将这些理论框架应用于特定政策问题的著作，举例来说，这些问题包括住房、医疗服务、交通规则、水污染控制等。不过，在所有的案例研究中，材料必须具有重要的理论价值，即便对那些对特定政策领域没有特别兴趣的学者及学生，也是如此。

我很高兴地引介本丛书的第一本著作，由埃莉诺·奥斯特罗姆、拉里·施罗德和苏珊·薇恩所著的《制度激励与可持续发展：基础设施政策透视》。本书的基础是埃莉诺·奥斯特罗姆获奖著作《公共事务的治理之道》（剑桥大学出版社1990）。那本书讨论的是开发自主治理的制度去管理各类公共池塘资源，包括渔业、地下水盆地以及供水系统，本书极为细致地探讨了发展中国家在维护灌溉系统、路网以及其他关键性的农村基础设施上所面临的困难。

两本书都开发和应用了我称之为"制度理性选择"的理论来解决问题。这一理论路径由两个关键性要素构成。首先，它将个人看成"具有理性意图"，他们生活于这样的世界，对于可替代行为的后果只具备不完备的信息，他们寻求的最大化的目标一般不多，主要是物质性的。通常认为，行为者是自利的，只关注自身以及家庭的福利。制度理性选择理论路径的第二个关键因素，是认为同样一个人，在不同的决策情境中的行为不同，制度规则对于界定这些决策情境起关键作用。

就农村基础设施而言，举例来说，为什么一个理性的人每年要付出相当大的劳力来帮助维护和维修当地的灌溉系统呢？在许多决策情境下，个人面临着巨大的诱惑去"搭便车"，让其他人去工作而他们自己坐享其带来的任何好处，因为个人的付出不大可能带给他们超出其成本的利益。一个解决办法是让中央政府负责基础设施建造与维护，但是奥斯特罗姆、施罗德和薇恩认为，中央政府官员更醉心于建造新系统，而不是维护现有的系统。结果就是，许多这样的系统维护得很差。

根据《制度激励与可持续发展：基础设施政策透视》，更可靠的解决办法是通过开发自主治理的制度改变个人的决策情境。这是包含一组承诺的基础契约：一个人愿意付出劳力和其他服务，只要处于相似位置的他人也这样做。这通常要求本地人在设计制度规则时起关键作用，包括监督、服从以及惩罚。不愿意提供分内服务的个人要被排除在外，不得使用资源。这种自主治理制度在维护灌溉系统方面相当成功，但维护路网被证明更有难度，可能由于信息、交易和强制成本较高。

除了管理公共池塘资源和维护农村基础设施外，制度理性选择的理论方法的基本逻辑还被应用于其他更广泛的政策问题。例如，查布和莫伊（Chubb and Moe 1990）认为，美国相同区域的公立学校通常在学业上比不上大部分私立学校，因为城市范围内的学校董事会通常会将它们的决定强加给学校和教师，它们开发出范围广泛的规则体系，这些规则通常会抑制教育创新及家长的回应性。不过，公立学校会回应教师工会，但工会关注的是其成员的职业安全和薪水。查布和莫伊认为，要提升学生的学业表现需要改变学校治理的基本规则：聪明的办法是，如果学校还想生存下去的话，用教育券会促使当地学校官员更多地讨好学生和家长，而不是学校委员会和工会。

《制度激励与可持续发展：基础设施政策透视》扩展了将制度理性选择理论方法应用于政策过程与政策设计的文献，对此做出了几个重要贡献。第一，它扩展了深深植根于西方文化的理论路径，用来分析不同文化传统的国家，因而建构于波普金（Popkin 1979）和他人的理论之上，他们试图开发出一种有关人类行为的统一理论。第二，本书关注的是世界上最紧迫的政策问题，即发展出这样的制度安排，这种制度安排能使发展中国家为了人民的长远利益而有效地利用其稀缺资源。第三，第九章有关多中心制度安排的讨论，是发展中国家政治精英合作努力的一部分，试图截断对中央集权官僚体制的过分依赖。第三章分析了信息不对称给有效制度设计带来的困难，分析相当精彩，深深震撼了我。

西部视点出版社的"公共政策的理论镜头"丛书的核心目标是，鼓励发展能超越阶段解释论的有关政策过程（包括政策设计指南）的因果理论。制度理性选择理论是其中最有用、发展得最好的。尽管它是非常棒的政策设计载体，但经历相当长的时间后，其他理论方法对于政策过程可能提供更好的理解（Jenkins-Smith 1991）。丛书特别鼓励将不同理论应用于同一问题，这是一个很好的策略，用来评价不同理论在理解政策过程的不同方面所具有的优势和劣势。

第一章　基础设施与发展

美国一直雄心勃勃且自觉努力地致力于策划他国经济的加速发展，最早是忙于北欧和西欧的事务，后来又把注意力转移到了在亚洲、非洲和拉丁美洲占主导地位的农业经济上。对物质基础设施的大规模投资是美国和其他援助国以及受援国政府在这一阶段所实施的发展战略的核心特征。之所以要强调发展基础设施是源于这样一种假设：它是繁荣经济、继往开来的基础所在，或者说它是经济增长的必要前提。

这两个阶段的发展努力产生了截然不同的效果。用于西欧的投资加速了那里经济的复兴；而在那些被称为欠发达的国家里，大规模基础设施投资，在多数情况下不仅没有成为经济增长的催化剂，反而造成了很大的负面影响，建成了许多不相适宜的设施。经济停滞带来的财政负担使这些国家甚至难以维护目前的设施，尽管它们在经济发展中有发挥生产性作用的潜能。因此，人们不难发现，基础设施衰败或失灵的问题在那些经济增长乏力或完全失败的国家里显得尤为严重。由于基础设施在支持经济增长中扮演非常关键的角色，所以可持续的基础设施就成为可持续发展的必备条件。

我们在本书中解释了欠发达国家努力开发物质基础设施带来的有违初衷的不利结果。我们提出两个基本问题：

1. 为什么有如此多的农村基础设施不可持续？
2. 对此能够做些什么？

由于第一个问题非常棘手，本书的大部分篇幅是用来讨论它的。讨论为什么会产生如此不合情理的结果，需要我们参考不同学科的制度理论家的分析性文献，这些学科包括经济学、政治学、公共行政学、博弈论和组织科学。我们的结论是，在世界上许多地方，治理安排的现有结构为基础设施的大部分参与者提供了错误的激励。尽管我们主要谈论农村基础设施，但我们相信，我们的许多结论也与城市基础设施的可持续性问题密切相关。一旦不当的激励渗透到基础设施发展的各个方面，就难以改变它们，因为占有优势地位的人从中受益。如何改变这些激励？当我们谈论这一问题时，我们已经清楚地认识到这项任务无比艰巨。

在我们对基础设施不可持续问题开展制度分析之前，重要的是，我们需要理解制度学者如何解释基础设施开发的非持续性，理解农村基础设施开发与更广义的持续性发展问题有关，以及我们所说的持续性到底意味着什么。在简短地介绍战后的发展倡议及其后果之后，本章将讨论上述问题。

第一节 战后的发展倡议

现代国际发展事业源于 1944 年 7 月的布雷顿森林会议。国际重建与发展银行（我们所熟知的世界银行的前身）和国际货币基金组织就是在那时创建的。早期的重建工作主要集中于提供宝贵的外汇以进口重要的物资，用于发展许多与战争相关的基础设施项目，如意大利南部村落的发电装置、荷兰的堤坝修复工程和日本铁路的重建工作（Yudelman 1985：2）。直到哈里·杜鲁门在 1949 年 1 月公布了他的"四点计划"之后，美国及西欧盟国才将注意力转向第三世界的发展挑战。

第一章 基础设施与发展

一、外国援助战略

将"四点计划"从理论付诸实践的人认为:"发展是实现'现代化'、工业化和国民生产总值增长的过程,主要通过公共投资和综合的国家计划实现,会持续地走向繁荣和令人满意的自由社会。"(Stone 1992:36) P. T. 鲍尔(P. T. Bauer)在回顾20世纪发展倡议时,对构成西方援助国开发政策的基础理论之一进行了简要的概述:

> 欠发达国家的进步依赖于充足的资本,以满足基础设施、制造业的迅速发展以及经济与社会现代化的需要。
>
> 所需要的资本不可能来源于欠发达国家本身,原因在于低收入状况的顽固的、难以改变的约束,贫困与停滞恶性循环,并且由于国际示范效应、贫穷国家极为有限的国内市场缺乏可获利的私人投资机会而雪上加霜。
>
> 各方面落后、经济上反应迟钝和缺少进取心几乎是欠发达国家普遍存在的问题。因此,如果要取得经济的显著增长,政府就要扮演一个必不可少并起综合作用的角色,要进行一些重要的和大规模的改革以克服阻碍增长的巨大困难,开启和维持这一增长过程。(Bauer 1984:27,着重号为引者所加)

战后早期所应用的大部分发展理论都视工业化为经济发展的支柱。[1] 农业部门则被认为是相对次要的,它提供必要的劳动力(因为农村地区有剩余劳动力)和工业投资所需要的剩余资金。战略家们相信,发展各种基础设施,包括公路、桥梁、堤坝、发电站和电力网、电信系统、水利系统、机场、铁路等,是建设工业部门和提高农业部门生产力的重要前提。基于这个原因,其后大规模资源转移几乎都投入基础设施建造项目。

在20世纪五六十年代,美国和西欧国家以及一些多边机构所采用的发展战略,同苏联为促进本国、东欧以及中国经济的工业化所采用的战略如出一辙。[2] 马歇尔计划在战后初期西欧的恢复、重建和

制度激励与可持续发展：基础设施政策透视

发展中所做的努力，对第一和第二世界所采用的国外援助战略都有着重要影响。德国和西欧其他国家的迅速恢复和发展给了计划者们极大的鼓舞，他们越来越相信精心安排能够带来经济发展，即通过外部资金和技术的注入，第三世界国家的经济也能在一个相对短的时间里实现工业化。但是，正如世界银行一位"业内人士"在 20 年之后所指出的那样，过去的经验表明，"在大多数发展中经济体中，成功的项目所要求的东西远不是靠引进资本、仅仅获得财政支持所能解决的"。因此，当世界银行试图将其早期经验应用于新的环境时，"它要学习的东西还有很多"（Yudelman 1985：2）。援助和贷款已经扩展到政府对政府层面，并往往与援助国的出口需要联系在一起。

在欠发达国家、东欧和苏联所取得的成果与预期产生了严重的背离。"亚洲四小龙"（韩国、中国香港、中国台湾和新加坡），现在已经成为世界市场极具竞争力的参与者，除它们之外，几乎没有其他发展中国家能摆脱其第三世界的地位。受到保护的进口替代工业并没有随着时间的流逝而增强竞争力。在不适宜的基础设施上的大规模资本投入既没能增强生产能力，也没能成为经济差异化的基础。对农业投入（化肥、种子和机器）和农产品两方面的不当价格刺激导致了农业产出的停滞或下降。诸如铜、咖啡、可可和糖这类商品的价格在 20 世纪 50 年代不断的周期性波动严重破坏了一些国家的经济发展。社会不平等的问题在发展中国家一直非常严重。在教育和医疗保健方面所取得的一点点成功反倒加剧了政治上的不稳定，人们预期人口会不断增加，而增加的人口也要分享国民收入的一定份额，从而减缓了经济的发展。

许多发展中国家长期积累的债务已经成为它们沉重的经济负担。特别是基础设施的发展项目往往是通过公共和私人贷款以及中央拨款的形式筹集资金。一些发展项目原本是为了增加欠发达国家的生产能力和提高那里的收入水平，但似乎却在增加债务方面取得了更大的成功（见专栏 1.1）。的确，一些国家需要偿还的债务水平如此之高，以至于它们没有足够的外汇用于购买必要的进口物资，以维持其更具生产能力的制造企业。面临组织生产新财富的重重困难，一些国家的领导人为了偿还国家的债务，已经决定开采国内的自然资源。然而通过砍伐森林来偿还债务，而同时又不努力去添补这些可再生资源，这无疑会造成其自身的不可持续。[3] 许多预测可持续性发展的文献担心，已经恶化的经济状况会由于其领导人采用最方便的策略而愈益恶化。对于许多观察家来说，欠发达国家"看来已经陷入了一个经济下降、贫困增加、环境恶化的恶性循环之中；而且世界作为一个整体，看来正面临着严重的财政和生态问题，其范围和严重性都是空前的"（Arnold 1989：21）。

专栏1.1

牙买加支线公路项目的债务负担

1977年，美国援助的牙买加支线公路项目（也见专栏2.3）完成，3年后，评估人员评估了项目的影响，他们的结论是，尽管工程与通信部已经很好地完成了这个项目，但是改善农村支线公路实际上并没有给预定目标带来积极影响，因为该项目的目标是增加农村就业、减少农村人口向城市迁移、减少城市犯罪、推动旅游业发展、提高农业生产力、改善农村社会服务（Berg et al. 1980）。然而悲剧并不仅限于未实现项目目标。这个项目用了1 880万美元，其中的1 000万美元是美国贷款给牙买加的，其余的880万美元是由牙买加政府直接提供的。既然是这样的话，美国纳税人所贡献的1 000万美元就等于打了水漂。更可悲的是，牙买加本身为该项目提供的880万美元使这样的一个小国付出了巨大的机会成本。用以支撑该项目的经济和政治分析所犯的错误给这个国家带来了1 000万美元的债务负担，并且还有定期要付的利息，而此时牙买加的经济已经陷入严重衰退。

如下评估说明了牙买加本身在这一项目中的付出：

值得美国读者注意的是这次错误的严重程度。从绝对量看，项目资金对美国人来说是很小的。贷款平均到每个人头上只有5美分，而实际上其中大约2美分马上就能被偿还，如果以每个美国人的净费用和每个牙买加人所背的债务费用相比，结果是极为悬殊的。每个牙买加人马上就要支付给美国 4.5 美元，而且另外的 5 美元（包括利息）还等着他们归还。对牙买加来说，平均每人的费用是美国的 317 倍（9.50/0.03）。同时，由于牙买加人的生活标准远远低于美国，只是美国的 1/5 左右，所以牙买加人所承受的影响大约就是美国人的 1 600 倍。(Berg et al. 1980：15)

因此，最大的负担留给了那些最穷的国家，类似的例子还有许多，它们都说明发展的尝试不仅没能带来经济增长，反而恶化了一个国家的债务问题。

二、社会基础设施的作用

完整说明欠发达国家发展政策失败的根源无疑是一项非常复杂的任务。问题出在哪儿？制度学者将从何处探讨这一问题呢？首先要比较的是受援国的制度禀赋，以及援助国对这些禀赋的评估。

尽管欧洲的物质基础设施到二战结束时已成一片废墟，但大部分社会基础设施仍然完好无损。社会基础设施由制度构成，制度就是人及其规律性和重复性的互动模式，它使投入转化为产出。制度包括这样一类事物，如家庭、私人公司、政府部门、地方社团、教会和园艺俱乐部等。那些策划欧洲重建和发展计划的人不仅认为这一地区的社会制度完好无损，而且在很大程度上他们能够正确理解和评估这里的社会制度，并相当自觉地以此为基础实施他们的计划。由于现代经济所需要的大部分社会制度已经存在，所以外部资本的注入能够以一种相对快捷和有效的方式用于建设现代经济。实际上，社会基础设施本身也是一种资本形式——社会资本，它使欧洲有可能有效利用由外部注入的物质性资本（Schultz 1981）。

当 20 世纪 50 年代针对发展中国家的外援项目开始时，没有人怀疑这些国家已经具备社会基础设施这一事实，否则就不可能有正常生活。但是那些策划发展政策的人没有考虑制度基础设施对建设现代经济所具有的基础性作用。的确，对西欧、美国和苏联的政策制定者来说，发展的主要目标是剥夺传统威权领导人的权威，抑制部落的亲和力，结束任人唯亲的局面，减少极度社会不平等现象。实际上，现有制度主要产生于对农业经济的支持，未来所需要的则是完全不同的制度。无论如何，本土制度被认为是社会基础设施的重要基础，这一设施与现代民主政治的经济体是契合的。

可是，伴随着不同程度的成功，东西方集团的援助国开始并持续改变欠发达国家本土制度基础设施，就像过去帝国主义势力所实施的策略一样，它们以自己所熟悉的制度安排来取代不发达国家的社会基础设施。它们在不发达国家的新的领导者中找到了自愿的同谋，为了阻止有活力的竞争者出现，他们也希望能镇压任何超出其控制能力之外的组织活动。我们现在看到，发展计划在削弱传统领导人的影响方面取得了成功，但是在其他方面，它们却强化了原本计划要消除的社会不平等、族群敌对以及裙带关系。同时，发展的尝试无疑摧毁了对建立生产性社会秩序起着至关重要作用的社会基础设施。

所有援助国都发现，在欠发达国家有一个典型的制度特征，即高度集权的全国政府（national government），虽然这是殖民时期的主要遗产，但作为发展的基础，它具有重要的潜在作用。全国政府被认为是实现转变和经济发展的工具。事实上，它们的作用被认为如此关键，以至于在后半个世纪绝大部分时间里，发展的尝试不惜牺牲地方的公共机构和私人部门的利益，努力加强这些全国政府的能力和权威。在最近进行的"结构调整"中，国家机构的加强有进一步加速的趋势。主要政策改革都是由一小群财政部和中央银行的代表们以及世界银行和国际货币基金组织所聘用的顾问们共同设计完成的。援助国对发展中国家过度集权政府有一种鼓励的嗜好，这与它们在欧洲和日本的重建工作中所寻求的增加全国政府义务而削弱其威权倾向的努力完全不同。

第二节 解释发展结果的制度方法

弄清大量资本投入维护失败的原因，提出在日益枯竭的环境中减少资源浪费的补救措施,是一项非常紧迫的任务。就物质设施上的资本投入而言,失败的原因可能来源于发展过程的任一或所有阶段,并不存在单一的、可以轻易识别的原因。不能把设计差劲、资源匮乏、培训不足、合作缺少、机会主义行为、制度过度集权视为问题的单一成因,尽管某个特定的设施维护不足或完全废弃,很可能与上述因素有关。

另一方面,我们认为,设施投资的维护之所以失败有一个根本的、可供分析的原因,即参与设施的设计、融资、建造、运行、维护和使用的人们所面临的一系列或多方面的不当激励。换句话讲,当我们发现设施上的大量投资,包括农村基础设施,在建成后不久就被废弃或者迅速衰败,我们就认定,在参与开发过程的行动者中,有一部分人所面对的激励,对于他们导致投资不可持续的行为构成奖励或至少不构成惩罚。

激励远远不只是财政上的奖励或惩罚。它们是个人所能感觉到的、来源于特定行为的在结果上的积极或消极变化,这些行为遵循一系列规则,发生于特定的物质与社会环境中。其他类型的诱因包括:(1)脱颖而出、提高声望和获取个人权力的机会;(2)工作场所宜人的物质条件,包括整洁安静的环境或一间私人办公室;(3)手艺方面的自豪感、服务于家庭和其他人、爱国主义和宗教情感;(4)个人在社会关系上的舒适与满意;(5)与习惯行为和态度的一致性;(6)重大事件的参与感(Simon,Smithburg,and Thompson 1958:62)。激励有多种来源,个人的内在价值,他/她与周围的人们所共享的文化价值,都能构成强烈的动机。现有的科学技术以及对破除常规的得失权衡,也很可能对一个人是否采取某种特别的行动构成影响。

设计和资助任何发展项目都涉及行动者,同样这些人或者其他人也从事项目建设。还有一些人要进行日常决策,决定怎样运行、维护或者使用某个设施。当某个设施的设计出现问题或安置得不恰当,以及建造和(或)维护它们的资源超出了所能得到的资源时,结局只能归咎于人的选择。

与预设有关人员想要生产一个无法持续的设施相比，我们更倾向于认为，他们是一些在既定情况下力争取得净收益的、具有主观理性的决策者。我们的分析基于这样一条简单的假设：

> 个人只有在感到他们从农村基础设施的维护任务中获得的收益超过他们所投入的资源成本时，才可指望他们投入资源，包括他们自己的时间和劳动。

换句话讲，我们认定，参与设施开发、维护和使用的人之所以这样做，自有其缘由。由于决策者与其团体成员间的关系是相互依存的，对设施开发所做的个人选择有意无意间就会使他人受益或受损。当激励匹配实际情况时，个人决策所产生的结果无论对个人还是对社会都是有益的。在这种情况下，某个人所得到的利益也会给其他人带来好处。在最优的制度安排下，激励会促使个人为所有人带来净收益而非净消耗。然而，鲜有可操作的制度能够达到这样一种最优结果，许多制度产生的激励会达到总体上的次优结果。

在设计、融资、建造、维护和使用公共设施的过程中，创建一个能带来相对有效和公平的激励体系对人类而言并没有不可逾越的障碍。实际上，很多设施被证明是有价值的，其成员定期投入资源以使其持续地运行下去。虽然设计一个激励体系并使其能调动个人的积极性以开发农村可持续的基础设施并非不可能，但这比设计能有效生产其他物品与服务的物质结构要困难得多。增加的困难主要源于公共设施的自身特征。我们的分析认真考虑了这些特征并辨别出那些原则，当它们被用于制度改革时，能完善使基础设施可持续的那些激励。

第三节 物质基础设施的重要性

物质基础设施在改善经济生产能力方面所能起到的中心作用是所有经济发展理论的共识。《韦氏第三版新国际英语大词典》把基础设施定义为"一个制度的支柱或基础框架"。除非有可持续的基础设施作支撑，否则，某种经济形态下的现有生产力水平就不可能具备可持续性，更别说它的增长了。[4] 所以，不难理解，人们关心的焦点已经集中到了由外在环境因素所引发的问题。这些问题往往是由物质基础设施设计、建造、运行和使用等环节上的不良规划和执行造成的。

早期有很多用于基础设施的投资不仅在经济上是失败的，而且还导致环境灾难。塞耶·斯卡德（Scudder 1972）在文章中提到20世纪60年代初在津巴布韦的赞比西河上建造大坝所带来的结果，这项工程迁移了5.7万人，造成了水生植物的大量繁殖，直接威胁到商业化捕鱼业的生存，而且，灌溉系统的建设不但没有提高经济收益，反而导致土壤生产能力下降。同样，罗伯特·雷佩托令人信服地描述了许多大规模灌溉系统所引起的环境破坏。

> 1965年至1980年间，全世界的土地灌溉面积以每年2.2%的速度增长，达到了全部耕地面积的15%，……新增灌溉面积的成本在增加，但由于土地盐碱化和内涝的影响，已有的大片已灌溉土地的产量却在下降。
>
> 地下水位的升高使盐分集中于根部地带。在没有适当排涝设施的灌溉地区，比如在印度和巴基斯坦，地下水位已经上升到距离地表几米的地方。提供所需的排涝设备会大大增加水资源项目的成本，因而常常被推延或忽视。在大型灌溉项目中，由于不良的运行和维护以及缺少对水资源保护的激励，形成了水资源利用的低效率，从而进一步加剧了水涝和盐碱化问题的严重性。……很多支撑灌溉地域的含水层含盐量越来越高，以致它们的作用已经被大大削弱或破坏。(Repetto 1987：21)

11 尼泊尔山区的例子可能是环境破坏的最好说明，这种情况的发生主要是由于修建公路的技术应用不当，包括不顾一切地乱爆破、各方面铺张浪费和缺少排水设备（有关达丁发展规划的描述，见GTZ 1991，这是一个特别设计出来以降低环境成本的道路建设项目）。尼泊尔北部山坡侵蚀的加重加剧了特莱地区和孟加拉国的泥石流，那里建设和维护适当的灌溉和交通设施本来就很困难，现在变得更加复杂了。

自从有影响力的布伦特兰委员会（Brutland Commission）的报告出炉以后，大部分有关可持续发展的新文献，都把它定义为"这样一种发展，它迎合了现代人的需要，但并不损害今后人们满足自身需要的能力"（World Commission on Enviroment and Development 1987：43）。[5] 一些提倡可持续发展的学者认为，为了达到可持续发展的目标，项目评估就需要基于很低的贴现率以反映对未来的更多关注。我们赞成世界银行首席经济学家劳伦斯·H.萨莫斯的观点，他认为，避免将来出现经济和环境灾难的有效方法，不在于在将来的基础设施项目分析中按常规降低贴现率，而在于"项目评估要适当地包含环境成本。世界上的问题并不是因为有了太多成本-效益分析，而是能把成本-效益分析做好的太少了"（Summers 1992：65）。

投资适当的基础设施并使之能够维持下去，给用户群体带来的利益会超出建造、运行和维护这些设施的成本，也会超出环境外部性的成本。改善农村公路条件以降低农业原料和产品的运输成本，回过头会提高农产品的农场价格并刺激生产。同样，灌溉设施能通过提升产量提高土地产出，灌溉有时还让两轮或三轮耕作成为可能。改善当地供水设施能降低饮用水价格，还能减少以水为传染源的疾病的发生率。

农村基础设施的投资还可能会给当地的就业和收入带来间接的积极影响。农场农业与非农活动之间的联系对于农村的非农就业和收入会产生重要的、多重的积极效应（Mellor and Johnston 1984）。农业生产和收入的增长，很可能在改善基础设施方面有所体现，同时对当地的商品（如农场设备）与服务（如运输人员和铁匠）也增加了需求。这些商品和服务的生产大部分都是劳动密集型的，因此会增加本地的就业机会。而且，正像梅勒（Mellor 1976）、梅勒和莱利（Mellor and Lele 1973）、黑兹尔和罗尔（Hazell and Roell 1983）所强调的那样，中等收入的农民会购买当地生产的消费品和服务，而这些也是靠劳动密集型技术生产的。哈格布雷德、黑兹尔和布朗在一篇文章中谈到了这一点，他们的研究显示，农业收入每增加一个单位，当地的非农业收入就会增加 0.5 到 0.8 个单位。研究者们认为，非洲与亚洲比较之所以有较小的收益增值率（1.5/1.8），有一个涉及基础设施的原因，即非洲水利灌溉有限，这进一步限制了当地对水泵和其他灌溉设备的需求（Haggblade，Hazell and Brown 1989：1185）。

很明显，在发展中国家的农业地区，虽然公共基础设施的设备条件并不是提高农业收入的唯一原因，但是它们的确构成了增长过程的重要组成部分，甚至在收入水平极低的国家里也是如此。[6] 这意味着提高农业地区主要基础设施的长期生产能力，能够有力地推动地区经济的发展并为本地创造更多的非农就业机会。[7] 因此，提高农村基础设施的可获得性并确保它们的可持续性是一个有意义的目标。

有关农村基础设施发展的决策经常会涉及一些长期承诺。因此，在所有这样的决策中，时间是一个非常重要的因素。当投资决策是在一个静态的环境中形成时，就可能对将来的收益和成本流量做出事前的计划并且按照目前的价值进行计算。未来的不确定性必然会导致某些特定的投资超出或未达到原先对实际收益和成本所做的估计。因此，一些项目建成后毛利可能比估计的要低得多，还有些能够带来收益的项目没有被实际执行。犯错是不可避免的。由于基础设施投资是在一个不断变化的环境中完成的，在计划收益和成本时发生错误的可能性进一步增加了。

农村基础设施投资是为了促进经济增长，而增长本身反过来引起对农村基础设施的需求和使用上的变化，无论这种增长是不是过去基础设施投资的结果。因此，情境的构成会随着时间的推移有所变化。一项在某个时间段对经济发展起了作用的基础设施投资，在另一个时间段可能对经济毫无作为。对一个变化中的需求结构做出预测是一项冒险的工作。我们并不想争论是不是所有那些后来被放弃的基础设施投资都是先前错误预测的结果，但我们认为，在一个变化中的经济环境里做出固定的承诺，可能会抑制正确适应未来的能力。

第四节 基础设施可持续性意味着什么

自国际开发事业开始以来，可持续发展问题一直在不同程度上表现得非常突出。的确，在提供发展援助方面，支撑西方工业国家决策的是一个没有经过充分验证的重要假设，即经过精心安排后，对前工业国家进行连续投资能够产生可持续性效果。比如它预设，现代经济发展所要求的基础设施网络能够通过每年修建新的公路和电站而逐渐形成，可以与早年完成的发展成就相辅相成。

一、定义

尽管不同的国际机构对可持续性有不同的定义，但是多数都是用这个词来评估得到外界财政支持的项目。因此这些机构所关心的是，一旦外界的支持结束，受到支持的这些活动能否持续下去，直到项目的预期利用寿命结束。例如，关于美国国际开发署健康干预项目的一篇评论把可持续性定义为：在援助者的技术、管理及财政支持结束后，项目继续提供服务和维持收益的能力（Buzzard 1987：2）。这个定义没有考虑与维持成本有关的收益的多少，当然其隐含的假设是，如果行动者愿意承受维持收益所需的成本，增加的收益可能就超过增加的成本。然而，那些仅仅关心项目能否继续的决策者可能会忘记，产生净收益才是任何投资项目的主要目的。

为了避免这样的风险，世界银行严格按照投资的结果界定可持续性。它认为，项目的可持续性就是：它带来的经济回报率要大于（至少也要等于）资本的机会成本（见专栏1.2）。这个概念与净社会福利最大化的目标相契合，因为它要求项目产生的净收益超过其全部成本。全部成本包括投入的资本、运行和维护的成本，以及像我们前面所提到的，全部外部性成本。项目在援助方撤出后可能会继续运行，但如果它不能产生出超过其全部成本的收益，在这个意义上，也不能认为它具有可持续性。

我们在本书中使用世界银行对可持续性所下的定义,因为它聚焦于基础设施发展——实际上是任何发展——的主要目标,通过利用稀缺资源产生净收益。这个定义的额外好处是,它可以同等地运用于两种基础设施活动,一种是没有外界财政支持的,一种是依靠援助的。

在这个定义里,也可能有这样的情况,一项基础设施投资可能在一类环境中可持续,但在另一类环境中却不可持续。可以拿一条公路路基的建设来打个比方。这条路基长 X 公里,中间有个未架桥的缺口,它使得在季风洪水季节的几个月时间里,这段路无法通行。只有当事先的估计认为在 9 个月旱季利用这条公路将会产生有效的净收益时,对这一项目的投资才可能被执行。但很容易出现的情况是,事后的估计显示,9 个月的使用产生的收益不足以超过用于维护的成本,那么这条公路就难以维护了。然而,也可以考虑建一座桥使这条公路能够全年使用,使收益远远超过这座桥的成本,从而达到可持续目标。事实上,成效评估应该忽略修建公路时的原始成本,因为一旦发生,它就成为沉没成本,在随后关于是否投资于这座桥的决策中,不会起任何作用。有趣的是,在像这样的例子中,用于建桥的增加投资(按照我们的定义它是可持续的),也能导致这样的事后评估结果,即用于在道路上加桥梁的全部投资是可持续的。

另一种极有可能发生的情况是,一项设施的收益被认为显著地大于运行和维护的经常性成本,但是这项设施仍然难以维护。如果没有一套适当的制度安排,包括从受益者手中筹集资源的方法,那么一项应该产生净收益的设施即使具有可持续的潜力,也会任其衰败下去。

因此,虽然我们的建议意在增加农村基础设施投资可持续的可能性,但我们也强调,单纯为了维护而维护一项设施不是一个适当的目标。不管先前投入的资源数量有多少,只有当维护过去的投资所能带来的收益超出其成本时,这样做才会被认为是有道理的。

专栏 1.2

世界银行项目的可持续性

迈克尔·瑟尼是在世界银行工作的社会学家，他用 25 份深度评估报告的结果，辨别出了那些对世界银行过去项目的长期可持续性做出重要贡献的因素。他从经济角度对可持续性这一概念做了界定：项目在时间上的可持续性被定义为"在项目完成后，即在项目停止得到世界银行的财政和技术支持后，一个可以接受的、源于项目投资的净收益流的维持"（Cernea 1987：3）。投资的经济回报率是在每个评估研究进行时计算出来的。决定经济上可持续性的标准是，回报率能否等于或大于每个项目资本投入的现行机会成本。瑟尼的分析发现，当地社区制度安排的恰当介入与银行投资的长期可持续性之间存在极大的相关性。

瑟尼的分析所使用的数据是由 25 个农业项目的效果评估研究（IESs）提供的，这组项目预先已经被世行选择进行深入的效果评估研究，并不是世行财政项目的代表性样本。然而，就所涉及的部门、覆盖的地区、项目的设计及结果来看，结果多种多样。效果评估研究是对所选择的项目进行效果方面的详尽分析，时间跨度在项目完成后的 4~10 年。这类评估研究特别适合基础设施项目，因为从设计开始，这类项目完全发挥作用不是在建成后就立马展现出来，而是预期要几年后才能展现出来。瑟尼所分析的效果评估研究由社会学家、社会人类学家、经济学家和其他研究人员于 1980 年至 1984 年完成，所涉及的项目于 1969 年至 1980 年完成。

原来选择用于效果评估研究的 25 个项目，在项目完成时的审计中都被认为是成功的，而且在长期的可持续性方面有着良好的前景。对项目完成后长期成功的典型预测是基于在审计时收集的定性和定量指标。世行这些项目的每个审计报告都预测：项目投资所创造的物质资产将会保持并被有效地利用，项目所引进的新技术将继续被利用并随着时间的推移而不断更新，制度安排将保持有效，整个的政策环境将保持稳定并有利于项目所推动的发展。

瑟尼对效果评估报告所做的分析发现，25个项目中只有12个成功地达到长期可持续发展的目标。在这12个成功的项目中，有5个在进行效果评估研究时收益流量竟还大大超出了项目完成时审计所计算的回报水平，其他7个项目与审计时的估计保持一致。最高的成功持久率出现在东亚（6个项目）和拉丁美洲（4个项目），最低的是东非和西非，15个项目中只有两个项目能够使其初始的良好结果得以持续。

分析表明，有5组因素对所分析项目的可持续性具有决定性的影响。这些因素的辨别是通过项目执行情况的比较得到的，其中有些项目的经济回报率超出了项目审计时所做的预测，还有些项目则低于当时的预测。这些因素包括：（1）对制度发展供给和受益人的参与；（2）技术的改善；（3）社会经济的相容性；（4）有利的政策环境；（5）常规的成本资金供给。这一研究经过证实，所有成功的项目都涉及在设计阶段通过某种方式对制度能力进行专门强化，而那些不具备可持续性的项目总是缺少制度发展的目标。

二、评估标准

尽管基础设施的维护通常被认为是可持续性的必要条件，但识别维护现有设备的各种方式并不是本书分析的主要目标。本书分析的主要目标是，厘清基础设施投资不可持续的主要原因，详述制度设计作为维护设施的先决条件，这些设施的运行是有（或者信誓旦旦地承诺有）经济成效的。正如我们在前面已经指出的那样，对用户而言，如果长期收益能够超过运行和维护设施所需要的全部成本，那么这些设施就是在有效地运行。当运行和维护一项设施所需的资源超出了从这个行动中所能获得的收益时，任其衰败下去，可能对社区更好。

不过，在维持资本性基础设施的事业中，经济效益并非唯一要关心的问题。公平地对待用户群体中的所有人也同等重要，在发展中国家，财富分配极为不平等，对较贫穷的人进行资源再分配的政策在那里显得尤为重要。因而，尽管效率要求把稀缺资源用在能带来最大净收益的地方，但公平的目标会对此加以调和，结果就是在设施发展的同时要使那些贫穷群体的利益得到特别的照顾。

我们不反对在一些情况下进行再分配的极端重要性，但是这里要谈的主要问题还是资源的有效配置。这与分配目标不一定发生冲突。即使基础设施投资以特殊的社会群体为对象，比如穷人中最穷的那部分，这些设施仍应以产出最大化的方式运行，这样，目标群体能从投资中获得尽可能多的利益。尽管权衡公平与效率的最终决策必须由发展中国家的决策者做出，但是从目标投资中获得最大回报仍是需要优先考虑的问题，不注重稀有资源投资的效率是不可取的。

我们还认为官员们要对使用设施的公民负责。如果设施由援助方提供财政支持，情况尤其如此，因为有效的资源利用是费用承担者们主要关心的问题，而有效的资源利用也包括公平目标。官员的责任与公平和效率的目标并不必然发生很大的冲突，正如我们在接下来的几章中所要讨论的那样，因为效率如同责任，同样要求决策者能够获得有关公民偏好的信息。汇集这种信息的制度安排同时起到提高效率、加强责任以及推动再分配目标实现的作用。

最后，在发展和维护基础设施方面的公共投资意在为用户群体提供这样的建造物，它能提高公共及私人经济效率。由于这种活动的性质随着变动不居的自然与社会环境而改变，所以基础设施必须适应环境并促进这种变化。一系列制度的建立使有关基础设施的决策能够对外界的变化做出适当的反应，这充分表现了其适应性的重要特征。我们将在第五章对这个问题进行更具体的讨论。

第五节　研究方法综述

运用可持续性定义及评估标准，我们提出了一种制度中的人类行为理论，它能更好地解释基础设施不能持续的原因，提出政策改革的建议。在第二章，我们将关注基础设施的可持续性问题，以及个人对基础设施投资进行决策时的选择类型。

这部分内容以大量文献为依据,参考了新的制度经济学和制度分析理论。在这些文献中,有关交易成本与集体行动的理论与基础设施可持续性问题更具相关性。在第三章,我们将把交易成本分析运用于这样的情况,其中多元的行动者需要对基础设施发展进行复杂决策。农村基础设施设备经常由很多人共同使用,他们的偏好、利害关系和使用方式极为不同。这些个人所获得的收益及为农村基础设施发展所付出的成本是完全不同的。使问题更加复杂化的是这样一个事实:这里所涉及的基础设施投资是由公共部门的官员们做出的,他们是不确定的公众的代理人。这通常意味着发展和维护努力的最终受益者与负责执行这些努力的人之间几乎不存在直接联系。

由于有许多行动者和大量的金钱投入基础设施开发中,在行动者中建立大量复杂的契约是必要的。在签署契约之前和执行契约期间,签约人都需要一些实质性的信息。像我们在第三章中所强调的那样,在获得、处理和控制这种信息方面的困难会使成本增加,并为策略性的行动者提供机会,这可能产生预期之外的结果。能够有效抵御这些激励因素的制度安排是必不可少的。

农村基础设施的特点是需要预期使用者采取集体行动,这增加了复杂性,超出了第三章的讨论范围。不同的行动者都想减少由他人的机会主义所带来的成本,他们之间的契约问题主要在提供私益物品的市场语境下进行分析(Williamson 1979,1985)。在第四章,我们将考虑在开发和维护公共设施如乡村公路、灌溉系统和村庄供水系统中所遇到的同样的问题。不让那些没有付费的人享用农村基础设施所提供的服务通常是很困难的,而且这样做也不太合适。在这种情况下,对开发活动实行公共供给是必要的,但是公共供给会面临一些难题。比如,它为寻求优待的特殊利益创造了机会。而且,由于绝大多数发展中国家所面临的技术上的限制,难以衡量一个设备所产生的收益,因此公共当局对一个设备是否值得维护并不清楚。决定究竟由哪个公共当局开发和维护一个设备也可能十分困难。建设大型基础设施有时能获得实质性规模经济效应,而由较小的用户群体加以维护和运行,能够最有效地提供服务。

讨论完与农村基础设施供给和生产有关的各种中间成本后,我们将在第五章探讨制度绩效的评估问题。那里,我们将更详细阐述如何衡量经济效率、公平、责任和适应性这样一些概念。

基础设施开发与维护涉及许多不同的人,他们都有自己的偏好及对收益和成本的感知,涉及许多并不能确定的复杂的物品,有时还涉及变动不居的环境,毫不奇怪,全世界在维护基础设施方面都存在巨大困难。通过制度安排的设计来改变那些对基础设施进行决策的个人所面临的激励结构,这无疑是干预政策过程的一个重要方面。重新设计现有的制度安排以增强其绩效是一项挑战。

现在的制度分析大都依赖一个十分粗糙的分类,把制度安排要么归于公共,要么归于私人,即要么作为"国家"的一部分,要么作为"市场"的一部分。这导致了简单化的诊断:市场失败——需要政府干预,国家失败——需要私有化。正如我们在第六章所解释的那样,涉及基础设施发展方面的制度安排,无法把它们要么归入私人领域,要么归入公共领域。尽管制度失败多有发生,然而它们并非简单地是市场失败或国家失败的结果。

虽然主张对基础设施进行高度集中化生产与(或)供给的建议很少受到质疑,但是它们却是基于一种不全面的分析,只部分考虑到这种安排的收益与成本。在第七章,我们提出:在开发和维护基础设施方面,政策改革的焦点通常只是集中在限制"搭便车"、获得规模经济和利用专业技术知识的问题上。这种不全面的分析没有考虑限制寻租行为、规避责任的问题,以及获取有关当地时间与地点方面信息的困难,这些信息对所有基础设施项目的设计都是必需的。其后,我们将运用在可持续性问题研究中广泛应用的概念,即中间绩效标准去评估用于供给(计划和融资)和生产(建造)基础设施的各种制度安排方案。

我们断言,没有任何制度安排在所有绩效标准方面都比其他制度安排表现出色，对问题的权衡永远是必要的。没有十全十美的制度，但是在特定的制度背景下改变一些规则是可能的，而这些规则面向的是所有参与者，包括外界援助国，由此会使行为激励有所改善。

如果绝对集权的制度安排出现大量意料之外和（或）不受欢迎的结果，那么分权提供了一个合乎逻辑的选择。因此，第八章首先讨论分权这个概念被赋予的多种含义。许多分权项目都经历过这样的情况，涉及基础设施开发的绩效难以持续改善，这说明指导这些项目设计的理论是不完备的。

在一个特定的社会和物质环境中生产的物品与服务所具有的属性，与其制度安排的契合程度，决定了绩效表现。因此，我们的全部分析最重要的政策含义是，维护农村基础设施的复杂性排除了任何简单的解决方案。取而代之的是，对存在多种相互联系的制度安排这样一种特定情况加以分析，并伴之以对每种制度安排所提供的激励进行必要的理解，只有这样，才最有可能引导出更好的制度改革方案。在第九章我们将探讨多中心制度安排的概念及其在发展中国家中的适应性。

不过，正如前面提到过的，有关国家与市场安排之间的选择是一种过于简化的分析，唯一的选择是在集权与分权之间的假设也同样过于简单，我们在第九章将对此加以讨论。相反，一种更为合理但也更为复杂的制度安排路径，其特点是非集权的或多中心的安排。开发可持续的农村基础设施，包括维护及规制其使用模式，这个问题太过复杂，不可能用一种简单的安排恰当地加以讨论，需要多元的、嵌套的制度。如果要克服基础设施投资可持续性的限制，就必须建立这些复杂的制度安排；如果需要实施所设计的政策变革来放松其中的一些约束，就必须分析替代的制度安排。

最后一章扼要重述了本书所阐述的观点，提出一些不同类型的、全国政府和援助机构都可以采用的策略方案，以增强已建成的基础设施可持续的可能性。我们强烈地感受到，发展多中心治理体制是特别好的长期目标，当然也还有其他能够而且应该追求的临时性的策略。

第六节 结论

战后为促进世界各地发展进程所做的积极努力，包含对物质基础设施的重大投资。然而，这些努力在各地所得到的结果极为不同。在一些地方，发展援助计划帮助建立起稳定健全并得到不断加强的基础设施，为经济的持续发展做出了实质性贡献；在另一些地方，公共与私人性质的援助者和贷款人建起的基础设施，其成本已经超出它们所能产生出的收益。有些建造物是很不适宜的，试图维持它们将是对投资资本的非理性运用。甚至有时基础设施是适宜的，能够实质性地贡献于更广泛的经济生产力，但是设法长时间维护这样一些建造物却超出了许多国家的能力。对于关心发展问题的学者和实际工作者来说，"可持续发展问题"并不是一个新问题。新问题是在欠发达国家和东欧国家，资本投资的诸多不可持续性引发的警示。这种警示所反映的是一种看法，而且在许多情况下也是事实，即很多不适宜的投资不再被认为仅仅是一种资源浪费，其中一些已经造成了实实在在的损害，总体上说，这种损害所带来的结果可能具有全球性的影响。

本章的目的主要是介绍我们的制度分析方法，以此来解释可持续和不可持续的发展问题。这种方法把激励的性质视为解释设施可持续的主要根据，在开发、运行和使用农村基础设施的更广泛的过程中，各种参与者都要面对激励。回过头说，激励产生于特定的物质和社会环境中运行的制度。由于特定的物质和社会环境的许多方面短期内相对固定，因此这些安排中的一些变化成了主要的政策工具，公民与官员可以利用它们来改变激励，以改善公共投资的可持续性。本书的其余部分致力于描述一种方法，它对于发展中国家农村基础设施开发的不同的制度安排进行系统化的比较。无论如何，这一分析中的大部分也与对那些制度安排的比较分析有关，它们涉及的是农村地区社会形式的基础设施的发展与维护，如培训中心、农业扩展服务，以及在较发达或不发达国家的城市地区的公共投资。

【注释】

[1] 20世纪五六十年代的发展学者用来证明发展基础设施的重要性，在不同理论学派间存在一定差异。本书中我们没有对早期发展理论之间所存在的差别予以评论，而是着重强调了这些理论之间的共性。几乎所有那些对主要援助国的活动具有指导作用的理论都认为，大规模投资基础设施是发展不可或缺的前提条件。希望对早期发展理论进行探讨的读者可以查阅的文献有：Huntington and Weiner 1987，Morss and Morss 1982，Prebisch 1970，Rostow 1960，Uphoff and Ilchman 1972。

[2] 耶稣会成员、经济学家彼得·马尔凯蒂（Peter Marchetti）在尼加拉瓜首都马那瓜主办了一个非正式的聚会讨论经济问题，那些受邀参加的学者的发言就体现了这种相似性。在一天晚上的讨论会上，一位外国人主导了话题讨论，他提出"价格昂贵、高度集权和高科技的路径，尼加拉瓜年轻人认为荒谬、不合时宜"，他们问马尔凯蒂为什么邀请了"那个美国商人"，马尔凯蒂回答道，"他不是美国商人，而是一位苏联的技术顾问"（详见 Black 1991：61）。

[3] 通过对项目进行结构性调整，且部分地依赖对可再生资源不可持续的开采来应付外债的压力，罗杰·斯通（Stone 1992：254）提到了这种方式并认为尼加拉瓜是一个典型。在石油收入暴跌后，由世界银行鼓励进行的货币贬值计划取得了一些积极效果。"但由于世界银行肯定了林业部门的复兴，尼加拉瓜每年砍伐森林的速度高居世界第二位，这远远超出了其可持续的限度，并预示着到2000年连退化的森林都会所剩无几。"另参见皮尔斯、巴比尔和马坎德亚著作的第五章，他们描述了印尼政府所鼓励的不可持续的砍伐政策（Pearce, Barbier, and Markandya 1990）。

[4] 公共基础设施投资不足使美国劳动生产率和经济发展下降，二者的相关性越来越引起经济学家们的关注（Munnell 1990）。阿肖断言，在过去的20年中，生产力发展速度下降了一半以上，其原因就是在公共基础设施上花的钱太少了（Aschauer 1990：1）。尽管对其数值估计的有效性并没有取得一致意见（Aaron 1990），但大多数的研究结论都倾向于认为，公共部门基础设施投资的确能够在经济增长中起重要作用。

[5] 近期一些文章对可持续发展主题的不同观点进行了很好的概括：Barbier 1987，Brinkerhoff and Goldsmith 1990，Honadle and VanSant 1985，Korten 1991，

Lele 1991，Redclift 1987，Tisdell 1988。

［6］例如，艾哈迈德和侯赛因发现，孟加拉国一些社区比其他一些地区更好地开发了农业基础设施，因而当地经济十分活跃，达到很高的水平，而在其他地区这类设施不是缺少就是已经被损坏。他们的研究也表明，当地对劳务的需求上升首先使那里的穷人得到了好处（Ahmed and Hossain 1988）。

［7］在发达国家里也是如此，如埃伯特就曾说明，在美国一些地区，公共基础设施如何与经济发展有正相关关系（Eberts 1989）。

第二章 基础设施的可持续问题

25 第一章的要旨是：在发展过程中，基础设施能够并且确实起到了非常重要的作用。遗憾的是，正如我们也提到过的，在发展中国家，过去对公共设施的许多投资都没有持续下去。我们在本书中将讨论这种情况发生的各种复杂原因，即为什么发展中国家所建造的基础设施有很大的可能没有运行足够长的时间、产生足够的经济回报以抵消开发和维护它所需的全部成本。更加细致地考察较为狭义但特别麻烦的维护问题，由此开始讨论可持续性问题，这是有用的。考察的目的是解释建立一个有效的维护制度所面临的特殊困难，并探讨基础设施开发的其他阶段，其中的决策可能使投资迅速恶化。

在对目前发展中国家的维护问题的严重性做简要评估之后，我们会超出维护不足这一范围，拓宽对基础设施衰败原因的讨论。基础设施投资的长期有效性，也有赖于设计、建造、运行和使用。在本章结尾，我们将说明，即使对于资本的单个拥有者-使用者来说，有关基础设施投资和维护的决策也是复杂的。第三、第四章将解释，当共同做出资本投资决策以及基础设施由公共部门供给时，这些决策是如何进一步复杂化的。

第一节　基础设施的维护与融资

基础设施投资对发展农村地区非常重要，这些基础设施包括公路、桥梁、灌溉系统及水利系统等。一份有关世界银行对农村发展投资的近期评论总结道："对基础设施的总投资几乎占全部农村开发项目投资的一半"（World Bank 1988：18）。如果这些设施在预期使用年限结束之前就老化，并被抛弃，人们倾向于归咎于维护不足。由于维护用货币单位——例如美元——衡量最为方便，许多有关发展中国家公共资本设施老化问题的文献都把注意力集中在维护费用的短缺上。自然，与此相关的主张是动用和花费额外资源来使用并维护这些已建成的设施。这个主题对发展分析家来说也相当有意义（见专栏2.1）。

如果没有足够资源或者没有分配到足够资源用于基础设施的运行和维护，基础设施会随时间流逝而老化。由于最初的投资没能持续下去，常常使这些设施陷于废弃状态。美国国际开发署有关灌溉与公路项目的评估总结都得出类似的结论：维护不足问题非常严重。例如，一份1983年灌溉项目综合评估的作者总结道：

> 灌溉设施的有效生产寿命往往是有限的，常常超过项目文件所标明的内部回报率的限制，但是这些系统的老化及彻底废弃的原因可能是拙劣的设计、环境恶化、运行技术的低下以及预防性维护不当。结果，系统总体性缺乏效率，如果想要实现生产或收入目标，就需要通过重新建造以求改观。（USAID 1983：83）

与此类似，一份对于美国国际开发署援助的8个农村公路项目进行评估的总结报告也注意到，"除少数国家外，公路维护在其他国家令人痛心地被忽视了，8个农村公路效果评估中的6个证实了这一点。公路老化造成很高的政治、经济、社会和环境成本，可能导致原有投资的全部损失"（Anderson and Vandervoort 1982：46）。当然，问题不仅仅出现在美国国际开发署资助的项目上。世界银行关于公路维护危机的一份报告指出：

> 在85个得到世界银行公路援助项目的国家中，已建成公路的超过1/4和未建成公路的1/3处于很糟的状态，以至于需要部分或全部重建。现在能通行的已建成公路中有40%正处于危急状态，并需通过加固来防止结构性毁坏，结构性毁坏一旦发生公路就必须重建。为使发展中国家公路和高速路的未来老化速度减慢，预计每年必须额外投入40亿至50亿美元。(Harral 1987：1)

人们清醒地认识到，造成今天公路维护危机的主要原因是过去没有对这些公路进行维护。如果过去在这85个国家花120亿美元用于公路保护性维护，现在就不需要花费400亿至450亿美元重建已老化的公路（Harral 1987：1)。

维护，尤其是常规维护的一个特点特别容易使公职人员推迟或完全忘记维护：事实上，维护不会在公共设施的运行中产生立竿见影或显著的效果。确实，大部分基础设施在缺乏维护的情况下也能运行很长时间。常规维护主要影响的是在更遥远的未来设施如何发挥作用，而不是今天或明天。[1] 填补路面的小缝隙不会对驾车经过这条路的人们的旅程产生即时影响；同样，给灌溉系统的金属阀门刷上油漆，也几乎不能提高其即时绩效。

降低资产老化率所带来的未来收益也可能难以测量。感知老化率的变化需要很多本土化的信息和知识，即要知道在有或没有各类维护活动的情况下，某个设施老化得有多快。个人，特别是公职人员，如果愿意把有限的资源投到降低难以察觉的老化率的活动，而不是投到其他能产生更明显、更直接回报的活动，那么他们必须首先受到很强的激励。[2]

要获得维护费，不但要有足够的资源为维护活动所得，而且需要决策者愿意为其拨款。然而，将公共基础设施老化的所有原因都归结于维护费不足是错误的。例如，并非所有基础设施都给用户带来足够的收益，能完全抵消其融资、运行和维护的成本（见专栏

2.2)。建造可持续的基础设施不仅只包括维护问题。为了更好地理解这一问题，有必要首先对开发一项基础设施所涉及的几个阶段思考一番。

专栏 2.1

经常性成本问题

讨论基础设施维护问题的发展分析家相当关注经常性成本问题，这个问题亟待解决。例如，赫勒（Heller 1974）在对肯尼亚的经常性成本问题进行分析时指出，在许多发展中国家，启动大规模公共投资项目的努力存在目光短浅的问题，它们往往假定，项目真的会实现其全部生产力。实际上，许多项目没有获得投资的预期收益。他说：

> 造成生产力损失的原因在于，在公共部门总预算约束的限制下，公共投资导致对动态财政责任的忽视。显然，为了使任何投资项目都有足够的生产力，必须保证运行和维护的未来支出费用。然而，与私人投资不同的是，没人可以保证公共部门项目的社会生产力会在其运行收入中得到反映。（Heller 1974：251）

赫勒的研究对肯尼亚及其他地方的重要贡献是他估算一种比率的技术，这个比率反映了与原始投资支出有关的净经常性支出需求。这就是所谓的 r 系数，用它乘以原始资本投资，可以估算出为达到完全生产力即可持续性所必需的未来资源流量。例如，赫勒在 1979 年的研究中发现，支线公路 r 系数的变化区间是 6%～14%，干线公路 r 系数则在 3%～7% 之间。这就是说，建设支线公路所投资的 100 万美元，在公路使用期内需要每年投入 6 万到 14 万美元用于维护，以确保使用者实现最大可能收益。拉马克里斯南（Ramakrishnan 1985：118）发现，从 1976 年到 1983 年，肯尼亚水利开发活动的 r 系数在 16%～44% 之间。下表给出了其他各类发展项目的 r 系数。这些数据表明，经常性投入的支出是非常重要的，就像农村健康中心需要投入劳动力与药品，基础教育需要投入教师、书本和其他教育设施一样。

各类工程项目的 r 系数

项目类型	r 系数
林业	0.04
家畜	0.14
农业开发	0.08～0.43
小学	0.06～7.00
中学	0.08～0.72
大学	0.02～0.22
地区医院	0.11～0.30
总医院	0.18
农村保健中心	0.27～0.71
支线公路	0.06～0.14
干线公路	0.03～0.07

资料来源：Heller 1979。

从这些数据中得出的重要教训是，建造新基础设施带来运行和维护的持续性资源需求，要使基础设施投资可持续，这是必须被满足的条件。此外，不仅需要动员必要的资源，而且要以此为目标分配资源。

专栏 2.2

灌溉工程的经常性成本

缺乏足够资金是维护水平不足的主要原因，但它绝不是唯一原因。解决可持续性问题不仅仅是找到覆盖运行和维护成本的资源，正如近期一项有关亚洲五个国家政府所有的大型灌溉系统的绩效研究所表明的那样。国际灌溉管理研究所（IIMI）的学者发现，农民所付的灌溉费用差别很大，泰国最低，每公顷 8 美元；韩国最高，每公顷 192 美元。如下表所示，运行和维护费用也有很大区别，最低的是菲律宾，每公顷 14 美元；最高的是韩国，每公顷 210 美元。只有菲律宾的农民交纳了足够的收入，能覆盖维护大型灌溉工程所需的年度投入。

征收收入、运行和维护（O&M）成本与评估收益

	(1)[a] 来自农民的收入	(2)[a] 运行和维护成本	(3)[b] 收入占运行和维护成本的百分比	(4)[c] 收益与运行和维护成本的百分比	(5)[d] 收益占资本加上运行和维护成本的百分比
印度尼西亚	26	92	79	370~1 000	32~178
韩国	192	210	91	278~370	38~71
尼泊尔	9	16	56	135	82
菲律宾	17	14	121	233	102
泰国	8	30	27	64	36

a 列1和列2的项目数据，是以1985年6月的官方汇率，从当地价格转换而来。
b 列3的数据代表列1占列2的百分比。
c 列4的数据是水利工程的评估收益占列2的百分比（印度尼西亚和韩国的区间是根据最低和最高评估收益计算的）。
d 列5的条目是灌溉的评估收益占评估资本成本的百分比（印度尼西亚和韩国的区间是按照最低与最高收益和成本计算的）。
资料来源：Small, Adriano, and Martin 1986：35, 37，引自 Repetto 1986：5, 8。

甚至更让人清醒下来的是，国际灌溉管理研究所的学者发现，与和项目有关的资本和经常性成本相比，这些项目的评估收益很低，令人失望。很清楚，只有菲律宾的农民实际上能够负担得起这些项目的全部资本和运行成本，而不至于比这些项目建设前的境况更坏。遗憾的是，这类研究结果根本就不罕见。在墨西哥、孟加拉国和巴基斯坦的研究也发现，灌溉费用不能保证经常性成本；修建的大型灌溉工程的评估收益不够高，农民增加的收入不足以负担该项目的全部费用（Repetto 1986）。这些工程项目在经济上不可持续。

第二节 基础设施开发的几个阶段

虽然维护（及融资）是保持长期持续性的关键因素。但是要充分考虑这一点，也不能脱离基础设施开发所涉及的其他活动。维护的类型和水平与一个项目如何被设计、融资、建造、运行以及使用密切相关（Uphoff 1986b：63-70）。[3]

一、设计

基础设施开发的设计阶段通常发生在建造阶段之前,它是构成可持续性的必不可少的一部分,如果不对设施的特殊设置和特定用途做正确设计,设施就不可能提供高于成本的收益。失败有多种形式。尽管进行了维护,但有些设施也可能很快就完全损坏或彻底塌陷;与其说这些建造的成本太高,不如说其设计与使用目的不相符。

设计通常被认为是受过技术训练的工程师的事情。对许多新建的大规模基础设施而言,这是确切的,但并非在所有情况下都是如此。这种看法意味着,基础设施设计几乎完全基于科学技术知识。但事实上,正如我们将在下一章要讨论的,有效设计不仅涉及技术知识,而且涉及有关具体地点之特征的知识。设施建造之技术知识的重要性因工程项目的不同而互有差别。然而,当地时间与地点的信息对于设计可持续的基础设施来说总是必要的,因为它可以保证这些设施会很适于解决特定人群在特定时间与地点所面临的问题。

如果工程师完全根据他们能得到的统计摘要进行设计,居住在大城市,在设计过程中不愿意与当地使用者打交道,设计就不会充分体现时间与地点的信息。乌普霍夫(Uphoff 1986b:63)描述了三个详细记录下来的事例:菲律宾、尼泊尔和墨西哥的农民告诉那些在季节性洪峰比较高的河上建大坝的工程师,这些大坝不会长久。但工程师们拒绝调整他们的计划,结果,大坝都被冲垮了(D. Korten 1980,Shrestha 1980, Cernea 1984)。评估那些有效地存续下来的设施,证实了最终用户在设计过程中发挥的重要作用(Haratani, Viveros-Long, and Becerra Marzano de Gonzales 1981;World Bank 1976)。

二、融资

由于基础设施开发的每一阶段都需要稀缺资源投入,为这些投入融资对设施的持续性来说至关重要。必须有足够的资金支付工程的建造、运行和维护成本。同时,可利用资金是必要的,但不是充分条件：参与预算过程的人也必须愿意给维护分配资金。

融资，像设计一样，通常被认为是一次性完成的活动。事实上，和基础设施维护有关的一些问题可能源于这样一个假定，即为基础设施融资的唯一重要问题是筹集设计和建造所需支付的资金。这种观点忽略了运行和维护设备也需要获得足够资源的问题，这一点与赫勒的探讨相符（见专栏2.1）。如何有效公平地筹集用于基础设施开发和维护的资源，包括货币资源和非货币资源，是可持续发展的关键决定因素。

三、建造

物质的基础设施必须被建造出来，然而，实施这项任务的可能是任何一个公共或私人企业。建造活动可能要求资本密集型生产方式，比如建造公路网或大型灌溉工程。但是，许多建造活动并非必须是资本密集型生产方式，可以依靠由相对不那么熟练的劳动力组成的各个公司来完成。实际上，许多小型农村基础设施是由那些将来使用它们的人利用当地的原料和简陋的技术建造的。也有大量的文献记述了用劳动密集型方式建造公路的情况（International Labour Organization 1979，1982；National Research Council 1981；Beenhakker 1987）。

不管用了什么方法，涉及什么企业，建造都会显著影响设施的可持续性。即使一项基础设施被设计得很好，但是，如果在建造过程中没有遵守设计，或者使用了不合标准的材料，或者采用了不正确的施工技术，已竣工的基础设施的质量也可能受到损害。例如，如果建筑承包商试图通过在混凝土建筑物中使用较少钢筋而赚取额外收益，整个建筑物就会不坚固，即便是常规维护也无法改变这种缺陷。

四、运行和维护

基础设施的设计和建造，包括有关融资活动，可以在较短时间内完成。而另一方面，组织并投资运行、维护与使用则是长期的。[4]基础设施运行所需要的劳动力数量和类型千差万别。例如，一条乡间公路几乎不需要额外的劳动力使其运行，但是，对于灌溉系统的各部分来说，水量分配可能要求训练有素的人员进行日常观察，而一所学校没有教师则根本无法运转。

缺乏特定水平的日常和紧急维护，基础设施不可能按照预期使用寿命保持有效运转。一般来说，维护是延缓设施老化的活动，无论这种老化是由使用引起的还是由老化引起的。最重要的维护任务是日常维护活动，它贯穿于设备的整个使用期，而周期维护则在特定时间间隔内进行。由于维护的重点在于延缓设施老化，因此，维护有别于紧急维修或重建和改进活动。维修是在设备出现非预期性故障后实施的活动，重建是把设施的用途恢复到原有水平，改进是提高原有设施所提供的服务的数量或质量。对于诸如乡间公路这样的农村基础设施来说，并不总是可以轻而易举地区分这些不同类型的活动。

五、使用

需要多少及何种类型的维护，不仅取决于基础设施的设计规划和地方性因素（例如天气的影响），而且，也在很大程度上取决于设施的使用水平和类型。因此，乡间公路所需的适当维护活动不仅取决于使用这条公路的汽车的数量和重量，而且，还取决于这条公路的类型和质量。限制汽车上路的规则在延缓道路老化方面和维护一样有效，特别是当公路最容易因使用而受损时（例如超重车辆行驶或在雨水特别多的季节使用公路）。类似地，维护灌溉渠道的成本受自然条件及限制穿越河道的家畜和车辆的规则的有效性影响。

由于维护需求取决于基础设施开发的其他阶段，因此，任何对设施维护失败原因的分析也必须考虑那项基础设施的设计、建造、运行和使用。牙买加农村公路项目的案例（见专栏2.3）很好地记录了影响基础设施产出的多种因素。进一步讲，正如在下面章节将要强调的，基础设施开发的每个阶段的参与者所受到的激励，对于他们的决策至关重要，因而对设备的总体可持续性也至关重要。在后面章节中，我们将讨论与公共基础设施的开发、运行和使用相关的激励与选择。但我们先要考察开发一个私人拥有和使用的设备时，个人所面临的决策的复杂性，这是有益的。

专栏2.3

牙买加农村支线公路开发项目

这项公路开发项目旨在援助经济状况恶化的国家。该项目隐含的模型是：公路开发将促进现有农场的精耕细作，增加产出面积，并因此增加农民的收入，促进社会服务的发展。项目的策划者甚至认为，这最终将减缓农村人口向城市迁移，减少城市犯罪，反过来会促进旅游业的发展。遗憾的是，这个项目没能实现这些高标目标。

失败的根源可追溯至项目设计。该项目原本要做的是，除了在那些公路斜度很大，以致表面会被大雨冲刷的地方外（这些地方要使用双层沥青），主要采用以砾石铺路面的低技术来改善道路。但是，设计标准后来被改为要求所有的公路项目都升级为担负日平均通车100辆的水平。这显著减少了改善公路的里程数，从计划的352英里减少到只完成181英里，并且意味着整个项目所创造的非熟练性工作比原计划的要少很多（只实现了1 262人/年，而计划为5 250人/年）。

事后分析显示，几乎没有公路有足够的通行车辆，以证明新投资是正确的。最忙碌公路的平均交通量仅为每天25辆车。正如评估者所指出的，"一些公路勉强算是物有所值（如果经济增长了的话），许多公路则根本不值。它们是高投入低使用的改善而已"（Berg et al. 1980：D-1-D-2）。

尽管这样，仍有相当数量的路面老化。所检查的84英里道路中有一半需要大量修补或大规模重建或重铺路面（Berg et al. 1980：H-3）。原因主要有两个：恶劣的排水结构设计和缺乏或没有维护（在不经济的交通水平下，这也许并非不合理的政策）。

中央集权的工程部被选来实施计划。虽然这项决策可能加快了计划的进展速度，但它忽略了这样一个事实：工程部主要在一级和二级公路的建造上富有经验，而"对于低技术水平的公路没有多少经验或他们根本就不重视这种公路建造"（Berg et al. 1980: 2）。依赖单一设计标准的决策也可能是因为只依赖一个部。

由来自全国政府四个部委的成员组成的特别项目组对项目公路的最终选择，也是在十分集权的情况下做出的。工程项目的公路（实际有 68 个公路段，平均长度不超过 3 英里）分散在岛上的不同区域，区域之间的经济特征差别显著。这可能主要反映了对国家整体发展的较多关注，但却未把这些公路置于它们本可能产生最显著经济影响的地区。

牙买加这次失败的农村公路开发计划，揭示了项目设计对基础设施的可持续性极为关键，表明了只依靠单个集权部门监督项目实施所带来的潜在问题。曾经指望高质量的路面会降低维护需求，甚至这样的权衡也没能实现。此外，由于公路大量是短距离的，对交通流量的乐观预期也落了空。净结果就是不可持续的投资。

第三节　影响单个私人资本所有者-使用者的维护决策的因素

为更好地理解发展中国家农村基础设施维护不足的普遍性，我们有必要从简单资本维护模型开始研究，这个模型强调维护决策中的经济变量。[5] 这里的资本指的是在一段时间内产生服务的任何耐久或长期投入。资本所有者认识到，由于老化和使用的双重原因，随着时间的流逝，设施所提供的服务的数量减少、质量下降。不过，可以通过维护降低老化速度。由于维护可以提高资本的生产率或者延长它的使用年限，所以维护本身就是一种投资。投资的基本经济模型表明，只有当维护的回报率高于把资源用于其他方面所得到的回报率时，人们才会进行维护活动。

以下几个因素可能影响维护的投资决策。一是维护活动的预期收益,以设施使用年限中每年所得附加收益的形式或设施使用年限延长的形式表现。二是维护成本,较高的维护成本不大可能带来正回报,人们就会不太愿意进行维护工作。如果在没有维护的情况下设施也能产生正回报,使回报最大化就意味着,设施在其有效年限结束时会被替代。因为维护可以延长使用寿命,所以替代原有设备的支出也会被考虑进去,假使其余情况均相同,较高的替代成本会使维护成为一个更具吸引力的选择。三是由于这些支出和收益随时间的推移而产生,并且影响未来,未来贴现率也会影响维护决策的做出。较高的贴现率意味着未来支出(和收益)对决策没有什么影响;因此,如果贴现率足够高,决策者可能放弃维护及所需要的成本投入,即使这意味着,资本在将来迟早要被替换。

至此为止的讨论意味着,维护是一个简单的二元选择:是或否。实际上,对许多资本设施来说,可能有不同类型和水平的维护。一个完整的维护模式必须考虑所有替代性维护制度以及每一种制度的成本和收益。常规和紧急的维护活动涉及不同的活动方式。此外,常规维护活动被认为要基于常规的基础来做。如果正确进行常规维护,资本所有者就可以减少进行紧急维护活动的需求,只有当资本基础设施提供的服务量受到威胁和损害时,紧急维护才是必要的。再者,常规维护和紧急维护之间的选择还有赖于两套活动的相对收益以及相对成本和可获得性。然而,除此之外,两种类型的维护以及不同类型的要求可能取决于资本所有者对其中所包含风险的预测。如果常规维护能减少损坏的可能性和对紧急维护的需要,那么认为临时停工代价太高的资本所有者,会比不被这类停工的不利后果所影响的资本所有者,更可能采用常规维护。

在此刻,我们的假定是,有关维护投资的决策独立于资本设施投资的最初决策。当然,对现存设施而言,原始的资本成本和过去已经发生过的维护成本一样,都和现在及将来如何维护设施的决策无关。然而,在某些情况下,维护决策是最初的投资决策所固有的一部分。产出相同而类型不同的资本,可能要求不同类型及水平的维护。既然如此，最初的规划决策（哪种类型的资本会产出最大的回报）将取决于被维护设施的预期净收益流量。因此，一个人可能选择一种原始成本很低但却需要大量维护活动的资本投资（例如，购买"零工住房"），而另一个人可能选择原始投资比较大但无需费力维护的投资方式（如买一套新的或几乎新的房子）。与此类似，资本投资的预期使用可以影响最初的选择。一些活动会比其他活动更快地消耗资金，因此，如果投资项目的使用寿命保持不变，则需要更高水平的维护。

为了说明这些概念，我们举一个例子。假设一辆卡车的拥有者同时又是它的使用者（所有者–使用者）。在"正常"维护下，这辆车有望在其使用年限内行驶 15 万英里。在维护超过一般水平时，它的运行里程可能增加到 20 万英里；在低于正常维护的情况下，这辆卡车可能只能跑 10 万英里。当然，维护并不是车辆使用寿命的唯一决定因素。车子行驶的道路也影响其使用寿命和运行成本。进一步说，甚至在没有使用的情况下，如果没有提供防止天气对其影响的维护，卡车的金属部分也会在 20 年后老化掉。

关于保养卡车，我们虚拟的卡车司机同样面临一系列有趣的投资决策，解决问题的办法也是五花八门。仅仅买一块可以将车辆遮住的帆布就可以防止由于天气造成的磨损，不过几年后帆布本身可能也要换掉。租停车库是另一个可供选择的办法，或者卡车的主人可以选择建造一个私人车库。即便此时，车主仍然面临选择：是自己单独建车库，还是将它全部承包给其他人，或者自己做所有的木工活，把一部分工作承包给他人，比如，雇人用挖土机打地基，雇用专业电工确保车库的线路可靠。

一般认为，在其他条件相同的情况下，较高的替代费用、较低的维护费用和较低的贴现率都导致对维护和保养卡车的较高投资。此外，卡车主若担心因变速器故障会造成汽车深夜抛锚，他就会比不担心这事发生的人更易于进行常规的预防性维护。当然，正如大多数经济模型一样，这里假设卡车司机知晓维护活动的成本及收益，并且在一定价格水平下拥有可以利用的资金。

当他/她要买一辆新卡车时，买者可能会考虑卡车的用途以及相应的可能需要的维护水平。因此，打算让车辆主要在高速公路和城市街道上行驶的潜在购买者对车辆的选择，会不同于让车辆行驶在露天煤矿的崎岖小路上的购买者。车辆暴露在矿区的尘埃中，这或者要求相当多的维护工作，或者，需要根据这种环境而设计出来的引擎。在一定程度上，正如大多数汽车所有者也认识到的，额外的维护工作会产生如此些微的收益，以至于被认定是不经济的；那么更换汽车就成为唯一明智的选择。

总结上述内容，我们看到，单个私人资本所有者实施维护的水平，可能受到一系列因素影响。虽然每个决策者会对这些因素进行不同的权衡，但一般认为：

- 较高的维护预期收益会增加维护工作；
- 较高的资本替代成本，包括信贷支出，会增加维护工作；
- 较高的风险厌恶会增加维护工作；
- 更容易获得相关投入来维护和有效使用资本，会增加维护工作；
- 较高的维护成本会减少维护工作；
- 较高的贴现率会减少维护工作。

此外，投资类型的选择也取决于资本的预期使用以及这类用途所必须承担的维护要求（包括上列因素）。时过境迁之后，任何维护，无论是常规的或紧急的，都不可能被认为是经济的了。还有一个因素使私人资本投资于维护的决策变得复杂化，即这样一个事实：买主在购入私人资本设备（如一辆卡车）时，并不了解其全部的性能特点。例如，购买一辆已有10年车龄的卡车，其未来所需的维护水平在很大程度上取决于前主人如何驾驶和维护这辆车。当决定对此投资时，新主人可能已经根据假设的维护水平估算了收益和成本。但是，当他发现这个旧卡车经常坏，需要的常规维修比预期多时，新主人面临更棘手的决策。他/她可能认为这辆卡车是个"蹩脚货"，不值得进一步投资。不维护，使用它直到报废，或者把它卖给别人，可能是比继续维修或维护更好的选择。

单个私人资本所有者拥有资本物品,这是最简单的情况;对此的讨论得出的第一个重要教益是,不同决策者对相关变量的感知不同,因而导致在不同情况下的维护水平不同。第二个重要的教益是,即便简单的情况也是非常复杂的,因为维护并非仅是一次性行为,而是一个过程。根据某个原因所做的维护决策会影响以后的维护,而且有可能改变投资有效期。因此,"最优化"维护模型必定错综复杂,即使它只涉及一个决策者。[6]

虽然在任何环境下都是同类因素起作用,但在公共部门中确定最优维护,更为复杂。首先,在一定程度上,这是因为大多数农村基础设施所提供的服务是由两个或更多的人共同使用的。例如,一条乡村公路会被许多人使用,而每个人的道路使用要求不同;在灌溉系统中,一个农民用水就意味着其他人可得到的水量会减少。其次,确实最优维护常常涉及许多决策者,其中许多供职于公共部门,而不是只有单个所有者-使用者。这些决策者以不同的方式感知维护决策的成本和收益,他们感受到的未来的贴现率也不同。而且,在公共部门中,做出维护决定的决策者、决策的受益者以及维护费用承担者之间几乎不存在直接联系。最后,在资源贫乏的多数发展中国家,缺乏可利用的资金导致维护水平大大低于工程师认可的最优水平。[7]

不过,维护投资不只决定于能获得资金,还是缺乏资金。随意进行观察,特别是对许多发展中国家私人所有资本进行观察发现,所有者(不管多穷)都认识到对诸如役畜、人力车和房屋进行维护能带来收益。人们付出许多努力使这些资产积累发挥作用,带来收益。不过,与此同时,这些国家的许多公共部门资本投资无疑没有得到维护。

第四节 结论

本章已经阐明,对于发展中国家来说,基础设施老化问题很可能代价高昂。虽然维护不足是导致老化的共因,也难以解决,但是,只解决维护及其资金问题仍然不能确保可持续性。开发基础设施,使其不至过早老化,这需要合理的设计、建造和使用模式,并且要为其维护和运行投入适当的资源。

然而,正如我们在私人拥有及使用卡车的例子中所阐明的,投资决策并不简单。个人面临许多选择,而且在所有情况下,这些决策都是在某种不确定(这种不确定性也许巨大)的环境中做出的。就像我们在接下来两章将说明的,当这些决策由具有不同的激励的多人做出时,当涉及共同使用的设施时,情况更加复杂。

【注释】

[1] 正如我们稍后将探讨的,基础设施因缺乏常规维护而老化的速度各有不同。有些基础设施不会全面崩溃、停止运行,它们只是继续老化而已。另一些设施则经常在没有受到维护时崩溃,并因此快速反馈出自身的状况。我们感谢与罗恩·奥克森(Ron Oakerson)的谈话,他强调了基础设施由于拖延带来的老化问题及其微妙之处。

[2] 在为道路维护筹资时,美国公职人员要面对与发展中国家官员一样的激励。在回顾公路维护多么乏味时,纽约州参议员丹尼尔·帕特里克·莫伊尼汉(Daniel Patrick Moynihan)切中时弊,指出美国地方政治家要面对这一事实:"从没有人因填补裂缝而得到剪彩机会。"将稀缺的公共资金用于预防性维护,不会赢得政治资本。莫伊尼汉也谴责了挫伤维护积极性的现有供给安排。例如,美国联邦政府对新建或重大重建每1美元给予90美分的补贴,但不给维护工作任何补贴。这样,我们就不难理解为什么地方政府对老化道路的态度就像莫伊尼汉所指出的那样,是"老、坏得越快,新的就能越快得到"(Van Voorst 1992:65)。

[3] 乌普霍夫(Uphoff, 1986b)区分了基础设施开发的前四个阶段。我们加上了使用阶段,正如后面的讨论所显示的,不同的使用模式会极大影响资本资产老化的速度。

[4] 认识到运行、维护和使用相对于设计与建造在时间跨度上的不同,让人们对许多发展中国家项目及规划中的主要预算提出疑问。项目预算对于开始设计和建造阶段适应良好,但它们看来并不适于成为持续运行和维护的支持

机制。

　　[5] 这里的探讨是非技术的，目的是提供有关维护决策的特点。有关私人部门各种条件下最优维护政策的更复杂模型，见：Jorgenson, McCall, and Radner 1967。

　　[6] 对于长期私有资产来说，住房是一个很好的例子，其服务水平和使用年限受到维护水平的重要影响。数学上很复杂的住房维护最优控制模型，见：Dildine and Massey 1974。

　　[7] 实际上，有些学者（Bumgarner, Martinez-Vazquez, and Sjoquist 1989）的经验研究已经表明，甚至在美国，与财政良好的城市相比，"财政紧张"的那些城市做了较少的维护活动。

第三章　个人、激励与交易成本

如第二章所述，当单个用户拥有一项资本资产并从中获益，同时要承担替换和维护费用时，我们可以预料：只要从此项投资获取的预期回报大于预期成本，个人就会继续投资。[1] 然而，公共基础设施维护有赖于许多行为者做出决策，没有人会独自承担全部替换和维护成本，或获取全部收益。农村基础设施的设计者、出资者通常并不是建设者、运行者、维护者和（或）使用者。

那些使用和维护基础设施的人，除非他们是唯一的出资人和受益人，否则很少有足够的动力贡献出足够的维护资源。基础设施设计的不同参与者，他们的激励与后来运行和维护的人不一样。而且，有些人是他人的代理人，他们的利益与委托人的利益不一样。协调不同参与者的行动要求把相当多的时间和资源投入达成一致、进行监督和绩效评估的过程。这样，理解基础设施维护问题所处的相关环境，远远比我们在资本投资的初始模型中所描绘的更为复杂和不确定。

由环境的不确定性、获取必需信息的高成本和不同参与人的利益差异引起的类似问题，已由新制度经济学领域的学者做了研究。[2] 这些学者对新古典经济学有关人类行为的假定的有效性和有用性提出挑战，它的特点是缺乏对制度安排的关注。新古典经济学派的许多著作已经分析了影响参与者选择契约或协议类型的各种因素，这些参与者想要在一个不确定的环境里获取长期的共同利益，同时又想保持很低的总成本（包括交易成本）。[3]

制度经济学家假定，制度安排的绩效取决于要解决问题的特定类型。我们认同这一假设。激励是规则的结果，这些规则用于奖励和约束不同行为的收益和成本。此学派的早期著作强调不充分信息、机会主义行为和不确定性的重要性，强调这些因素影响不同组织形式的绩效的方式。不过，这一研究方法主要用来分析私营组织。

新制度经济学家阐述的许多问题也是农村基础设施发展的难题。因此，在开始分析农村基础设施为何难以持续时，我们先把注意力集中在新制度经济学家所分析的那些问题上。在下一章，我们会接着分析由于这些物品和服务的公共属性而在基础设施维护和发展中出现的其他问题。

由于这里所要分析的情境的复杂性和不确定性，我们所用的模型假定个人理性是有限的而不是完全的。由于我们对人的行为所做的这个假设和其他主要假设不同于许多当代政策分析所运用的假设，我们这一章先就这些假设进行简短的讨论。这一章的其他部分会讨论信息、协调和控制等问题，这些问题主要源于这样的事实，即农村基础设施的决策涉及许多行为者，他们在长期的、复杂的相互依赖和不确定的过程中拥有不同的利益。

第一节 有关个人的假设

我们认可古典政治经济学的观点，认为个人在特定环境下的策略选择，取决于他/她如何感知并权衡各种不同策略的收益和成本及它们的可能结果（Radnitzky 1987）。这些感知到的成本和收益包括用于建立和维系各种关系的时间和资源（Williamson 1979），以及用来建立可信可靠的声望的个人价值（Breton and Wintrobe 1982）。而且，我们还假设，计算收益和成本的个人是易犯错误的学习者，他们会由于其他人改变行为，因为其他人的可观察收益和成本对学习者来说很重要；同时，也会因为信守承诺或者看重互利性而改变行为。

这些学习者会而且确实是经常犯错误，在不确定的环境中，错误无法避免。然而，就有关激励因素是否鼓励人们从错误中吸取教训，环境又各不相同。因此，可以把易错性和学习能力看成更一般的个人模型的假设前提。我们假设，个人在发展和维护基础设施方面采用的不同制度安排，为他们提供了不同的激励因素和学习机会。在某些环境中，激励导致他们重复过去的错误；而在另一些环境中，激励可以使他们很快地有效学习与基础设施维护有关的决策。在所有情况下，个人已知的制度设计原则的全部技巧也会影响他们改变制度的能力，当面临重复失败时，他们能够改善学习，取得更多的结果。

当易犯错的、有学习能力的个人在经常重复和简单的环境中互动时，这可能使他们形成一种模式，仿佛他们已具有在此环境中做出选择所涉及的相关变量的全部信息。我们能做出进一步的假设：在高度竞争性环境中，幸存于环境之优胜劣汰压力下的个人，其行为似乎表现了他们是最大化者（Alchian 1950；Dosi and Egidi 1987）。当个人面对相对简单的决策环境，且这一环境下的制度能对某一特殊问题的相关变量提供准确信息时，这一问题完全可以被视为一个直接的、有限的最大化问题。

但是，在理解基础设施发展和维护方面，许多利益情境是不确定而复杂的，而且缺少竞争性市场中的选择压力和获取信息的能力。因此，我们用有限理性的假设（个人趋向于理性，但仅仅是有限理性）来代替在公共选择理论中应用的完全信息和效用最大化的假设（Simon 1965，1972；Williamson，1985）。信息搜集的成本很高，而人类的信息处理能力又是有限的，因此，对于所有可能的选项及可能的后果，个人往往要基于不完备的信息做出选择。正是由于不完全信息和不完善的信息处理能力，所有个人都可能在选择用以实现一系列目标的策略方案时出错（V. Ostrom，1986）。不过，随着时间的推移，他们会对环境有更深的理解,并采用那些有更高回报的策略。

在交易中,各人所得到的信息不同。例如,他人很难判断别人对共同事业贡献了多少。当共同的结果取决于多个行为者,他们的投入代价高昂又难以测量,个人就有采用机会主义方式去行动的激励(Williamson 1975)。机会主义,即试图以牺牲别人为代价来提高自己福利的欺诈行为有多种形式,从不重要或无意识的偷懒行为,到精打细算地去欺骗别人,而那些人与自己有着持久的合作关系。说一套做一套的个人机会主义进一步加剧既定决策环境中的不确定性问题。在某种环境下可能发生的机会主义行为的程度,受该环境中用于规范关系的标准和制度的影响,同时也受决策环境自身属性的影响。在本章的后几节,我们将探讨,在发展中国家环境中发现的某些规则如何影响到不同情境中的机会主义的程度。

获得不偏不倚的信息,从事机会主义行为的可能性,从规避责任,到不遵守诺言,与这些有关的决策环境彼此不同。个人用来联系彼此的规则(制度安排)能提高或恶化他们所获取信息的质量和类型,从而最终影响他们采取何种行动。因此,可获信息与制度安排之间的互动,影响个人实现其目标的方式。通过假设有限理性和机会主义,我们将探讨减少信息、协调和控制问题的各种方式。

第二节 契约不确定性与交易成本问题

当许多人处于一个环境中,必须在时间和空间上协调复杂的活动,他们可能试图采取形式各异、或明或暗的安排来减少大量的不确定性。契约仅仅是一种协议,个人通过它就直接或间接相互交换一组有价值的活动或物品。契约涉及基础设施开发的所有阶段,从最初设计安排和工程融资,到设施运行、使用和维护所涉及的各种各样的安排(包括投标和雇佣合同)。

在不确定的环境中,全部契约过程所包含的高成本活动,扩展至达成协议之前，以及在达成原初协议之后持续进行的协调活动。对考虑建立契约性关系的个人而言，这些成本是选择特定契约的障碍。奥利弗·威廉森（Williamson 1985）把与签约活动相关的成本分为事先交易成本和事后交易成本。[4] 事先交易成本一般指协调成本，只要个人想发展长期关系，即使在他们目标相同并停止所有投机行为时，这些成本也或多或少存在（Marschak 1972）。事先成本由下列活动所消耗的时间价值和资源价值构成：

- 为获取规划长期项目所需的相关信息而进行的活动。例如，调查建造某一基础设施（如大坝或高速路）的技术可行性并获得有关潜在需求与收益水平的信息。
- 在偏好、资源和信息方面可能差异很大的参与者之间进行协商并最终达成一致的活动。例如，出资人与当地政府主管部门之间协调，就要建造的基础设施的类型和地点，各自在建造、运行和维护方面将要支付的比例，以及如何监督绩效达成协议。
- 提供额外支付，以赢得某个项目的反对者的支持。例如，为了赢得城市地区立法者支持有利于主要农村地区的基础设施建设，对这些立法者的支持者给付一定的补贴。
- 所有相关当事方之间的相互交流。例如，为建设某个设施订立合同时，让公共投标公开化。

如果参与者可以展望未来的所有可能性，就如何处理这些可能性事先达成协议，签订可执行的合同，那么，在达成协议之前，就已经花费了所有相关的交易成本。但是，由于这些条件很难满足，因此在涉及多个行为者的长期关系中，几乎总要有事后交易成本。这些交易成本由下列活动所消耗的时间价值与资源价值构成：

- 督查参与者的绩效。例如：检查承包人的工作，要求替换有误的工作，审查财务记录并确保按期完成工作。
- 制裁和治理成本。例如，对承包人、雇主或雇员的绩效争议提起诉讼，或者建立组织以管理参与者之间不断发展的关系。

● 当原初协议不能为实践中产生的问题提供适当的解决办法时，要重新协商。例如，在不利的项目评估报告出台后，出资人与当地政府主管部门修订一个新协议，或者，对于不能有效运行和（或）维护设施的机构，重建之。

在风险环境中，参与者潜在的投机行为，为契约过程设置了一些事前和事后的障碍。个人通过有意或无意地误导他人，努力增加自己的利益从而滋生出逆向选择、道德风险、规避责任、"搭便车"和腐败，我们以后将更详细讨论这些问题。我们把交易成本的这一子集称作策略成本，以区别于其他交易成本，它们产生于在协商、监督和执行协议条款时必然要花费的时间与精力。

第三种交易成本源于参与者在获取和整合信息过程中遇到的困难，他们在签订合同、监督和执行过程中需要用到这些信息做出决定。信息搜寻成本与策略成本、协调成本紧密相关。一个当事方对其他当事方在达成协议中的特点、对有关执行活动的时间与地点信息了解越多，他们可能花费的策略成本就越低。对参与者来说，潜在风险的性质越透明，就越容易确定合同的条款，包括必要的监督和执行条款。因此，在降低所有的交易成本方面，有助于提供信息或分配信息的制度安排发挥着至关重要的作用。

既然信息成本在契约达成活动中如此重要，那么发现适当的基础设施开发和维护所面对的巨大障碍与获取和整合必要信息的困难密切相关，就不足为奇了。信息获取问题既与信息自身的特征有关，又与信息的实际分布相关。与基础设施决策有关的信息类型存在重要的差别，每种类型给想获得它们的人都造成了不同的困难，除此之外，对于那些与基础设施开发、运行、使用和维护有关的人员来说，各类信息的分布也是不对称的。我们将在下面几节集中讨论两种重要信息问题带来的困难。此外，我们会关注发展中国家社区中家庭和亲族结构的重要性，很显然，那些国家缺少可以克服信息问题的制度安排。我们还会考虑当契约当事方之间因缺少足够的信息而引发争端时，为公正解决冲突而设置的制度。

第三节　信息不对称是契约不确定的根源

为什么许多农村基础设施不可持续？与此有关的信息问题，超出了与特定环境相关的不适当的原始信息和知识的范围。与基础设施开发有关的决策者或许会得到各类信息，同样，参与者可利用的信息的数量也不同。在讨论由信息不对称产生的问题时，我们首先讨论在决策过程中获取时间与地点的信息以及把它们与科技信息结合起来的困难。特别是，公共官僚机构受过较高教育的官员通常并没有认识到他们缺乏时间与地点的信息，或信息不足会在公共政策决策中产生问题，他们常常很少费心为解决这类信息不对称问题而想出方法。

一、时间与地点的信息和科学知识

我们假设个人在进行有关基础设施开发的选择时，将使用两类信息：时间与地点的信息和科学知识（von Hayek 1945，见专栏 3.1）。在开发长期可持续基础设施的过程中，两者都是必需的。

开始了解特定的物理与社会环境的个人，会获得时间与地点的信息。用于基础设施开发的时间与地点信息包括下列知识：（1）当地的社会和物质环境特征；（2）某一地区应用的多种生产策略；（3）某一地区目前未充分使用的人力和实物资本；（4）现有的可用于建造或维护基础设施的制度安排。科学知识关乎的是个人通过教育或经验获得的重要变量之间关系的规律性，而不是这些变量在一个特定环境中的特殊状态。在大型投资项目（如水坝、交通网、电厂）的设计中，从工程院校获得科学知识是必须的。

许多资助组织和中央政府各部官员渴望获得的科学知识来自西方研究机构。对规律的理解与复杂工程项目息息相关，它们当然也适用于地方社群（见 Brokensha, Warren, and Werner 1980；Chambers 1979；Horton 1967）。保罗·理查兹（Richards 1985）认为，非洲农业科学家进行的土地实验可被看作一套有意识的活动,他们设计这套活动旨在寻找自然和物质世界不同方面表现的规律性。理查兹援引了塞拉利昂农业部门一位官员 F. A. 斯夸尔（F. A. Squire）的例子,该官员曾于 1942 年从三个乡村地区的农田里收集和分析门德（Mende）稻的种类。在斯夸尔关于这些稻类说明的前言中,他承认他原本认为农民"对不同稻种的重要性,甚至于对其存在都一无所知",但是,他得出的结论却是：

> 没有比这更偏离事实的了。农民至少熟知 14 种、可能是 20 种稻谷的种类。他们一看到样本,就能迅速而准确地认出它们。而且,他们还会采取各种预防措施,以保持品种的纯正。种子稻在稻田的中央收集,而避开不同种类的稻田边界。在晾晒过程中,农民们把杂种除去,把种子收好,以备来年播种。看来,本地几乎人人都很熟悉稻种。通常,除去劣种的工作是由妇女,甚至儿童来完成的……所有列举出的稻种都受到欢迎,并被广泛播种。每个农民都有几种自己偏爱的稻种。一些稻种生长快,另一些则产量高,根据个人经验,还有一些种类适合于某种"密植"……然而,由于缺乏记录和收集,这个主题却几乎没人关注。（Squire 1943,转引自 Richards 1985）

这种系统实验也发生在特别设计的人类建造物的运营中。例如,有学者（Biggs and Clay 1981）认为,对亚洲农业颇为重要的竹管井,是"非正式研究与开发部门"的产品。可以认为,某种结构对人类生活越重要,这种实验活动的范围就越广泛。

然而,认为已有的本土知识对农村发展已足够,这是误导。在很多情况下,社会大众可以从现代科学的应用中受益。运用地方性的技术和时间与地点信息也可能产生错误的建造物,它在建造、运行和维护上所花费的资金,要远远多于经过精心设计的另外的建造物。相反,仅仅依靠科学知识有可能出现工程奇迹,但会因为使用不足而失去活力,其消耗的资源超过了其生产出来的资源。因此,将地区环境知识和现代科学技术相结合,是发展高效、持续的基础设施的关键性前提。

专栏 3.1

哈耶克有关时间与地点知识的论述

近半个世纪以前，1974 年的诺贝尔经济学奖得主之一弗里德里希·冯·哈耶克（Friedrich A. von Hayek）认识到地方性时间与地点信息的重要性。1945 年，他写道：

> 今天，说科学知识并不是所有知识的总和，这几乎就是异端邪说。但是，稍稍反思一下就可以知道，确凿无疑地存在着非常重要但没有得到组织化的知识，就科学关乎一般规则而言，它们不可能被称为是科学的，即有关特定时间地点状况的知识。但正是在这方面，每个人相对其他人特别地具有某种优势，就是说，每个人都掌握可得到良好运用的独一无二的信息，而基于这种信息的决策只有由每个个人做出，或由他积极参与做出，这种信息才能被利用。我们只要想一下，我们无论从事任何职业，在完成了理论上的培训后还必须学那么多的东西，学习特定工作占了我们工作生涯的多么大的一部分，在各行各业中，对人们的了解、对当地环境的了解、对特殊情况的了解是多么宝贵的财富。知道并使用未充分利用的机器，懂得更好地利用某人的技能，或了解在供应中断后到哪里去提取储备，与了解更好的可选择的技术，对社会来说同样非常有用……

> 或许我还应该简短地提及，我所关注的那种知识，由于其性质是无法进入统计数字的，因此也就无法以统计数字的形式传递给任何中央权威机构。这种中央权威机构所必须利用的统计数字，必须精确地抽象掉事物间的细小差别，将不同地点、品质和其他特点等项目作为同一类资源综合，以可能对具体决策产生重大影响的方法得出。因此，我们可以知道，根据统计资料制订的中央计划，由其本质决定，是无法直接考虑这些具体时间与地点的情况的，因而中央计划者必须找出一种方法，让"在现场者"来做这种基于具体情况的决策（Hayek 1945：521-522, 524）。

参与者通过不同途径获取各种信息，在做出有关基础设施的决策时，他们会给各种信息以不同的权重。一方面，灌溉部门的工程师受过正规的专业训练，他们认为自己知道如何设计工程，才能从某一特定水源获取最大量的水流。他们常常认为农民自己建造的水利工事不值得关注，因为管道没有以最优方式铺设。另一方面，农民们知道本地区水源在一年的不同时期的许多不同特征。他们也开发了现有的管道和分洪工事，这与土地和水源的财产权相一致。的确，当工程师完成了一项修复工程，如果改造好的工事没有依据已有的水权将水分配给各个渠道，农民就会用自己原始而低效的木质工事取代现代化而高效的水泥堤坝（Coward 1980）。

如何将这两类信息提供给相关的决策者，是一个重要问题。在通常情况下，有关基础设施设计与运行的最新科学信息是由数量不多的少数人发展出来的，问题是：怎样将这种最新信息提供给使用它的分散的社区民众。根据定义判断，时间与地点信息是相当分散的，那么，怎样才能把这些信息收集起来并将其提供给相对少的行政官员？实际上，集中时间与地点信息的问题，通常要比传播科学知识的问题更难以解决。例如，在专栏2.3所描述的牙买加公路工程中，工程管理者使用的是一个单一的设计标准，而不是选择另一种更适合当地环境的设计方案。

如果行政官员的工作依赖于上级而不是当地村民，他/她就不会有动机去获取广泛而精确的时间与地点信息或地方科学知识。约翰·科尔美（John Colmey）提供了一个发生在印度尼西亚的事例：当有关输水量的简单资料通过一个灌溉管理机构向上传递时，发生了信息失真：

> 印度尼西亚的水源河很短，流速又快……阀门看管人的工作是在水流输送过程中读取阀门数据。……然而，当我在主管者的办公室里查看数据时，看到一段时间被传递的流速数据与计划流速几乎相等。我告诉管理者，这是不可能的。
>
> 当我们跟踪上游闸门看管人的反馈时，我们发现，数据已被

以口头或书面的方式改变了三四次。等到了控制中心，它就变得和预期的流速恰好相等。这样，系统几乎是100%有效，至少在书面上如此。(Colmey 1988：7)

如果官员因向上级汇报工程按计划运行而受奖，或不因不正确信息而受罚，那么不当的恶性循环会随着时间推移而强化。科尔美指出，高层水利官员通常不参考实地信息，因为它们被认为不准确。但是，反过来，实地部门的成员收集信息时也不在意是否正确，因为他们认为数据并不会被使用（Colmey 1988：7），[5] 大型灌溉工程由行政官员管理，这些行政官员远离需要日常做出决策的地方，而且他们通常受制于刻板的运行规则，缺乏获得准确信息的动机。

与收集时间与地点信息过程中存在的主要问题——缺乏激励和传递偏差相比，文盲和受教育不足是推广引进科学技术知识遇到的主要障碍。但即使在文盲大量存在的社区，推广先进的技术信息可能也没有非本地的决策者收集准确的时间与地点信息那样难。坚持获得有助于他们征服自然的知识，会使农民们获益良多，因而他们会寻求此类知识。

制度设计的关键工作是设计规则，以便在基础设施开发的不同阶段，两类信息相互结合的可能性有所增强。莱文（Levine 1980）描述了中国台湾地区的一套很成功的灌溉管理制度，它可以使官员更多了解和感知每个灌溉系统的不同环境特征。作为一个常规程序，灌溉部门的官员必须定期会晤，与由农民们选举的代表共同讨论宏观政策和具体问题，而且所有官员都必须接受农民的绩效打分。进一步说，负责开关灌溉阀门的一般灌溉工人由机构人员负责技术培训，由农民支付报酬并对农民负责。

这种代理人和农民之间的互动已经引起了实际运行过程的变化，这种变化将科学信息和时间与地点信息考虑在内。例如，中国台湾地区一个部门的工程设计者计划将主要管道铺成直线型，以增加水资源输送的效率。他们估计，水量损失将减少40%，由此建议输送给农民的水量也减少40%。负责此项工程的管理者对此提出反对意见，他们坚持认为在水量输送减少之前，应该收集实地数据。数据证实了地方官员的担心不无道理。在管道被修成直线后，输入该地区的水量确实减少了。不过，这种减少依据的是实地数据，而不是设计计划。随之而来的效率提高弥补了水量输送的减少，农民并没有受到原先预计的负面影响。而且，因为中国台湾地区农民负责维修这一系统的小型管道，他们注意到了直线型管道可以减少维修次数。从这一系统的工作人员获得技术信息之后，农民们开始做自己的项目，把小型管道也修成直线型（Levine 1980：59）。

遗憾的是，鼓励个人既获得良好技术知识，又获得与基础设施开发有关的准确时间与地点信息的制度安排太少了。为一系列的制度安排提供一个简单的蓝图就想完成这个任务，这是不可能的。但是，中国台湾地区灌溉系统和专栏3.2所描述的菲律宾灌溉系统说明，提供激励以提高在运行、维护、使用基础设施的常规活动中所产生信息的高质性、准确性、适当性，是可行的。

专栏3.2

菲律宾试验性灌溉系统重建工程

布海-拉罗（Buhi-Lalo）修复和扩建项目完成于1979年到1985年间，耗资1 010万美元，是利用援助资金建造的吕宋岛比科尔（Bicol）河盆地综合开发规划的一个组成部分。国家灌溉管理局（NIA）把拉罗系统当成以参与方法开发灌溉系统的试验区。通过这个项目，建设一个控制结构和多个调节设施，把布海湖开发成灌溉水源，为额外的8 000英亩土地提供服务。除了修复工程和新工程以外，项目也支持拉罗服务区改进水管理、支持农民组织和农民家庭培训。

作为回报，要求灌溉者协会以劳动力、物资、现金和路权方式提供10%的重修成本；而且，它们在几年中也必须返还剩下的成本，不过不用支付利息。政策基于这样的假定：为系统重建付过钱的灌溉者更可能去使用和维护它们。

在这个试验项目中，农民和工程师在设计和建造阶段一起工作，而不是像国家灌溉管理局以前在重建灌溉系统时的做法一样,仅仅依靠工程师决定该做的事情。重修是应农民的要求启动的,随后国家灌溉管理局的人员用一个月时间搜集有关灌溉系统的资料,包括要解决的问题。一旦国家灌溉管理局的高级官员根据概要中的信息批准计划中的重修项目,社群组织者就在当地花费时间,帮助当地农民加强他们自己的组织能力,以使他们能够参与设计和规划阶段。

国家灌溉管理局的工程师向农民咨询所提议的改道工程的地点和田间沟渠。农民受到培训,记录下建造开始前一段时间内的径流水平。这种"科学的"信息与了解本地地形的农民的建议结合起来,结果,工程师发现,使沟渠实际吻合地区地形,变得更加容易。这个程序减少了灌溉沟渠的数量和总长度,因而降低了建造成本。更重要的是,当工程开始运行时,所有沟渠和计划的一样,总工程师说这在以前非参与性工程中是很少见的。在一些渠道上,运行一开始,农民团体就开始维护沟渠(他们已经开始把这些渠道称为他们的渠道)(Illo and Chiong-Javier 1983:233—234)。

其中一个富有创意的管理程序是,在建造期间而不是在工程结束时,每3个月把工程成本报告提交给灌溉者协会。这样,农民就能监督费用的水平和合理性,并确认他们自己的贡献被记录进了账目中。因为他们必须返还所有建造成本,所以农民坚持建造物资应被保护起来,雇员不应把工程汽油挪为己用,而且应当挖掘和整修尽可能少的沟渠。最后,人们做出努力,改变国家灌溉管理局上级对工程的评估标准,从仅仅根据设计的专业性到根据系统的实际表现来评估,包括农民是否认可了重建的系统(F. Korten 1982:21)。到1982年底,在这项试验规划下已经完成了21个重修项目,其中19个已经成功转交给相应的灌溉者协会(Bagadion and Korten 1985:68)。

因为要花费大量的时间和精力组织农民,改变国家灌溉管理局工程人员的激励,让他们能够与农民一起工作,因此这个项目本身并不容易实施。无论如何,它证明了同时利用农民和工程师的信息的优点。在一个成功的项目中,通过利用农民很强的利益所做出的工程改变,比仅仅依靠工程师自己,产生出了更富有成效的结果。

二、其他类型的信息不对称

时间与地点信息和最新的工程技术只是诸多信息的两种,这些信息一般在人群中是不均衡分布的。通常,有些人比另一些人更难获得其他几种信息。这些不对称会引起投机行为,某人凭借自己知道而别人不知道的信息获益,而让别人受损。

当个人或物品的内在质量属性变化幅度很大,而不投入相当数量的时间或其他资源就很难测量这种质量特征时,一种极常见的信息不对称就发生了。如果这一特征是个人的,例如健康的身体或熟练的技能,则每个人都很了解他/她自己的情况,而很难评价别人的情况。如果这一相关特征是物品的质量,例如汽车,物品的主人需要通过亲身体验来获得相关的可靠信息。然而,一个缺乏这种体验的潜在购买者不清楚这车会是一个"桃子"(性能超过同等车辆的平均水平),还是一个"柠檬"(性能低于同等车辆的平均水平)(Akerlof 1970)。

除非设计出抵御性的制度来应对信息不对称,否则各种逆向选择和道德风险问题就会发生,从而极大地增加交易成本。至少,这些增加的成本会减少营利性贸易量或生产活动。最糟糕的情况是,如果没有设计出抵御性的制度,信息不对称会完全消除一些类型的互利性生产活动。

逆向选择问题首先被广泛应用于分析健康与人寿保险公司所遇到的难题。没有抵御性制度,例如强制保险,企业就没有为特定类型的人提供保险的原初激励。为老人提供健康与人寿保险就是一例。正如一本保险小册子所描述的:"一般来说,政策对实际超过 65 岁的人是不适用的……保费太高,除非对最悲观即最不健康者,对其他投保人没有吸引力。因此,在这个年龄段存在着严重的逆向选择问题。"(Dickerson 1959:333,转引自 Akerlof 1970:493)提高保费,以弥补对特定人群提供保险而增加的风险,这会引起该人群中具有积极特征(健康)的一部分人放弃这种保险,从而使具有消极特征(不健康）的另一部分人更积极地寻求保险机会。提高价格和逆向选择过程之间的正反馈导致这样的情况，若没有能够断绝逆向选择的制度安排，提供某些特定的险种便失去了可行性。

逆向选择问题也会发生于公共服务的生产中，尤其当这种产品由私营部门的承包者生产时更是如此（第四章将进一步讨论供给和生产的区别）。如果提供服务的成本有相当大的差异，而承包安排没有注意到这些差异，那么私人承包者很可能进行逆向选择。例如，如果政府单纯地订立承包书，说私人承包者的垃圾收集会完全按照服务的家庭及企业的数量报销一笔固定费用，承包者很可能只对收集成本低的服务区域竞标。如果每户的固定费用根据全部服务地区的平均成本计算，政府就不得不只为高于平均成本的地区提供垃圾收集服务，结果，垃圾收集的全部成本就增加了。

乔治·A. 阿克洛夫（Aklerlof 1970）把缺乏此类制度安排看作经济发展的主要约束，它们能显著降低有关不同物品（或人员）质量的信息不对称。他的中心观点是，如果没有各种抵御性制度帮助减少信息不对称的成本，许多生产活动将不会发生。工业经济所广泛使用的三种抵制性制度（名牌效应、连锁店、许可制度）保证了某些参与者的信誉，由此降低了他人在发展长期关系时所必须承担的风险（见 Barel 1982，他讨论过保护措施问题）。阿克洛夫的柠檬原理也适用于发展经济中普遍存在的几种现象，包括信用获取和不诚实的代价等问题。

为了说明这一论点，波普金指出，很难发现几家农民共用一群耕畜（或借用、租用不包括犁的耕畜），即使可以实现实质性的经济效益：

> 信息问题阻止了一种市场形式的出现，这是一个实例。当耕畜外借后返还给主人（或集体）时，很难立刻判断它们是否过度役使、被虐待，甚至受到伤害。若水牛被过度役使或它踏进过坑里，弄伤了骨头，损伤在几天内可能不会显示出来，而这段时间别人用了这头牛，就不得不为损伤负责……所以，生活中很少听

说在没有役使看着的情况下租借耕畜，或者耕畜为合作共有。不过，确有村民共有种畜，因为这里的过度使用或虐待所造成的损伤显然并不那么严重。种畜的工作量大致与圈中的雌畜数成比例。(Popkin 1981：68-69)

甚至在以过去行为为基础的合约得到修改后，信息不对称仍可致使合约各方改变他们的未来行为。这种现象被称作道德风险问题，它也是与保险问题联系在一起得到广泛讨论的。例如，大楼的主人以前会竭力预防火灾，但在买了火险之后，可能会大幅度降低他的努力。但是，保险商仅仅知道大楼主人以前的小心谨慎，若不经额外调查，是不可能知道大楼主人减少警戒的。

莫伊（Moe 1984）坚决认为，道德风险和逆向选择是任何契约与等级关系中的两个潜在问题。与一般人们所持的观点相反，分权实际上增加了道德风险的潜在可能性。在此情况下，"工作和权力被授给下级单位，期待它们运用其专业知识和生产能力实现组织目标。但是，不可避免的信息不对称会产生激励问题"（Moe 1984：755）。[6] 下级单位对于地方环境拥有信息优势，按对自己有利的方式利用它们。然而，高层组织的权力目标则有可能实现不了。

为基础设施维护提供资金的问题，为这种动力学提供了一个很好的例子。较高层级的政府为地方提供资金建造一个资本设施，往往或隐含或明确地理解为，地方会去维护它。然而，全国政府不大可能知道地方在维护方面的努力程度。如果地方领导者认为这一设施一旦损坏就会被重建，他们就没有动力去维护它了（Connerley et al. 1989a，1989b）。

为了防止这种不通情理的情况发生，一些全国政府给地方政府提供资金的同时，附加了一些条件，它们要求资金的一部分要用于维修。还是那个老问题，没有相当程度的监督，信息不对称很难使这些命令得到有效执行。作为接受者的政府只会简单地把某些花费标记成维护费，而相关行动根本就没有维护效果。[7] 地方政府常常这样不受惩罚，因为他们控制了当地的信息。

至少在一些发展中国家，这种情况也是真实的，即许多由地方政府提供的基础设施由私人承包商负责建造。这样的安排需要精心设计合约，以确保各方对结果都满意。准备这些合约带来高昂的交易成本，监督和审计其实施也同样如此。遗憾的是，维修活动（特别是日常维修）不容易进行特定的招标。为什么会这样？在合约里，按照某些说明很容易规定某种坑洼应用某种质量的沥青材料填充。然而，为每个坑洼都写一份合约，成本则过于昂贵。另外，确保所有需要重新刷漆的桥梁栏杆只在干燥的月份上刷漆，这样一份合约相当难以保证执行，因为监督者如果要了解这些栏杆是否重刷过、重刷得怎么样，需要成本。因此，为了确保日常维护，信息不对称使更复杂的合约成为必要。制订这些合约需要的成本可能确实会挫败这种签约努力。最后，结果常常是日常维护不足。

信息不对称也是在组织共同的生产活动时存在的另一个主要问题，即规避责任的根本原因。许多物品都涉及互相依赖的生产过程，由此，任一投入因素的边际贡献不能被简单地确定下来（Alchian and Demsetz 1972）。在相互依赖的生产过程中，个体合作的投入不能生产出加起来就等于全部产出的、可辨别的单个产品。这样，每个生产者的个人努力不可能直接观测到。

生产团队的每个成员都知道他/她自己所付出的努力，但如没有试图监督他人的活动就可能不知道别人所做出的贡献。当他们的工作相互关联在一起时，每个人都想减少自己的努力，即逃避责任，这种逃避责任的后果部分由他人承担。为解决这个问题，阿尔奇安和德姆塞茨认为，生产团队会放弃自由市场交换，转而依赖组织和企业家组长的监督技能，由他享有所有投入回报之后的剩余产出或收益。这样，剩余产出所有者就有强大的激励去监督生产行为，减少规避责任的行为。用于测量或确定团队成员的边际产品的成本，要求建立新的组织和程序（Alchian and Demsetz 1972：780）。从本质上说，阿尔奇安和德姆塞茨认为，在限制规避责任行为方面，作为一种抵御性制度，有监督能力的公司要优于市场。[8]

阿尔奇安和德姆塞茨认为，私人公司是防止规避责任行为的最有效机构。公司的所有者（通过某一管理者）拥有剩余收入，对合约中所有劳务或其他投入的提供者来说是核心的一方，并且还能出售部分或全部所有权。不过，这种理论也受到了挑战（Marglin 1974，Leibenstein 1983，Williamson，1975）。利本斯坦特别强调有关工作质量和进度的共有标准的重要性。他还认为，如果工人们关心他们所生产的产品的质量，那么他们自身就是其他工人努力程度的最有效监督者。

营利性公司不是用来减少生产活动中规避责任行为的唯一抵御性制度。许多高度发达的公共产权机构也设计出规则和监督策略，来减少规避责任的激励。菲律宾的赞亚拉（更详细描述见专栏4.2）是一个好例子，它是本土设计的制度，这种制度运用一系列规则，去限制在建造与维修导流工程和灌溉渠道的过程中存在的规避责任行为。这显然是一项艰巨的工作；在1980年的一个赞亚拉中，431个成员平均每人付出37天的艰苦劳动（Siy 1982）。

灌溉系统中所有主要的建造和维修工作都使用了工作小组，这有助于赞亚拉成员克服规避责任的诱惑。这些小组同时工作，并在内部进行友好的竞争以完成自己的那部分工作。工作小组的规模相对较小，以便每个成员都能监督他人的付出。工作组之间的竞争促使其监督其他团队的工作。这样的监督是很重要的，因为劣质工作会导致导流水坝的倒塌。出工会被仔细记录在记事簿里，公开供任何人检查，这种做法把每个人努力程度的信息提供给所有的人，因而可以防止规避责任行为。积极奖励会立即提供给那些努力工作的人，每个工作日结束之后都会发放食品和饮料。每年年末，在公众大会上，对那些没有完成自己分担的工作或提供物质支持的人，评估出罚款额。正面奖励与负面惩罚，所有成员都有监督他人行为的机会，这些结合起来，使这个公共非营利组织相当有效地限制了规避责任行为。

虽然阿尔奇安和德姆塞茨起初把相互依赖的生产过程作为信息不对称的关键根由，但信息不对称分布的可能性还产生于这样的情况，就是当个人或集团（委托人）雇用其他人（代理人），去为委托人的利益采取行动的时候。委托人面临奖励或惩罚代理人的问题，以激励他/她去追求最有利于委托人利益的行为。在随机事件（如天气或其他参与人行为或偏好的改变）影响委托人利益的情况下，如何设计一组合适的奖惩机制已经成为许多文献广泛探讨的主题（Ross 1973，Mitnick 1974，1980，Harris and Raviv 1978）。这些文献强调：要设计具体规定激励机制的精确契约，以确保代理人有动力按照委托人的利益进行活动，这是不容易的。毕竟，有强劲动力去欺骗委托人的代理人，很少只受契约约束。

包税制是委托-代理契约的一种形式，它由私人企业互相竞争以获得原来由政府行使的征税权。获胜的竞价者把中标税额直接付给政府，以获得征收未缴税款的权利。这样的制度曾用于古罗马（Levi 1988：71-94），至今在南亚和北非还被用于征收特定税费（McCullough and Steubner 1985，Azabon and Nugent 1989）。使用包税制，政府（委托人）可以保证获得财政收入，而代理人（中标者）有强烈的动力去收集所有应缴税额。但这种安排的风险是：代理人可能利用自己的地位榨取超过法律规定的收入，因此，若想使这种安排产生一个公正的体制，监督仍是必不可少的。[9]

第四节 作为抵御性制度的亲属关系网

由于信息不对称的普遍性、重要性，人们可能以为，个人已经设计了一系列制度以抵御其影响。大家族以及广义的族群可能是这种制度中运用最广的类型。由于家庭的基本生物学功能，在某种程度上，可以把家庭作为自发制度的一个例子。但在每个历史时期，在相似的自然环境里，大家族可以采取不同的形式，这说明，这种制度在某种程度上也是有意设计的。制度分析学者解释说，家族主义依靠亲属关系来组织活动，远远超过抚养儿童和赡养老人的范围，家族主义反映了：(1) 对替代制度的忽视，这种制度能够抵御我们前面提到的由信息不对称带来的问题；(2) 没有能力创造这样的制度（Ben-Porath 1980，Datta and Nugent 1989，Landa 1981，Pollak 1985，Sabetti 1984，Yang 1987）。这些分析家运用交易成本经济学作为工具来解释庇护关系的常见的特征，这种庇护关系也是世袭的或重商主义政权的特征，它们广泛存在于南欧、亚洲、非洲、拉丁美洲、东欧，苏联也是如此（de Soto 1989，Jackson and Rosberg 1982，Pipes 1974，Powell 1970，Young and Turner 1985）。

家族是我们进行许多重要交易的一种有效制度安排，这说明亲属关系在所有文化和所有经济类型中的持续重要性。即使在高度工业化国家，人们在买旧车、选择生意伙伴或进行个人借款时常常也更愿意依赖亲戚或其他熟人。但是，缺乏有效的制度安排让个人可以放心地与家族或族群之外的人签订合约，严重地限制了经济的效率和活力。提高某一政治经济体内的所有成员的创业机会，极其依赖于创造出可以促进非亲属间交易的制度安排。

把家族作为契约关系的治理机制，优势在于这个制度能限制机会主义行为，减少交易成本与信息不对称（Ben-Porath 1980，Pollak 1985，Jagannathan 1987）。专栏 3.3 举出一个在苏丹的例子。在那里，儿童社会化的过程发生于所有家族内部，它提供机会去塑造能够精诚合作的个性。这个过程产生了强有力的亲情纽带，并灌输了对家族的忠诚。不忠行动所产生的愧疚感限制了亲属间的机会主义行为。群体成员之间的亲情纽带也意味着，家庭对于做出不当行为的成员的惩罚，比起行政官员能用到的惩罚，更具独立性，也更为有力。

亲族集团成员在其共同事业的成败中往往有自己重大的利益，这一事实降低了机会主义和道德风险。共同的语言、道德标准和预期意味着，达成协议的努力（即便是关于一个新活动）需要的交易成本较低。家族的成员长期以来相互了解，熟知对方的品性，而外人则不大容易评判。在选择工厂工人，挑选维护路旁排水沟的承包商，或雇用控制灌溉水渠闸门的人时，如果那个工人、签约人或守闸人是个近亲，人们就等于提前知道他/她会是"柠檬"还是"桃子"。在这些情况下，无论所分配的任务是什么，由于雇工和雇主对很好地完成任务有相似的利害关系，雇主的监督成本就减少了。

不过，过度依赖亲属关系网会大大限制私人企业和整个经济的效率（Pollak 1985）。虽然家庭成员之间的感情纽带有助于把他们凝聚在一起，但成员之间也会就决策产生冲突，从而带来不利后果。一些继承规则，例如长子继承制，会引发兄弟姐妹间的强烈分歧，这取决于他们的性别和长幼顺序。虽然家庭成员会比外人更了解亲属的品性，但由于亲情，他们更不愿意像外人那样约束家庭成员的避责行为。

在许多情况下，大家族提供了必要的劳动互补性和专门化（Rosenzweig and Wolpin 1985），但在其他情况下，大家族所提供的劳动或信用也可能太少，不足以从生产的规模经济中获益。后代可能缺少家族赖以为生的企业所需要的才能和经验。依赖亲属作为供给者、分配者、信贷人和劳工的企业家，在技术更新非常迅捷时特别痛苦，或者他/她试图建立起更大的、家族中尚无人尝试的新的商业类型时，也是如此。

最后，作为保险的提供者，家族集团可能会很好地处理道德风险和逆向选择问题，但它们所形成的共担风险的集团相对较小（Datta and Nugent 1989，Nugent 1985）。此外，由于许多成员面临相似的风险，一个本地的灾难就会使保险池中的所有人受到伤害。

专栏3.3

利用血缘纽带减少交易成本

在分析非正式市场的交易成本时，维杰·贾甘纳森（Vijay Jagannathan）强调，在这些市场中参与交易的人也往往被近亲关系或族群关系联系在一起。一个群体中长期存在的社会关系意味着，有关行为者能够扩大他们共同行动的范围，他们参与其中，而不必负担额外的信息和监督成本。贾甘纳森用下面的例子说明，在非洲殖民地背景下，族群纽带如何用来保证生产，又使交易成本最小化。

　　苏丹杰济拉方案准备开发广袤的沙漠地带，利用尼罗河水的灌溉进行棉花种植。由于苏丹农民家庭不愿在劳动力市场上提供自己的服务，所以1925年工程初期，最初对劳动力的需求大大超过劳动力供给。英国殖民管理者通过征召尼日利亚富拉尼（Fulani）部落人员，克服了这个问题。这些部落群体只居住在项目区域的富拉尼定居地，几乎与世隔绝，并且被鼓励继续保持他们传统的社会群体。这些群体显然有着复杂的传统网络，通过它，在棉花种植的不同阶段，所有群体成员都被管控和利用起来。……当地苏丹农场主几十年来利用这个可靠的富拉尼劳力资源，获得了丰厚的农作物收益。然而，这个系统极具剥削性，这些劳动力的工资40年来都没有提高。（Jagannathan 1987：33-34）

非正式的市场关系也许具有生产力，但它们可能并未将生产力尽可能地发挥出来。贾甘纳森注意到：

　　尽管群体内的交易成本比较低，但群体间的交易成本却一直很高。与科斯框架不同的是，在较不发达国家，整个经济体系不是顺利运转的竞争性模型。群体间高交易成本表明，群体间或各部分间的经济交换有不同程度的失效。因此，经济增长的收益在各类人群之间的分布极不均衡。（Jagannathan 1987：34-35）

第五节　裙带关系与腐败

　　完全依靠家族配备政府官僚人员，或者去建造和维护道路，同样有着优势与劣势。一方面，家族成员是很容易与之交流的雇员或承包者，他们的强弱众所周知，大部分人在公共事业的运行中与其雇主有着同样的利害关系。另一方面，上级官员更难以解雇其家族成员，而他/她可能并非最合适的工作人选。裙带关系的劣势是：它会减损公共或私营企业的长期生产力。这样，如果雇主能够在更大范围内吸收雇员和承包商，依赖制度把风险最小化，那么不论雇主，还是整个政治经济，都会变得更好。

在许多欠发达国家，有不少有影响力的人达到或获得其地位可能来源于亲属的帮助，结果，他们就认为自己也有道德上的义务把工作与合约奖赏给自己的家庭成员。[10] 毫无疑问，这会使这些国家提高治理水平更加困难（Leonard 1984）。但是，虽然这种责任感是这些不同文化的共同特征，但这种责任感的道德力量却不是一种自然属性。家族责任感的力量大部分来源于如下情况：(1) 其他雇主被期望只从他们自己的亲属中选择雇员和承包商；(2) 使政府官员对其行为负责的成本相当高（见 Loveman 1973）。如果裙带关系成本和官员的糟糕表现增加，并且更加确定，那么家族责任的道德力量就会被抵消，如同许多工业化国家所发生的那样。人们在所有的文化中都敏锐地感受到，裙带关系体系根本不公平，那里，能干的人如果不经营关系就不可能成功。

詹姆斯·斯科特（Scott 1976）强调：腐败行为不仅仅局限于裙带关系。在许多情况下，政府官员经常与愿意付钱给他的任何人，无论是不是家族成员，交换其职权范围内甚至之外的公共职位或其他好处，以换取超过薪金的利益（Wade 1985，Theobald 1990）。这些违法行为可不包括对亲族的责任感。腐败的活动范围相当广，从勒索钱财以加速电话安装，到购买公务员职位，到试图劝告立法者接受有利于保护垄断地位的法律。科拉莉·布赖恩特精辟地概括了某些治理结构中所盛行的腐败模式，它们悲剧性地延续了下来：

> 政府领导人设法滥用职权谋私的各种方式暴露出一种邪恶的创造力。不仅仅在提供执照、清关、摆小摊许可的服务时向穷人榨取贿赂，而且包括中产阶级整体的偷税（这个阶级本来可以是有声望的），高级官员抢劫了相当比例的政府合同，这都使穷国更穷。这种制度性的腐败驱散投资，侵蚀信任度和政府的合法

性，阻碍金融和商业活动。必须指出，这种腐败在诸如全世界大城市政府中也并未缺席。(Bryant 1991：11)

对腐败的制度分析（Buchanan, Tollison, and Tullock 1980; Jagannathan 1987; Rashid 1981; Tollison 1982）强调，具有如下一个或几个特点的环境，给倾向于采用机会主义方式行动的人提供了诱惑：

- 决策权集中于全国政府的少数职位；
- 公益物品常常免费或以一定补贴提供，需远大于求；
- 政府官员决定公益物品的获得，或是在经济生活中起相当广泛的作用，如作为管制者或生产管理者；
- 缺少提供契约确定性的制度（如独立的法院）；
- 公务员工资极低。

欠发达国家广泛采取了一些制度改革，试图减少腐败，缓解低收入的影响，促进平等，这些措施很多时候创造出了上述的状况。为了提高政府官员的责任感，有些国家已将权力从许多地方传统权力机构转移到少数公务员手中。但是，这种政策所安排的官员并不会比他的前任对民众更负责任，此外，他们没有充足的途径，也没有多少兴趣去获得时间与地点的信息。事实上，一些官员甚至企图从那些人身上收取租金，他们寻求垄断控制，或者想获得稀缺的、得到补贴的以及免费的东西。例如，试图提供平等而低廉的电信服务，导致大批客户积压，他们渴望付额外的报酬来装电话（Rashid 1981）。在其他情况下，以保护消费者的名义，采用了很高水平的商业大楼规范标准，从而提高了产品价格，增加了有前途的新企业的进入成本，并要为安全检测员提供很高的回报。由于庇护公务员逃脱责任的法律传统缺乏司法独立性，对普通公民来讲，控诉官员，或者想执行契约，反对那些受到强大政治同盟保护的人，代价十分高昂。最后，作为克服预算赤字的手段，试图限制公务员涨薪，反而进一步增加了公务员面对的诱惑。

专栏3.4讨论了尼泊尔修建悬浮桥案例，它提供了一种减少官员腐败行为激励的方法。部里官员将所需原材料而不是金钱交给地方官员。因为贪污建筑原材料比贪污金钱困难得多，尤其像钢缆那种没什么其他用途的材料。地方官员要想从这些拨下来的资源贪污钱财，将受到很大限制。

专栏3.4

孟格轮悬浮桥项目

1958年，尼泊尔政府为了刺激农村发展而发起一项修建悬索桥（suspension bridges）的规划。然而，由于受与这类桥梁有关的实质性技术限制和财政约束，项目进展非常缓慢。在寻找可以改善本地交通服务的各种办法的过程中，一位来自尼泊尔西部山区孟格轮的政治代表终于注意到，这个国家的山区可以广泛利用简单的悬浮桥（suspended bridges）（而不是悬索桥）的建造技术。实际上，短距离的悬浮桥几个世纪以来都有建造。由于这是一种被广泛了解的技术，所以不需要当地有限的技术人员去监督建造。

最终于1972年开始的悬浮桥项目由一个区域委员会和在村庄层级运行的小组委员会负责指挥。所有一切都运行于尼泊尔当地官方政府机构（panchayats，即村务委员会）的框架体制之外，尽管大家都知道村务委员会成员有能力动员村民为委员会服务。项目要求当地社区为桥梁提供全部投入，当地无法获得的专门建筑材料除外，材料主要是二手钢缆和铁，以提供固定缆索所需的装备。在每个要建造桥梁的地方都成立委员会，它们可以得到建筑材料而不是金钱资助，这样可以减少项目所需要的财政监督。这个办法也减少了村民的担心，即地方官员可能从执行任务中非法获利。

村民的信任对项目至关重要，因为居民提供了所有的劳力和本地物资。桥梁服务的社区也要承担起维护桥梁的责任，至少在桥梁建成后的头十年，这个任务微不足道。劳力是地方贡献给项目的主要资源。要把沉重的钢缆盘从最近的道路运送到修建地点，需要付出大量劳动；需要移走岩石；为了适当固定钢缆，也需要挖掘工作。当地的互助传统使得这种程度的劳动力组织相对容易。普拉丹（Pradhan 1980：32）在记述桥梁项目时注意到："自愿劳动的贡献也是帕尔玛（Parma）文化系统的一部分，这是在互惠基础上的家庭劳动力交换系统。帕尔玛多发生于种植和收获季节以及个人在村庄内修建房屋的时候。因此，共同劳动是这个地区文化的一部分。"这样一个体系有助于确保合理公正地分担基础设施的建造。不能或不愿意直接参与劳动的各个家庭被要求为参与者提供食物或金钱。本地也筹集了额外的现金捐助，主要是用于支付给那些本地熟练工人：泥瓦匠、木匠和铁匠。

当地动员资源的办法是成功的，因为它们考虑到了所有参与者的激励。普拉丹（Pradhan 1980：36）记录道，在桥梁建造规划的两个阶段，总共完成了 62 座桥梁工程，直接费用只有 5 万美元。村民的贡献在价值上要高出许多。这些公共桥梁为有关社区提供了净收益，而且，很明显，几乎每个人都在合理公平的基础上参与其中。项目并非本着由"政府"提供设备这样的精神来进行，相反，强调的是社区责任，包括对所需的工程专业负责。由于当地的经济环境，所动员的资源总量不是以现金而是以非货币投入的形式出现，这样更难以被滥用。最后，由于桥梁建造地点由当地决定，由于村民自己参与了建设，并且，由于不替换廉价绳索和支架具有潜在的灾难性后果，因此，即便没有有关桥梁维护的正式规定，桥梁依然得到维护，这并不令人惊奇。

第六节 结论

在本章，我们论述了，为了让许多具有不同偏好、资源和利害关系的个人能够在设计、建造、运行、管理和使用农村基础设施方面有所成就，必须有契约和治理安排。然而，协调、达成一致和执行这样的契约安排，需要成本。交流偏好、协商解决问题的替代性办法、达成一致可能需要分配额外的补偿支付，这些都是事先和事后所涉及的交易成本。无论参与者是否存在投机行为，这些成本都存在。与基础设施协调活动有关的交易成本水平取决于许多因素，包括有关个人的属性、基础设施的具体类型和用于组织多人决策的制度安排类型。

另外，多个参与人在做出有关农村基础设施的设计、建造、运行、维护和（或）使用的决策时，很可能出现错误。这些错误既可以归结于人会犯错，也可以归结于如下情况，即将技术专长和当地人民的知识、需求、有关物质体系以最优的方式结合起来，这十分困难。影响这些错误成本的变量与影响协调成本的变量是一致的，即个人的属性、基础设施的属性和制度安排的属性。

各方为达成协议也可能采取投机策略，我们也探讨了这种策略成本。这类成本存在，因为信息与权力在各参与方中并不是均衡分布的。这种不均衡的分布为某些人提供了机会，他们投机性地利用信息和权力，以牺牲别人为代价而收获个人利益。我们在本章讨论了四种机会主义行为，它们显著地增加了开发和维护基础设施的成本，即逆向选择、道德风险、规避责任和腐败。在第四章，我们会讨论第五种策略成本——"搭便车"。同样，影响策略成本的因素同影响其他交易成本的因素完全相同，即个人的属性、基础设施的属性和制度安排的属性。以下几章我们会更深入地展开这一分析。

【注释】

[1] 这并不意味着资产的私人所有者在做出维护决策方面都一样。不同的人面对不同的相对价格，拥有不同类型和数量的信息，以不同的方式感知维护收益，用不同的贴现率，而且愿意承担不同层次的风险。

[2] 这些分析建立在许多人接续的工作基础上，见：Knight 1921；Coase 1937；Commons 1959；Simon 1946，1972；Williamson 1975，1985；North 1985，1986。

[3] 对制度在经济发展中的作用的文献述评见：Adelman and Thorbecke 1989，Nabli and Nugent 1989。

[4] 张五常（Steven Cheung 1983：3）认为交易成本是运行制度的成本。现

代交易成本分析的根源通常可追溯到罗纳德·科斯（Coase 1937）的著作，他认识到交易成本在所有协调中的普遍性，并认为，一种契约形式（组织企业）将被选择，取代另一种契约形式（市场交换），如果前者的交易成本低于后者的话。

[5] 这既不是新问题，也不仅仅是地方性问题，正如克罗森（Crosson 1975：522）所评论的："大型灌溉工程的管理掌握在行政官员手中，他们远离田间地头的实际情境，并不了解有效使用的条件，即使他们知道如何使用，他们也缺乏激励，他们一般受限于刻板的水分配原则，因此即使他们有经济激励，刻板的水分配原则也妨碍他们做出回应。"

[6] 一系列有趣的文章考察了发展中国家交通部门所用的契约类型。这些契约反映出存在各种各样的信息不对称，也反映了为减少信息不对称成本而建立起来的各种各样的制度（如 Heston et al. 1985；Otsuka, Kikuchi, and Hayami 1986）。

[7] 参见施罗德（Schroeder 1987）对印度尼西亚这种现象的探讨，巴尔（Bahl 1984）注意到，孟加拉国政府在有关农村工程的维护指令方面缺乏监督。

[8] 正如张五常（Steven Cheung 1983：8）用图例方式阐明的，一个小组的成员为了减少规避责任，可能愿意自己雇用一个监督者，尽管这甚至会招致严厉的惩罚。

[9] 费里斯和温克勒（Ferris and Winkler 1991）把委托-代理模型用于分权的政府关系这个更一般的问题。他们注意到，中央级政府想要达成的目标，往往要由区域或地方政府作为代理人来实现。

[10] 正如彼得·埃克（Ekeh 1975）所指出的，这类官员可以感到的唯一道德纽带是他们的原始群体。同样的一个人，在其政府职位上从事腐败活动，但对他自己所从属的原始群体，他可能不会想到不守诺言、接受贿赂，或者以任何方式欺骗他们。

第四章　农村基础设施的供给与生产

第三章讨论的信息问题在许多情况下都会遇到，其中个人的激励因素导致他们共同产生了意图之外的、让人不满意的结果。若没有抵御性制度来减缓规避责任、逆向选择、道德风险、腐败以及科学知识跟时间与地点信息不当组合等问题，个人的成就将会非常有限。这些问题比偶尔阅读到的政治学、公共行政学或经济学教科书导论上所揭示的要普遍得多。

第三章讨论的问题在制造私益物品和公益物品时都会出现。私益物品基本由一个人或一个企业使用，消费具有排他性；这类物品的潜在使用者在决定是否进行消费时有很多选择。另一方面，农村基础设施由许多人或企业使用。把它们围起来，不让潜在的受益者免费获益，代价昂贵。换言之，由于它们的特殊属性，农村基础设施经常由公共机构而不是私人企业来供给。设计能够开发可持续的基础设施的制度面临挑战，为了完成有关这一挑战的讨论，我们现在思考的是所有共用设施或多或少都具有的属性。这些属性进一步增加了设计抵御性制度的难度，这些制度能抵消导致产生不可持续的农村基础设施的不良激励。

如本章题目所示，在思考共用物品或服务的属性时，区分供给与生产活动是有用的。下面几节将详细讨论这种区别。然后我们讨论农

74 村基础设施的不同属性，这些属性首先使供给决策变得复杂，然后又使生产决策变得复杂。由于不同的基础设施有不同的特征，这使其供给与生产变得复杂，在本章结束时，我们将对开发不同类型的基础设施所遇到的困难提出一些假设。

第一节 供给与生产的区分

在私人经济交换过程中，很少有人关注供给与生产活动的区分，这可能是因为其区分太明显了。个人与家庭决定他们要为自己提供哪些私益物品以及如何提供这些物品。我们前面讨论过修车库的人所面临的决策类型，正如其所揭示的，个人可以决定是在他们自己家里生产这些物品与服务，还是从别人那里购买。然而，在公共领域，供给与生产的区分相当重要。[1] 有时，提供设备与服务的政府单位也是相应的设备与服务的生产者。例如，既拥有又经营一个学校的学区就是这种情况：供给与生产由同一个公共机构承担。不过，对农村基础设施进行供给的单位不一定也要生产它们。通常，一个机构会依靠一个私人企业甚至是另一个公共机构来建造和（或）运行设备。例如，提供一条道路的政府单位可以雇一家私人承包商来建造它。

在本书中，供给这个词指的是通过集体选择机制对以下问题做出决策：

- 由指定的一组人提供的物品和服务的类型，
- 所提供的物品和服务的数量与质量，
- 与这些物品和服务有关的私人活动被管制的程度，
- 如何安排这些物品和服务的生产，
- 如何为这些物品和服务的供给提供资金，以及
- 如何对生产这些物品和服务的人的绩效进行监督。

（ACIR 1987）

75 因此，供给的组织过程基本与消费、融资、安排与监督物品和服

务的生产有关。只要这些物品和服务是由一个集体来提供，无论这个集体是政府单位还是一组私人用户，这些活动都必须进行，认识到这一点非常重要。在农村基础设施的供给中，集体必须关心的事情有：决定对服务的需求，安排并监督建造和维修设备的人的工作，并为这些活动融资。

生产指的是"将投入变成产出的更加技术化的过程，制造一个产品，或者在许多情况下，给予一项服务"（ACIR 1987：7）。一旦某政府单位或集体决策机构决定"供给"某一类型的基础设施，它就必须决定是自己生产还是让别人生产。如果选择了后者，就有几种可能性。政府或非政府单位可以与私人甚至公共机构签订协议，让它们来建造和（或）经营设施。政府单位也可以指示其他企业来提供服务。政府还可以通过向其他政府单位提供物质利益刺激来鼓励它们进行生产。

建造设施的组织安排与对其进行维护的组织安排可能非常不同。比如，某一机构可以设计大型基础设施工程并为其融资，这一过程可能会也可能不会涉及最终用户。一旦基础设施建成，人们就没有什么途径谈论基础设施的维护需求，或者为其提供资金的意愿。当缺乏维护导致的老化过程较慢，或者竞争性的需求非常明显时，情况尤其如此。当掌管设施的组织是唯一对维护活动负责的组织时，资源才有较大的可能被配置到维护上，例如一个特别管理区或者灌溉系统的用户团体。这一推理思路的含义是，当组织提供一个或几个紧密相关的物品和服务，而不是完全各异的物品时，维护活动才更可能得到财政支持并得到执行。[2]

为一项设施的建造、运行、维护提供资金是供给过程的另一个重要组成部分。但是，正如我们将要解释的，物品的属性以及服务将由集体提供，使得为这些活动提供资金变得极为复杂。非政府团体必须依赖用户提供金钱和其他资源的意愿为这些服务提供资金。政府单位可以利用设施用户的直接付款；而且，它们经常有能力从用户以及非用户那里征税，强迫他们付款。然而，征税权并不总是自动带来实际资源，潜在的纳税人可能会拒绝服从税法或者设法逃避许可费。有关适当的金融工具的集体决策也由于以下事实变得复杂，即不同的金融工具对全国和地方经济的影响不同，有好有坏。

在很多情况下，地方政府单位通过其他政府实体的拨款和贷款可以得到许多资源，包括双边或多边的援助组织。然而，获得这些资源具有极端的不确定性，因此，会危及设施的长期可持续发展。而且，由于拨款不来源于设施用户的直接负担，这种方式会减弱一个集体调动自己资源的积极性。

农村基础设施的不同属性可能使供给和生产决策变得极为复杂，给设计抵御性制度也造成了许多难题。将主要影响基础设施供给或消费的属性与主要影响其生产的属性区分开来，是十分有用的。下面两节将逐次讨论这两个问题。

第二节　主要影响供给的农村基础设施的属性

我们首先思考通常由公共制度安排而非私人制度安排提供的物品和服务的四个特征。公共制度安排提供的物品和服务所产生的利益能被很多人同时享受。不能轻易地限制任何人对这些物品和服务进行消费；而且，无论服务能否产生利益，个人在消费时的选择机会不多。测量基础设施的潜在收益和使用的程度通常是非常困难的，这使供给过程变得更加复杂。最后，当官僚和其他人为了获取不劳而获的好处而试图影响集体决策时，物品和服务的公共供给就带来了寻租问题。因此，在本节，我们将探讨由物品和服务的非排他性等特征所导致的问题，同时，还探讨由测量实际质量与收益水平、预防寻租行为的困难所带来问题。

一、非排他性与"搭便车"问题

有学者认为，收益的非排他性是必须由公共部门而不能由私人提供物品的标志。物品的拥有者或供给者若能以很低的成本将物品的收益据为己有，则此物品具有排他性（Cornes and Sandler 1986：6）。当一个集体无论是否为物品的供给做出贡献都能享受到物品的收益时，此物品具有非排他性。当限制他人享受基础设施的收益要花费很大成本时，那些追逐利润、必须靠交换才能收回投资的私人企业家就不愿意主动提供这样的服务。[3] 由于很难不让别人享受到农村基础设施的收益，所以，追逐利润的企业家不会愿意对这样的设施投资。

非排他性的特征就这样导致了"搭便车"和投资不足问题。因为公共部门拥有通过征税和征收其他费用来管理物品的使用从而为其融资的权力，所以，这一特征常常要求公共部门积极参与物品的供给活动。然而，公共部门的参与也引起了如下难题：（1）设计能够准确反映物品受益者愿望的集体决策机制，以及（2）物品的建造与维护采用什么办法融资。

"搭便车"。排他成本很高时，愿意提供物品或服务的人就面临潜在的"搭便车"或集体行动问题（Olson 1965）。比如，能从地方道路维护获得收益的人可能不愿意为维护活动贡献劳力或交税，总想让其他人承受负担。这不等于说，所有人想"搭便车"就能"搭便车"，但是在即使不为物品和服务的供给贡献力量，也不会被排除在享受收益之外的情况下，确实都存在"搭便车"的动机。[4]

前已述及，从设备维护获得的收益通常很不明显，而且要很长时间后才能显现。当收益能被所有用户分享时，无论他们对维护是否有所贡献，我们都可以发现这个问题有多么困难：为什么我要用目前非常有限的资源减慢设备损毁的速度，而受益人不仅是我还有别人？有许多动机使人们愿意将资源投到除了维护公共设备之外的几乎任何事情上去，为了消除这些动机，需要极其仔细地设计一套制度。

有许多制度安排可以帮助集体行动的受益者阻止"搭便车"。由本地、地区或全国政府的一个机构进行供给是防止产生"搭便车"问题的一个策略，但不是唯一的办法。能够控制其成员身份的私人团体也有能力克服集体行动带来的一些问题。[5] 严格的私人机构也能阻止

"搭便车"，如果它们有协调机制确保：(1) 成员获得的收益比其付出的成本更大；(2) 他们的贡献对于获得集体利益是必要的；(3) 大多数受益人都会贡献其分内的必要投入（Popkin 1981；Frohlich and Oppenheimer 1971，1974；Frohlich, Oppenheimer and Young 1971）。然而，如专栏 4.1 所讨论的，设计克服"搭便车"激励的志愿制度安排相当困难，特别是当没有能力制定和实施法律时。在大型的资本密集型项目的建造和维护中，志愿制度安排尤其难以运用，因为这种情况比小型的劳动密集型项目更容易"搭便车"。

决定偏好。公共部门提供非排他性收益的基础设施时，在决定偏好和组织融资上还会引起另外的问题。如果排他是可能的，偏好就会作为交换交易的结果揭示出来。生产者通过消费者付款购买各种商品的意愿来了解消费者的偏好。如果排他不可能，设计出能够准确反映受益人偏好及其购买意愿的机制则变得非常复杂，无论供给单位是在公共领域还是在私人领域被组织的。在很小的团体中，当事人通常可以面对面地讨论他们的偏好与约束，这样可以基本达成共识。在稍大一点的团体中，有关基础设施的决策常常以投票或授权给行政官员的机制来完成。

以投票方式表达偏好涉及等价交易所没有的困难，主要是：

(1) 对社会整体来说，投票机制无法自动将人们对各类物品的各种各样的偏好转换成界定良好的偏好序列（Arrow 1951）。事实上，替代选择的次序，以及投票过程的其他方面对结果产生很大的影响（Shepsle 1979）。

(2) 即使投票机制足以表达个人对单个物品的偏好，投票机制也很少被限制在仅对一种而且是唯一一种物品的供给做出的决策上。人们常常必须投票选出官员，而官员对很多物品和服务的供给做出很多决策。结果，一个官员可能只在一类基础设施方面密切地代表了个人，而在其他方面却不是这样的（Bish 1971）。

(3) 无论一些投票人的偏好多么强烈，所有投票享有同样的权重。投票交易在可能的情况下，可以使有强烈偏好的投票人和漠不关心的投票人的境况都得到改善（Buchanan and Tullock 1962）。

（4）投票人对他们的选择可能缺少责任感，因此不去努力搜索有关信息。发现自己的投票对于结果无关大局的投票人不会愿意花费时间去分析有关问题，因此，他们可能做出不正确的选择（Buchanan 1960）。

（5）从某类物品的供给中得到比别人更多利益的人，会更有动力通过利益集团或其他政治活动促成这种供给。

（6）如果供给某类物品的成本在人口中分布平均，但一些人比另一些人获得更多的收益，那么反对供给这类物品可能费时、费精力，还不如承担追加的税收成本。

（7）已经有效组织起来的团体可以争取政治支持，导致对农村基础设施的过度投资，并为自己谋求更大的利益。

（8）另一方面，没能有效组织起来的团体，如发展中国家偏远农村地区的穷苦农民，可能在全国或省一级的选举中不能动员足够多的支持，为他们带来农村基础设施的投资，相对于成本，这些投资能产生重要的经济收益。

使用非投票机制以获取人们偏好的信息也有问题。相对的时间与地点信息包含在人们的偏好里，如没有偏好聚合制度，即使非常有动力的官员也很难对此进行分析。但是，如前一章所提到的，官员在公共机构中是按等级制组织起来的，如果授权给他们做出有关基础设施的决策，当信息在组织的管道里上下传递时会发生扭曲（见Williamson 1975，Downs 1967，Campbell 1974）。

排他性问题可能有多个根源，其中包括与特定类型基础设施有关的产权法律。比如，某地农民有力量以较低的成本不让潜在受益人使用灌溉系统，但法律可能不允许他们这样做。这样，制度安排增强了"搭便车"的激励，并因此创造了"搭便车"猖獗的环境；反过来，制度安排也可以有助于抵消这些激励的影响，减少"搭便车"的情况。

融资问题。无法排他同样会深刻影响基础设施的融资问题。事实上，由于多种基础设施项目通常需要公共部门介入，许多公共财政经济需要依靠公益物品，这不足为奇。如果确实不能排除不付钱的人使用基础设施服务，就不能通过向使用者征收费用来融资。这时，就不得不使用某种形式的税收，而无论它能否反映实际的或潜在的使用状况。有些形式的征税能很好地反映基础设施的使用情况并有助于限定其使用，当然，情况并非总是如此。例如，从汽油、润滑剂和轮胎征收的税款继而被用作道路资金，可以合理地接近提供公路设施服务的成本。再如，根据不动产价值征收的财产税，可以接近为保护财产免受火灾损失而得到的相对效益（包括邻家失火导致的损失）。

如果公共物品与服务不能轻易不让逃税者使用，那么潜在纳税人将有强烈的动机逃税。这意味着，税收工具要行之有效，就必须得到正确管理。然而，税务管理的成本很高。而且，如果纳税人感到他/她自己在承担税负而其他"搭便车"的受益者却在逃避，那么，他/她会有更强的动机逃税，决不做一个"受哄骗的傻瓜"。[6] 在许多发展中国家，逃税仍然是一种地方病，在那里，税收仍被认为是对统治者的贡奉，而不是自由国度的公民为获得必需的公益物品和服务所缴纳的款项（Guyer 1991）。

具有"不可排他之益"的一些公益物品还具有另一属性，即一旦物品被提供，用户对于是否要使用它们将别无选择。一个例子是集体喷洒杀虫剂。如果其中一个人不想要此项服务，他就有较强激励不遵守一般征税。因此，服从一个广义的金融工具，反过来取决于用来做出供给决策的公共选择机制的合法性。

我们并不认为所有农村基础设施提供的服务都是不排他的。实际上，就排除潜在受益人享受服务的成本而言，它们的差异很大。例如，排除潜在受益人享受水井的成本通常都很低，发现水井的主人要求其他使用者为抽取的水付费，这不足为奇。然而，如果用水人没有参与项目的设计和修建，那么在项目运行阶段向他们收费有时就不那么容易了。比奇洛和奇利斯（Bigelow and Chiles 1980）描述了一个在突尼斯由美国国际开发署资助的项目，项目资金被用于购买水泵并付酬给运行和维护水泵的看护人。但项目没有提供运转水泵所需的燃料。有趣的是，一些地区的水泵使用者们自己组织成供给单位、制定收费方案、筹集费用并保持良好的财政记录。而在其他地区，看护人试图收取费用的努力却遭到使用者的抵制，而且那些看护人都被调走了。研究说明，就这类小型基础设施而言，向用户收费是可行的，甚至缺乏教育、资源贫乏的人也有能力有效地组织自己。但经验也表明，如果项目主要由集权的全国政府官员或资助机构设计，而他们忽视了项目如何运行及维护的问题时，麻烦便会接踵而至。

与水井不同，把一条连接许多村庄和集市中心的主要公路围起来，或在公路沿途的通行处设立收费亭都会耗资巨大。如果这条路的使用频率不高，收取过路费本身的成本会轻松超过所产生的收入。还有，对一些类型的基础设施来说，一旦建成，排除潜在受益者不仅不可行，而且还会导致低效。

一些分析家把难以排除受益人当成唯一属性，以区分最宜由市场机制提供或必须由政府提供的物品和服务。由此引出这样的政策建议，即对于所有能够低成本排他的农村基础设施，包括社区水井、小学以及初级医疗保障设施，采用市场机制。然而，由政府部门介入这类服务的供给和潜在生产也是很有道理的。因此，在设计提供农村基础设施的制度时，我们只把排除潜在受益者的可能性与成本作为需要考虑的重要属性之一。不过，如果全部或部分基础设施的供给、运行与维护的资金，依赖于向直接用户收费，这类基础设施就必须具有排他性能力。当排他成本较低，不同形式的用户费可以看成一种办法，用来部分或全部偿付这种服务的供给。而当排他费非常高时，在设计适当的融资安排时，用户缴纳的费用就无足轻重了。

总之，排他性问题增加了设计制度的难度，而这种制度能够激励个人以各种方式对维护活动进行投资。相关要点如下：

（1）当那些从维护中受益的人不能被排除在外时，即不能使他们不从活动中受益时，他们有动机在他人贡献之上"搭便车"。

（2）如果没有起抑制作用的制度，"搭便车"的激励会导致对农村基础设施供给和维护的投资不足。

（3）要克服"搭便车"问题，有关基础设施供给的决策必须由集体做出，要么是某个政府单位，它有权强制受益者为基础设施的维护贡献金钱或资源；要么是一家私人组织，它可以排除非成员享受利益。

（4）常常用来做出集体决策的投票机制，对于将个人偏好转化成集体选择而言，是极不完善的。

（5）除非投票机制是被精心设计的，否则单纯依靠投票机制会导致农村基础设施及其维护的实质性过度投资或投资不足。

（6）不能低成本排除未付费者受益，这就无法利用私人价格，或者政府强制的用户收费，而是需要某种一般税来筹集建造和维护基础设施所需要的资源。

然而，农村基础设施的排他性有巨大差异。如果制度安排能够设计出来，有效地排除非受益者，就可能既依靠偏好被有效地揭示出来的方法，又依靠动员资源的各种方法，包括用户付费。

专栏 4.1

成为政府（而不是志愿组织）的重要性

尽管志愿组织通过集体行动能够而且确实解决了很多问题，但它们的作用还是有限的。詹姆斯·汤姆森（Thomson 1991）研究了社区对可再生自然资源的管理，他解释了萨赫勒地区在解决燃料危机时，为什么当地"公众"被赋予某些自治权，可以制定与实施法律：

> 政府组织与非政府组织最明显的区别是，政府有能力做出约束性的非自愿决定。在萨赫勒地区国家间抗旱委员会（CILSS），这种权力几乎毫无例外地由全国政府及其地方机构保留……因此，自殖民地时代以来，在萨赫勒地区，很少有社群能够享有自治的法律权力……

第四章　农村基础设施的供给与生产

地方公众在法律上无法将自己组织成一个有权行使集体权力的管辖区，这意味着没人能处理这些问题。在所有行政管辖区，中央、地方、邮政管理局，没人拥有资金、人力与时间来处理这些问题。过去，行政区（cantons）常常是许多萨赫勒地区可行的政府单位（并通常以殖民前当地政府为基础），但现在已被剥夺了从事政府活动的权力，除非作为第二大管辖区的中央管理者的代理人。对于村社区、村庄领导人、头人和长者，也是如此。这些相同的限制也适用于牧民群体，只是其政府结构不同而已。

缺乏制定规则的能力，则"公共企业家精神"——识别产生公共性的问题并试图加以解决——变得令人难以问津。在这种情况下，所有的决定都是自愿的，并且在一致同意规则的基础上得到执行。这意味着任何一个人都能否决集体决定。试图在与私人志愿协会相同的基础上组织地方政府，这不切实际。有些人有理由反对这样的决定，或者是因为他们更满意现状，或者是因为他们想得到点好处，作为自己支持这项决定的回报。有些人是因为受到社会压力，但还有些人就是拥有拒绝某个决定的理由和资源。

例如，有人提议，为了解决某地区的燃料危机，家畜不得进入附近 100 个毗邻田地。仅仅保护未受官方保护的林木再生，农民就可以用七八年时间让他们的田地郁郁葱葱……假定绝大多数相关农民同意这个提议。他们相信，这是解决燃料、建材和水土保持问题的好办法。但是，几家拥有许多山羊和一些牛的农民不赞同。他们想让其家畜在旱季仍能继续在村里的田地上自由徜徉，以免花钱雇用牧人。这几个人就可以使绝大多数农民的愿望受挫。

没有什么能阻止大多数农民管好自己的家畜，但只要当地社区没有合法权力做出有约束力的土地使用规则，少数拥有大量家畜的农民就能继续放牧并毁坏绝大多数农民所保护的树苗。原来愿意为提高自然资源再生而管好自己家畜的农民，这时也将继续自由放牧。如果他们不这样做，就会感觉自己成了傻瓜，在没有能力制定有约束力的土地使用规则的情况下，他们改善环境的努力只会让"搭便车"的人受

益。(Thomson 1991：13-15)

二、共用问题

所有农村基础设施都具有的另一属性是，它们所生产的服务流在相当大程度上能被许多人或众多公司同时使用。因为基础设施是共用的，用户的特性，以及单个用户的使用对其他用户产生的影响，是影响共用者激励的重要因素。

区分基础设施（股本）和设施所生产的服务流，有助于弄清可支持共用的基础设施开发问题的性质。基础设施包括许多不同种类的资产，如公路和桥梁、社区水井、学校、灌溉水渠和下水道。这些都可以被视为资产，在适宜的条件下，在其预期使用寿命内，能够产生服务流。

人们所消费（使用）的是基础设施所生产的服务流，而不是直接消费基础设施本身。因此，农村社区里的农民消费的是交通服务，而不是当地道路。灌溉者消费的是水，而不是灌溉系统。孩子们消费的是学校系统中的教育服务。这样，基础设施的预期使用年限总是长于消费者利用其提供的服务的期限。有些用户可能反复多次使用特定设施的服务流，另一些用户可能只使用一次。所以，用户使用设施的时间期限可能与设施设计者和供资者的预期相去甚远。这个差距让人们难以匹配收益与成本，以提供集体决策的合理激励。

用户特点。使用单一设施的用户数量可能有很大差异，如小村子中一般 20～50 个家庭共同使用一口水井或一个自来水系统，而共用一条农村公路主干线的可能有成千上万的人。享受共用利益的用户规模是理论著述中备受重视的变量（见 Olson 1965，Chamberlin 1974，McGuire 1974，Hardin 1982）。在很小规模的用户群体中，有关什么样的用法减少设备的磨损，以及如何提供适当维护这样的问题，可以以一种非正式的、完全自愿的、面对面的方式达成一致。但是，即使是在这样非常小的群体中，想占别人便宜的意图还是很强烈的，任何住过集体宿舍的人都理解这一点。

如果没有某种形式的组织去要求大家对彼此负责,并监督彼此切实承担起责任,每个人就会坐等他人承担维护设备所涉及的繁重任务。组织大家共同承担责任,小群体比大群体要容易得多,在小群体中,个人对彼此的偏好有更多的信息,他们也更容易知道以不同方式提供设备,谁会受益最多,而且他们对于设备的建造、运行和维护成本有更现实的理解。因此,小群体的决策成本比大群体的低。小群体可以用非正式的、非常简单的制度安排来解决如何将权利与义务分配给彼此的问题。大群体不得不依靠正式机制与制裁手段达到相同的目的。

共用者分布得集中还是分散,也对基础设施的设计和维护的难易有影响。如果大多数用户住在同一个村庄,并在使用设施时经常碰面,他们便能容易地辨认合法使用者,也能在日常工作的同时交谈一下设施的使用和维护问题。如果共同用户居住得十分分散,就必须专门制订方案去解决诸如如何减轻设施老化、如何进行维护、如何交纳维护费等问题。因此,解决被广大分散用户使用的道路的维护问题,比起组织一条道路附近的少数农户来维护完全由他们使用的道路,要付出大得多的努力。

共用者的相对同质性,是影响用户们组织起来进行基础设施开发与维护的难易程度的第三个因素。那些分配责任的规则会以一种相似的方式影响拥有类似资产和相似偏好的个人。因此,如专栏 4.2 所介绍的赞亚拉的例子那样,如果每个用户在灌溉系统的头端和尾端都各有耕地的话,比之每个用户只在系统的头端或尾端拥有耕地,他们的利益具有更大的同质性。

情况不同的用户遵循同一套规则,会带来压力与紧张。例如,如果一条乡村公路的用户都只使用自行车或轻型机车,无论何种天气路面都开放的规则所造成的道路磨损情况是可以接受的。类似的,如果几乎所有用户都是重型卡车用户,在雨季上路会在道路上留下深深的车辙,这增加了所有人的运输成本,那么用户就会共同决定他们最好在雨季关闭道路。然而,如果部分用户使用重型卡车,另一部分使用自行车和轻型车，有关道路使用规则的矛盾就会产生。如果轻型车用户无论在政治上还是在体力上都无力阻止重型车主不当使用道路，情况尤其如此。

利益的同质性也减少了利用投票将个人偏好转化为集体选择表达时的问题。若用户利益不同，要想达到稳定一致就困难了，这时，如果共用中包括一个利益更加同质化的群体，可以减少困难（见Plott 1967，McKelvey 1976）。

流量的可减损性。共用的基础设施所提供的服务流在被用户使用时会减少一部分，在另一些情况下，一个人的使用并不会减少他人能够得到的服务流。[7] 一篇关于公益物品的调查文章（Cornes and Sandler 1986：6）把消费的竞争性或完全的可分割性解释为具有如下特性的状态：在这种状态下，一个用户消费了一个物品所产生的利益流的一个单位，能完全排除另一个人从这个单位中再获取任何利益。某个基础设施的共用，或者某个设施所产生的服务流单位的全部或部分可减损性的使用，这两者的区别在文献中经常没有说明，这导致了严重的混乱。

基础设施供给的服务很少只被一个用户单独使用，但来自设施的服务流的可减损性在现实中变化很大（见 Blomquist and E. Ostrom 1985）。一户农民从灌溉水渠中抽走了 1 英亩/英尺的水，意味着任何其他人能用的水少了 1 英亩/英尺。[8] 大部分农业用水都是绝对可减的；而其他形式的用水，如电站和航海，则不具可减性。例如，通过涡轮机用于发电的水到了下游还可以被继续使用。如果一个用户使用的服务流是从另一个用户那里减少出来的，而服务流相对于需求来说是稀缺的，用户倾向于尽可能多获得一些，担心未来会得不到了。

稀缺的、可减损的服务流得到有效分配，需要有效的规则。对可减损的服务的收费显然构成了一个分配机制。但有时为服务定价并不可行。在这种情况下，有些人会攫取更多的可减损的服务，从而导致服务流的非经济消费和用户间的冲突加剧。

分配规则也会影响用户维护设施的积极性。如果缺乏有效的分配规则，灌溉系统下游的农户根本没有动力为维护水渠做贡献，因为他们只是偶尔有水用。[9] 与此类似，位于灌溉系统上游的用户也没有动力自愿提供维护服务，因为无论系统维护得怎么样，他们总是能得到超过其应享份额的用水。

因此，对于具有高度可减损性的服务流来说，与服务流分配有关的制度安排同设备维护问题密不可分。对于规定谁在何时何地、在什么条件下可以用到多少服务流的规则，如果没有关注它的有效性、公平性与强制性，解决维护问题是不可能的。另外，除非把应负的维护责任与一定的切身利益联系起来，否则用户自己不会主动承担这项责任。

基础设施在经过各种各样的使用之后，一个用户的使用可能严重影响其他用户的使用。例如，在一条通往市场的农村公路上使用重型车可能会使其他人无法在这条道路上通行。同样，让牲畜在社区的水源处饮水会使家庭用水无法供给。一个在某种使用条件下能产生有益服务流的设施，会在条件改变时产生负面的成本（Buchanan 1970）。

专栏 4.2

自主治理的菲律宾灌溉社区

赞亚拉（zanjera）来源于西班牙语，意指"合作的灌溉会社"，它也指这个会社管理下的灌溉系统。这类社会与灌溉系统的组织可能既反映了西班牙的文化影响，也反映了前殖民时代本土文化的影响。赞亚拉的成员都是无地农民，他们与地主签订合同，获许耕种土地，同时要求他们为自己也为地主修建并维护一个灌溉系统。

赞亚拉丹姆（作者起的化名）是菲律宾北伊罗戈省686个有灌溉系统运行的公社中的一个，它的灌溉系统被建在临海低地的最东端（Coward 1979）。它灌溉着1 500公顷的土地，被分成32个区域，当地称为塞托（sitios）。赞亚拉创建时，每个塞托被分割成固定数目的成员份额（阿塔尔，atars）。赞亚拉丹姆共有564个阿塔尔。每个阿塔尔有一个或多个申请人，有些申请人拥有的阿塔尔不止一个。申请人有权耕种与阿塔尔有关的土地，同时，灌溉公社分配给每个阿塔尔的义务和权利，申请人也有份承担和享受。权利主要是可以分到灌溉用水，义务主要是提供劳力和生产物资。

每块塞托被分成两个或多个部分，一个位于横向渠道首端，另一个在末端。每个阿塔尔名下的土地由彼此不接壤的块地构成，这些块地分布在上面提及的每个部分中。每个阿塔尔的持有者耕种两块或更多的块地，这些块地与灌溉它的水渠呈垂直分布。少数块地留出供塞托的赞亚拉领导人使用，作为对他们为赞亚拉成员所付努力的补偿。然而，这些块地位于塞托的最末端，这意味着，除非灌溉水流畅通，领导人的努力得不到补偿！

运行和维护赞亚拉的制度安排在整体系统内分为三个层次：为塞托供水的水渠、系统支线和作为一个整体的赞亚拉。三个层次领导者的任务之一是组织和监督不同层次的具体工作。整个系统成员都需要动员起来去修整导流结构以及清理主渠道。每个塞托需要将其成员组成5个萨路卡（sarungka）组，每个萨路卡组轮流负责3天半。因此，依常规行事的话，每一个阿塔尔的所有者每两个星期工作3天半，以担负对工程的维修任务或是帮助系统内的水流循环和分配。赞亚拉丹姆的5个萨路卡组，每个组都由来自系统中的各个塞托的人组成，每个塞托为萨路卡组贡献2人，每个萨路卡组获得10个阿塔尔。每个阿塔尔的土地既有渠首的，也有渠尾的，与此分配规则类似，组成工作小组的办法也确保了在系统运行中能保护每个塞卡的利益。

每一个阿塔尔所有者的详尽工作记录保证有关付出劳动力的规则得到实施。没有参与劳动的阿塔尔所有者会被处以罚金。矛盾的确会产生，可以通过赞亚拉的三个层次上诉。

与大多数管理系统不同，赞亚拉通过本地设计的维护良好的结构有效利用了水资源。赞亚拉复杂的多层次的组织结构，使其能够精确地代表灌溉设施不同部分中每一个成员的利益。对于其规模差异很大的重建、维护和运行任务，赞亚拉也可以方便地动员起适当的劳力。

84

在北伊罗戈省的一些地方，几个赞亚拉组成一个联合体，以利用一个单一的、大规模的导流结构。（见 Siy 1982）

三、测量问题

几乎所有物品都有某些属性难以测量，对负责供给的人来说，要测量对基础设施的需求、属性以及它所产生的利益，也面临着无数的挑战。测量问题发生于基础设施开发的各个阶段：设计、建造、运行、使用和维护。为偿付这些活动而调集的资源如果要与所产生的总收益联系起来，那么测量对于设计完整的公共财政方案就是至关重要的。

确定对某个设施的需求水平困难重重，特别是在一些发展中国家的乡村地区，那里很少有权威性的公共机构能够将本地的偏好转化为独立的税收与支出决策。解决这个测量问题的一个常见办法，是对受益人的付费意愿进行外部评价，将它与某个特定设施的预期建造和/或维护成本进行对比。然而，如专栏4.3较为详细讨论的，对社区的付费意愿进行有效测量，本身就是艰巨的任务。分析者已经从经验中学会对所报告的付费意愿打一些折扣，以便获得更精确的评估。以供水和卫生设施为例，愿意出较高费用支付维护成本，表明支付意愿较高，这似乎是这样一类社区的特点，这类社区居民收入较高，因而接受过更好的教育。印度尼西亚福利部也了解到，难以获取水的村民更珍视管道供水系统，并实际为建造和维护支付较多费用；而拥有充足却受污染的供水的村民就不同了（见 McGowan, Rahardjo, and Ritchie 1991）。[10]

> **专栏4.3**
>
> ### 确定为水付费的意愿
>
> 如果基础设施要产生有效结果并覆盖成本，较为精确地评估需求是至关重要的。如果项目规划者把需求估计得太高，就不大会覆盖成本，因为收入会比预期的少；如果低估了需求，就不可能以有效规模

建造设施。当然，需求既取决于用户为设施产生的服务付费的意愿，也取决于他们的能力。

评估需求的一个办法是对实际行为加以经济评定。惠廷顿、布里斯科和穆（Whittington, Briscoe, and Mu 1987：23）认为，由于其大量的数据要求，这个办法是有局限性的。有关家庭用水的不同目的、取水所需的时间以及家庭的社会经济状况的信息都是必要的。数据也要从已经获得一些资源服务的村庄那里取得，因为那里的家庭面临真正的选择。以上约束条件在发展中国家往往难以达到。

另一个方法是"待定价值法"，就是询问个人付费的意愿。这个办法成本小，聚焦于可能实施项目的村庄，强化了规划过程中的参与。但是，它也可能会产生偏颇的回应。如果回答者认为这类回答将促使项目的建造，他们会夸大为此付费的意愿。如果回答者预期他们的回答会真的决定他们付多少，他们就会低调表达意愿。因此，提问措辞对于调查结果的质量至关重要。

尽管存在潜在的偏见，但待定价值法一直被应用于评估乡村为水付费的意愿。1986年，在海地的两个村子劳伦特（Laurent）和圣让都苏德（St. Jean du Sud）进行了一项实验。实验者选择了两个项目——住家附近的公用水龙头（公用水池）和房子里面的私用水管道（需要相应的管道费），他们想要了解村民会为这两项工程每月各出多少钱。由于研究者对不同的问题可能引发的偏见也有兴趣，他们将回答者分成两组，要求其中一组直接回答他们愿付多少钱，而另一组参加了一个"投标博弈"，要求回答者对于不同的月付费回答他们是否愿意付钱。

经分析，结果如下（Whittington, Briscoe, and Mu 1987：42-43）：

(1) 没有证据表明，回答者出现了系统性的偏见。

(2) 投标模式的表格比直接的、开放式的提问更有效。

(3) 付费意愿投标（至少在劳伦特）是符合消费者需求理论的。"例如，离现有水源较远的家庭比靠近传统水源的家庭愿意为新建的公共水龙头付更多钱。与此类似，收入较高的家庭比低收入家庭愿意付更多的钱。"

（4）在劳伦特村，对公共水龙头的平均付费意愿是每月 1.15 美元，大约相当于人均收入的 1.5%，大大低于世界银行常用的估算规则，即收入的 3%～5%。假定已经有了公共水龙头，并且村民已经付费，对于私人水管的平均付费意愿也不太高，每月 1.40 美元。

（5）从访问收集来的数据与实际用水信息做对比，表明调查数据"令人满意地准确"。

研究者的结论是："个人所提供的付费意愿很有意义，而不是'凭空而来'的数字。……这类信息尤其有助于：(1) 识别可以满足特定的成本回收目标的社区；(2) 确定提升用水服务后的收费价格和管道费用；(3) 确定合理的服务水平和所需要的水系统能力。"

作者承认，村民可能会在工程修建之前表示愿意付费，而在工程建成之后实际上并不付费。要想村民确实付费，设施系统的管理者就必须对不付费者实施惩戒，对于用水来说，这样做比较容易，如果每家有自己的私人水龙头，而管理者在用户不付费的情况下可以切断供水。

在设计阶段，要对特定设施的投资可能带来的收益做出可信的评估是极其困难的。这样的评估需要如下信息：

- 给定有关预期使用模式和维护水平的假设，评估设施的寿命，
- 评估单位投入和服务产出，其质量可以随时间而变化，
- 评估服务流之于受益人的价值，
- 用合理的贴现率把未来收益流转换成现值。

前三项可能会有实质性的偏差，而且所有四类信息都要用到经验法则。例如，尽管以前修建的工程在使用寿命上差异极大，但灌溉工程的预期寿命通常是 50 年。给定债券融资和利率，50 年可能是个合理的时间期限，但这样的 50 年期限并没有什么特别的意义。而且，

不同的行为者在其或明确或暗示的计算中，可能使用不同的时间期限和贴现率。同时，就许多基础设施（如公路）而言，最终使用年限主要取决于所采用的维护体制。所以，如果不能实现所设想的维护水平，预期一条道路在需要重修前会使用 20 年，可能是过于乐观了。

使用的数量和价值取决于很多因素，这些因素在工程的设计和评估阶段也是不为人知的。发展中国家近来建造的灌溉工程所灌溉土地的实际公顷数，很少达到原始规划阶段的规定数目（Harriss 1984）。在项目评估中，给定所有的经验规则与粗略估计，从基础设施投资中所产生的实际收益，测量起来也往往并不是很确定和可靠。[11] 小型工程可能比大型工程更易于合理精确地评估预期成本和效益。如果长期项目的预期结果不确定，更是如此。举例来讲，虽然一些分析技术能够评估公路改善的效益，但是它们实行起来相当复杂，而且需要大量数据。比恩哈克（Beenhakker 1987：200-201）评述了 8 个不同的评估程序，并列出一种或多种技术所需要的 18 种不同类型的数据。显然，项目越大，就越难合理精确地估计这类变量，比如，有没有道路、农产品的生产成本有何变化等。这一测量的模糊性意味着，很容易过于乐观地估算项目的收益，特别是当把决策建立在对这种成本-收益计算的结果的基础上（如发展援助机构的代理人），需要花费巨额资金时，更是如此。

对 1974—1987 年间完工的 1 000 多个世界银行工程项目的分析指出，"世界银行的评估是不完善的，是过于乐观的"（Pohl and Mihaljek 1992：274）。作者比较了工程设计阶段的预计回报率和工程完工以后（通常为 4～6 年后）的评估回报率。其分析表明，这些估计有很大的不确定性。虽然成本超支和延误可以作为这种不确定性的一小部分原因，但他们发现，外部市场力量和国内政策改变是尤其重要的因素。

设施的建造阶段也会出现测量困难的问题。物理设施能否长久，关键在于建造过程的质量和所用的材料。在许多情况下，如果只对完工设施做简单考察，即使是训练有素的验收员，也不能发现建造过程是否疏漏了重要的步骤。例如，如果没有正确加固、完善和密封水泥，那么任何用水泥建造的设施都将快速老化。除非建筑承包商打算继续做生意，知道他们可能因为不合格建筑被识别出来，否则他们有强烈的动机规避责任。发行债券也许是减少这种激励的一种方法，但还存在确定有缺陷的建筑物的原因和罪责的问题。规避责任、偷工减料、歪曲记录、贿赂检验员以及违反高成本的建筑规定，这样的激励比比皆是。

同样，较小的工程中可能较少存在上述行为。在小型工程中，参与者更容易发现谁要对不当施工负责。多数较大工程都有专门的检验员在下一个工序开始前对施工的关键步骤进行监督检查。但是，如果其工作背景是，检验人员的酬劳很低，并且公共部门腐败是做生意的寻常之道，这些监督检查除了给检验员中饱私囊的机会外，也无济于事。

维护活动的频率和质量也难以观察。许多常规维护活动需要在出现明显维护需求之前完成，这样才最有效。设备需要定期润滑和更换生锈零件；路面上的坑洼处需要填补以防路基浸水使整条公路作废；灌溉水渠每年都需要除掉淤泥和杂草，否则这些设备的运行效率会降低。系统用户常常难以觉察缺乏维护工作的效应，直到维护工作已经被拖延得太迟了。

良好的维护需要量体裁衣般的规则提供激励，鼓励负责维护的人们及时和适当地开展维护活动。专栏 4.2 和 9.2 展示了有组织的用户群体如何能长期成功开展维护活动的实例。这通常涉及用户小组，用户们被分配了界限明确的任务，很容易被队员和其他人监督（Coward 1980，Siy 1982）。

遗憾的是，衡量技术本身也可能并不适宜，而且产生不良激励。例如在孟加拉国，一般都用人力劳动挖土以堆成支撑路面的公路路堤。虽然很容易衡量挖走的土量并以此酬答工人，但是成功的公路建造需要将土压实，尤其是在三角洲地区，那里的土壤多是黏土并含有大量的植物性物质。以土的体积计算酬劳，而忽视土被压实的程度，公共当局就无法激励工人把土压实。结果，一个季风季过后，土路只剩下原体积的40%了（Connerley et al. 1989b）。

使用方式是否易于测量，不同的农村基础设施也有差异，使用方式影响的是能利用的资源筹集工具的类型。对使用方式没有适当地测量，就难以确定从系统中产生的利益，也难以开发出有效与公平的直接或间接的付费方式。如果要求用户为其得到的服务付费，他们就有动机贬低他们从基础设施获得的价值。相反，供给者有强烈的动机夸大对使用者而言的价值。最具挑战性的制度设计任务之一，就是设计出低成本的办法来监督使用方式，分配成本收益。对干灌溉系统，这可能意味着按照实际灌溉的土地数目成比例收取费用（货币或实物）。然而，确保与使用方式有关的数据是精确的，这对小的设施较为简单，但对覆盖广大地区的大系统就困难了。

四、寻租问题

已讨论过的三个属性，特别是不可排他性，为公共部门介入基础设施供给提供了基本的理由。政府为一项设施承担责任大大有助于减少消费者"搭便车"的机会。同样，当由设施提供的服务不易测量或不具减损性时，普遍性的融资机制例如税收是必要的，公共机构有权力惩戒那些坐享好处却不付税费的人，即那些想"搭便车"的人。

然而，一部分普通消费者的"搭便车"行为并不是与基础设施的公共供给有关的唯一的策略行为。如果有关基础设施之属性、位置和用途的政府决策能为特定的人们带来不劳而获的好处，这些人可能会从事所谓"寻租行为"。正如克鲁格（Krueger 1974：291）所注意到的，寻租有很多形式，包括行贿、腐败、走私和黑市交易等。

就公共基础设施而言，一些潜在用户群体（例如大地产主）可能从基础设施项目中获得巨大利益，对于他们能从中获得超额收益的项目，他们确实会积极为之寻求公共基金的支持。[12] 即便一个项目的总成本超过了总收益，少数个人也可能获益巨大。同样，政府官员可能从规模更大、更复杂因而成本也更高的基础设施投资中获益，比持重投资的预期回报更有保障（见 Repetto 1986）。

寻租行为使任何特别设施的生产力相对于寻租者的私人获利只能是次要的。例如，水利官员可能积极寻求捐赠资金以发展灌溉系统。他们这样做并不是期望更好地获得水源（虽然这也可能是其目的），而是为了在政府机构中获得更高的地位。水利部门要修建一个新的高科技灌溉系统，需要大量贷款与拨款，这比对现有的灌溉系统的选择性修缮所需要的小规模贷款，可以为水利官员带来更多好处（具体实例见专栏7.1）。这可能是真的，尽管后一种投资更可能产生超出投资成本的回报。许多官员主要关注的是大量的资金流可以雇用更多的下属，会增加自己的权力与声望（见 Niskanen 1971）。这些项目同时也为官员提供了从卖方抽取工资外收入的机会，为了完成设施建造，机构需要购买设备和建筑物资。因为项目资金是双边的国与国之间或多边的机构与国家间的转移支付，无论官员还是农民，他们个人通常都没有需要偿付贷款的风险，这些贷款是用作产生新收益的投资。在这样的背景下，公共机构由于缺乏制衡会产生严重的偏向，追求大型的、昂贵的基础设施项目。

寻租行为并不是农村基础设施建造的专有属性，它是与公共供给设施紧密相关的一个普遍性问题。但不能简单地说，这类设施所提供的服务具有非排他性和/或不可分性，这类设施就不能由公共机构供给。实际需要的是能严格限制寻租行为发生机会的制度安排。在以下章节中，我们将深入探讨这个问题。

第三节　主要影响生产的农村基础设施的属性

刚刚讨论过的属性主要影响基础设施开发的供给或消费方面。这样的基础设施应当由公共机构提供，通常提到的原因包括非排他性、不可分性和测量上的困难。决定如何建造、运行和维护也是供给者的责任。有一些生产属性也影响到有多少活动能被最好地组织起来，影响投资的可持续性。这里描述的属性包括规模经济、资产的独特性以及基础设施老化的速度。在结束本节时，我们会简短地探讨一下公共服务的供给和生产与私人部门有什么相似之处。

一、规模经济

基础设施在规模上有显著差异，这使得其设计、建造、运行、使用和维护各方面都涉及规模经济。当产出水平上升而单位产出成本下降时，就表现出了规模经济。对资产性设施的设计与运行来说，规模经济有三方面内涵。

自然垄断。首先，当单位成本随产出水平上升而下降时，正常的市场机制运行会导致生产的垄断和因垄断而来的资源配置失效。这是公共财政文献详细探讨的经典的自然垄断（Stiglitz 1986）。在这种情况下，公共部门的干预被认为是克服市场失败所必需的。这个论述是诸如城市供水、电信、电气等服务需要由公共部门供给的基础，虽然它们不具非排他性和不可分性的问题，但仍需要公共部门干预以提高配置效率。[13]

生产组织。降低成本的第二个含义是要最有效地组织与资本性基础设施的开发与维护有关的活动。同样，分开考虑设施的设计、建造和运行（包括维护）是重要的，因为规模经济的潜能对所有这些活动来讲往往并不相同。基础设施的规划和设计很可能涉及一些规模经济。例如桥梁的相同设计，可以全国通用或至少在具有相似气候条件的地区通用。每座桥梁设计未必一定要从零开始，尤其当设计过程需要技术高超的工程师，而这些工程师往往是发展中国家相当稀缺的人才。[14]

基础设施建造也会产生规模经济。如果建造过程需要大量的资本，比如建造硬面道路，尤其会这样。在劳动密集型技术与资本密集型方法同样有效的情况下，这种规模经济通常较不普遍。在一些成功的开发项目中，原始设计由大型机构承担，而工程的具体的子部分的实际建造则由小型的、本地组织的团体实行。专栏4.4所探讨的马拉维自主供水项目就是这样的工程。

也许更重要的事实是，最适宜于组织设计和建造的规模可能并不同样适宜于基础设施的运行和/或维护。例如，田间渠道的维护通常最好由相对较小的灌溉者小组负责，他们熟悉渠道，知道哪里有泥沙淤积，哪段渠道被急流冲损，以及哪里树根和野草可能产生问题。同样，田间水渠修建工程由相对大的工程公司来完成可能是最经济的，因为这种公司的特殊设备能用于许多项目。不过，在设计这些渠道时，农民自己关于土地地形和该地区雨量及径流的知识也很重要。

此外，在任何大型而复杂的基础设施工程中，系统的不同部分也许要求不同的维护策略和不同的运行规模。对于灌溉工程，阿比威克莱马（Abeywickrema 1986：23）指出，渠首需要经过严格培训的技术人员进行常规维护，当故障发生时迅速进行紧急维修。大型分水渠的运行和维护可能需要领工资的专职人员。农民检查的渠道很有限，他们也没有动力从事干渠的运行或维护活动。因此，农民和官方护渠员在主干渠上形成互补。另一方面，田间渠道最好由农民自己运行和维护，因为他们有让这部分系统尽可能有效运行的时间与地点信息，还因为这些渠道效能的改善也许对个别农民有显著影响，如果制度安排适当，他/她将有动力使渠道保持良好状况。

上述农民参加灌溉系统维护的例子说明了与有些公共服务有关的另一种属性，即"合作生产"的概念。有些服务，诸如教育，除非消费者积极参与，否则不可能被生产（例见 Davis and E. Ostrom 1991）。尽管有些基础设施可以由某个政府机构或承包商生产，那些消费其服务流的人不必积极参与，但受益者本人可能不得不参与有关的生产活动，当农民们用一条新修的通往市场的道路把他们的产品运往市场时，他们就是较低运输成本的积极的合作生产者。因此，农村基础设施在设计、选址和融资上，如果至少有一些未来的消费者积极参与的话，这个设施更可能被有效利用。

不同类型的道路维护不需要那些进行维护的人投入相似的资本数量，不同规模的生产也都可以得到有益的利用。在巴基斯坦，国道上所实施的按契约维护公路的方案就具有这一特点（Kampsax International，A/S 1986）。那里使用两级承包程序。一级用于简单、日常的维护任务，另一级用于更复杂的定期维护任务。由于日常维护包括像植被控制、排水管清理以及路肩、涵洞和桥梁的基本维修之类的简单活动，所以承包商不需要以昂贵的专门设备履行契约。因此，小承包商有资格对这些工作投标。为提供绩效激励，契约仅限于定居于公路经过地区内的投标人，所期望的是当地居民能够对本地承包商施加压力，让他们切实履行责任。更复杂类型的维护，如重新铺路、重铺砾石、桥梁的重大维修，留给有较高技术水平和拥有更多资本的大承包商。这就表明，如果规模效应明显，甚至维护活动也能利用规模经济。

嵌套制度安排。规模经济对所有公共部门的组织都有重要意义。特别是它们可以通过依靠不同层级的政府组织而影响公共服务供给的效率。生产以实质性的规模经济（或不经济）为特征，只因为这一点并不意味着供给单位必须与生产单位具有同样规模。有可能是小的供给单位（如地方政府），去安排大的生产单位（如大的私人承包商、甚至是全国政府）去生产。相反的情况也是可能的，即大的供给单位（如全国政府单位）去安排小的生产单位（如本地承包商或某个村庄的村民）去生产。

有时人们会认为，当生产具有规模经济特征时，大的（比如国家）政府单位也要负责服务的供给。事实上，如果服务的某些方面处于国家的控制中，而另一些则属于地方单位的职责，则服务分配可能就被最有效率地组织起来了。我们把这种制度结构称为"嵌套"安排，因为较小的辖区被包括在内，但它又不是更大辖区的下属单位。

专栏 4.4

马拉维村庄供水系统

马拉维村庄供水系统，1968 年开始建造，1988 年完工，因其自来水厂的简便性，以及为建造和维护系统而动员起来的社区劳动力数量而闻名遐迩（Hill and Mtawali 1989，Chauhan et al. 1983, Glennie 1983, Liebenow 1981）。这个系统为分布于山区的一群群人家服务，在他们周边分布着许多低矮的、无人居住的群山，遍布整个国家。那些根据重力原理建立起来的系统，其水源来自未被污染的河流，河流起源于高山。每个系统由进水管道、蓄水池、管道网络与连接水龙头支架的给水阀门构成。例如，穆兰济西供水工程包括143英里管线，供应460个水龙头，服务120个村庄的7.5万用户（Glennie 1983）。

所有工程的系统设计和专门建筑材料（乙烯聚合氯化物PVC和石棉水泥管）都由劳动供给部（MOWS）提供，这个部门在资金上受到许多公共与私人资助者的支持。由于对村民们来说，技术是全新的，所以由部里的人员监督建造与维护工作。村民提供其余的投入，主要是提供必需的劳动力，来挖掘并再填充沟壕，开挖蓄水池，从仓库运送管道并在管线上植草。

在马拉维，村长仍极具影响力，他们的支持对项目的成功至关重要。这些人组成一个项目委员会，协助工程师让设计与特定的地区相适应，并监督劳动力的组织。每个项目的每个地段、枝干和龙头处都建立了分立的委员会。项目助理与各级委员会一起工作，协助组织工人，并在技术事务上给出建议。

分配工作任务的安排是成功动员劳动力的关键。村民被组成工作小组，受到项目、子项目和村庄委员会的监督，它们分别代表供水系统中的不同利益群体。输水主管道将水从入水处沿着山坡送入分支管道，入水处和安置主管道的壕沟的建设需要所有村民贡献力量。而系统的分支管道则由它所服务村庄的村民建设。村庄内部，将水分流到立式水管的系统由村民建造。一个项目委员会和一些龙头委员会负责维护与修理。项目委员会监督支管修理小组、龙头委员会和入水处看守人的工作，为维修及支付看守人工资筹集小规模资金，将维修小组无法处理的问题报劳动供给部的农村水利处。项目委员会和维修小组的成员每月大约花一天时间完成自己的工作，龙头委员会的成员每月大约花半天时间完成工作。

　　这些建造与维护的制度安排对于项目的成功很重要。它们以一种建设性的方式把有关建造地点的良好的时间与地点信息跟现代工程学的专业技能组合在一起。它们也代表了与网状基础设施有关的不同的利益社群。

　　但是，艰辛的努力并非不存在问题。随着资助者停止资助，政府现在面临增加收入的任务，以满足不断增加的那部分维护成本。然而，目前尚未建立适当的制度安排，能为长期维护活动提供资金（Gearheart 1990，Warner et al. 1986）。与较早的方案相比，较新的方案甚至提出了更大的挑战。新近开发的系统位于城郊，由于缺少村庄的社会凝聚力，人们发现动员劳动力进行建造和维护活动更为困难。而且，新系统也更复杂。由于容易获得的水源都已经被利用，新系统必须从远处受污染的地方抽水。这意味着需要规模更大的管道系统和水处理设施。由于某一个设计在某个社会与物理环境中运行良好，劳动供给部的工程师们热衷于此，即便这个设计在另一个社会与物理环境中并不适用，他们也还是采取复制的办法。

二、资产的独特性

　　在建造和维护农村基础设施中所使用的许多资产都是一般意义的资产，它们可以无需成本而被重新使用在其他活动中。例如，筑路用的翻斗车，它也可以用在许多其他建造工程中。一个承包商为某个道路工程购买一辆翻斗车，即便他/她不能获得另一道路修建合同，也并非就是投资了一项以后肯定闲置无用的资产。

　　另一方面，道路修建所使用的一些资本设备，如大型轧路机，不能被轻易调配到其他建造活动中使用。如果承包商没有获得未来的道路修建合同，他们在此类设备上的投资就会带来很大损失。威廉森（Williamson 1985）认为，涉及使用极为特殊资产的交易方，在他们做出重大投资前，都愿意保住其契约关系。如果承包商不能继续使用这些资产进行生产，投在这些资产上的钱就白白流失了。因此，一种赞成某些设施既由公共部门生产也由公共部门供给的论点认为，用于生产的某些资产太过专门化，私人承包商购置不起。

即使装备的专业化排斥私人所有，但也可以做出安排允许私人生产、建造或维护。例如，尽管像大型轧路机之类的资产可以由政府所有，但它们也可以由私人承包商根据租赁安排使用，其中租赁费包括所有的运行费和折旧费。要避免对设备的不合理使用，租约亦可以规定由政府提供操作员，以确保私人承包商不滥用设备或不疏于适当保养。

在公共部门保留高度专门化资产的所有权的情况下，另一种促进高效生产的重要制度安排，是允许所有公共和私营组织投标建造和维护项目。例如，一个拥有轧路机的公共机构如一个管辖区，应当能投标，向另一个管辖区提供轧路机服务。这有助于确保装备得到最有效的利用，增进竞争，降低从事建造和维护活动的成本。

为了某个目的购置的装备被用于其他用途的可能性，也是有可能提高的。例如，不依靠专门的推土机，而使用带有推土铲的普通拖拉机，尽管生产率低一些，亦可用于修路。所丧失的与筑路活动有关的效率，可以由拖拉机在其他活动中较高的总利用率抵销。[15]

三、老化速度

就基础设施的持续存在如何依赖于其使用方式和它们所经历的维护而言，这方面差别巨大。在一些情况下，疏于维护能导致基础设施迅速老化；在另一些情况下，老化速度很慢，起初，用户甚至觉察不到。以资本设备的维护为例，如果轧路机上的轴承没有润滑，很快就会烧坏，而且可能致使整台机器无法运转。另一方面，疏于给卡车换油会逐渐降低油的润滑效率，但是机器只是在一段时间后才无法运行。

农村基础设施的老化速度也取决于设施最初的设计和建造。如果一条道路有着厚厚的由碎石铺成的路床，路面由多层材料铺就，即便缺少维护，也可以供轻型机车与卡车运行较长时间，而同样地点的砾石路，同样的利用方式，情况会不同。但另一方面，砾石路起初的建造成本也许只是建造更坚固道路所需投资的一部分。

不同的老化速度，设施效率的降低能被人察觉到多少，也会影响用户维护设施的意愿。例如，灌溉系统的使用者很快就能意识到，如果每年不进行一定的维护活动，如除草和清除田间渠道的淤泥，灌溉系统就会失灵。这些工作会被完成，相反，修补水泥堤坝上的缝隙，只会增强系统的长期效率，对这样的活动，人们可能不会那么积极。

四、公共-私营的产业结构

尽管开发项目常常是围绕这样一类设施——例如道路、农村供水系统、卫生诊所或学校——的生产而组织起来，除了认为它们具有公共性以外，人们很少思考这类设施的性质。这类设施供给的特征在排除消费者方面极为困难，通常需要某种形式的集体组织来提供。

看待公益物品和服务的另一种方式强调政府所提供物品的多样性。经济学家努力评估组织间安排的不同方式如何影响绩效，他们长期以来使用的产业概念指"一群为共同消费者群体提供类似产出的销售者"（Bain 1959：6）。假定产业结构因私益物品和服务的类型不同而有很大不同，给定物品的属性，结合产业结构，这对于产业参与者如何表现将有很大影响。

产业这个词对公共部门组织的概念化也是有用的，其中许多分立的企业发展出一种相互依存的行为方式。公共服务产业的一些组织承担供给功能，另一些则是生产机构。我们可以认为公共部门包含许多公共服务产业，诸如道路、教育、警察、水产业等。有些产业，如国防、警察，政府成分的比例比其他产业更大。一个公共服务产业的边界内包括这样的企业，它们参与相关物品和服务的生产与供给，其技术与生产方法相似，由一组确定的个人共同消费。

学者们常用金字塔把适用于政府组织的关系模式可视化。金字塔顶端占据着某个权力中心，它行使统治特权，在做出政府决策时有最后的决定权。不过，对于公共服务产业的组织间结构的可视化，矩阵更为适合。[16] 在矩阵中，集体消费单位为纵列，生产者组成横列。供给者与生产者在一个特定服务中的具体安排，如公路部门和一个私营道路建造公司间的合同，可列入矩阵的栏内。一旦组织要素以这种方式排列起来，对这个结构就有可能发展出定量测量，用来预测产业参与者面对的激励及其可能的行为。为精确比较以不同方式组织起来的公共服务产业的绩效，必须发展出测量方法让属性量化，如有关不同供给者以及生产者的数量，或者在不同结构中的某个公司或政府单位全部供给或生产的占比。

第四节　结论

农村基础设施的开发是一个复杂的现象，基础设施的许多属性使得个人难以有效率、有效果地设计、建造、运行和维护它们。许多问题单纯地源于这一事实，即基础设施本身生命周期很长，用户环境可能发生了变化。因此，有关其最初设计和随后维护的决策极难达到完善。

由于发展中国家大部分农村基础设施的可持续性在很大程度上受到公共部门决策的影响，所以甚至会产生更大的问题。我们同意，公共部门往往有很好的理由介入农村基础设施供给。但是本章表明，赞成公共部门从事生产的观点不是很有说服力。

至少一些农村基础设施，与其服务供给有关的属性包括非排他性、不可分性和测量问题。当存在一个或多个这样的属性时，就有有效的理由预期，如果要提供这一物品，就必须有某种形式的集体供给安排。[17] 但是正如以前探讨的，当公共部门供给是有保证的时候，会强烈刺激个人从供给决策中寻求租金或不劳而获的私人利益。

生产过程的性质也影响集体决策而非纯粹私人决策的可取性。如果在一个生产过程中能获得相当程度的规模经济，就像发电一样，公共部门就有必要参与此过程以避免与垄断生产相关的福利损失。同样，如果资产使用高度专门化，也许就需要集体所有。我们最终认识到，资产老化得较慢，尤其如果是集体供给的话，人们就会产生延缓维护的强烈动机。[18]

认识到不是所有农村基础设施都拥有同样的供给和生产属性很重要。因此，我们不能对所有农村基础设施的长期可持续性做一般性表述。而且，如后面章节中将要强调的，用于供给和生产基础设施服务的制度安排影响着设施的可持续性。

以农村公路网和小型灌溉设施为例。发展中国家的单个小农不可能愿意或有能力自己生产此类设施。相反，这个农民会发现，和他人一起联合起来提供此类物质设施的建造与维护，是有利可图的。当然，没有理由认为，此类设施生产与维护的所有方面必须以同样的方式提供。每个设施的设计可能都要求规模经济或需要特殊资产，比如经严格培训的土木工程师，而这些在低收入国家常供给不足。如果目标设施足够简单，或仅是现有设施的复制品，则完全可以由使用该设施的当地人来设计。与此类似，高质量的项目建造可以不需任何类型的外部援助，完全通过当地投入来实现；但另外一些设施也许需要高度专业化的建设投入，如重型机械，而这是地方不易弄到的装备。

本章所详述的特征，可能对集体调动必要资源、将它们分配给维护活动的意愿与能力有着最深刻的影响，正如我们在最后一章要强调的，基础设施的特征和它们提供的服务，对那些试图设计不同的制度安排以提供农村基础设施的人，提出了各种各样的挑战。

就地方乡村路网来说，道路通常损坏很慢，而且即使损坏，对大多数使用者来说，附加的运输成本也可能相对很小，以致没有一个使用者会认为进行维护对自己有利。即便是一小群道路使用者，如果他们认为，他们努力得来的收益将惠及该群体以外的使用者，主干道路网的情况也是一样，他们可能也不愿承担必要的维护工作。[19] 通常很难监督与测量道路使用情况，这一事实加剧了乡村道路维护的难度。甚至资源筹措技术如汽油税，也无法适用于由家畜拉货的车主，而这些车常对乡村土路路面造成很大损坏。

第四章　农村基础设施的供给与生产

与具有很强公益物品属性的农村道路的使用者不同，小型灌溉设施的使用者，在确保水持续在系统中流动方面，具有明确的利益。尽管由淤泥阻塞导致的灌溉系统的老化并不是很迅速，但居住在渠尾的人可以很快就发现水流减慢了。由于他们的全部生计受到威胁，农民倾向于愿意贡献资源以确保有足够水流。如果灌溉系统服务于小规模的相对同质性用户，很可能所有人都会认为集体维护系统的方式对己有利。所有人都会认识到灌溉用水是一种完全可减少的资源。

如果灌溉系统或其他基础设施规模很大，为许多人提供服务，对个人来说，"搭便车"可能就很容易，并且希望他人能维护系统。如果设施是由"政府"提供的，情况更是如此，人们会预期，公共资源会被用来维护设施。在这种情况下，只有精心设计制度安排才能克服忽视维护的动机。我们将在第十章回到这个问题，即拥有众多参与者的大型基础设施，与有较少参与者的小型基础设施，它们产生的问题有何区别。

【注释】

［1］对这些概念的早期探讨，见：Musgrave 1959；V. Ostrom, Tiebout, and Warren 1961。对这些概念的应用，见：E. Ostrom, Parks, and Whitaker 1978；ACIR 1987, 1988；V. Ostrom, Bish, and E. Ostrom 1988。

［2］在美国，一些社区用单一目的基金为服务提供资金，有些社区则用一般基金进行资助。有证据表明，专项基金管理者对长期成本（包括维护）更敏感，而一般基金则更关注管理过程中面临的直接预算约束。夏普（Sharp 1986）认为，这种区别的部分原因在于，专项基金会计要求资产折旧申报。

［3］这是由马斯格雷夫（Musgrave 1959）与其追随者所主张的经典的市场失灵观点。

［4］规避责任的激励与"搭便车"的激励密切相关。规避责任是物品生产者所用的策略，"搭便车"是物品消费者所用的策略。当由相同个人既供给又生产并维护同样的基础设施时，就难以对二者加以区分。

［5］在一些情况下，严格的私人安排就能克服"搭便车"问题，俱乐部理论就是在分析此种情境中发展起来的（见 Buchanan 1965, Sandler and

Tschirhart 1980，Cornes and Sandler 1986）。

　　[6] 利维（Levi 1988：52-53）考察了这些问题，他强调税收缴纳的"准自愿"性质。之所以是自愿，是因为纳税人选择了纳税。之所以是准自愿，因为不纳税者若被抓住，则必须服从强制课税。自愿服从也受纳税人信心的影响，即决策者会实际提供已付费的服务，其他选民也要纳税。

　　[7] 在科技文献中，这个属性具有许多名称，包括消费的可分割性与共同性。然而，在较低水平使用时，产生可分用量单位的设施可能不被认为具有竞争性，因为潜在消费者仍能得到许多用量单位。当对可分的用量单位的需求增加时，竞争就产生了。

　　[8] 英亩/英尺（acre-foot）指占地一英亩、深一英尺的水的容积。

　　[9] 见哈里斯（Harriss 1977）对斯里兰卡灌溉工程缺乏有效分配规则与维护的描述。佩雷拉（Perera 1986）和乌普霍夫（Uphoff 1985a，1985b，1985c）描述了为改变斯里兰卡加尔奥亚（Gal Oya）项目中的制度结构和农民间基本关系所做出的重要努力，这个项目极大地逆转了曾经的水文上的噩梦。

　　[10] 近年来，印度尼西亚福利部不断要求村民对其所扶持的水利工程贡献建造和维护费。1988年，福利部发起一项5年引水工程，要求参与社区支付100%的建造与维护费，包括熟练与不熟练劳动力、本地与进口物资及装备费用。到1991年6月，有55个社区同意参加项目，23个水利委员会正在运行，16个系统已经完工，另外18个系统在施工中。评估者认为，这些工程是实践中最为成功的社区水利系统开发事业（McGowan, Rahardjo, and Ritchie 1991）。

　　[11] 水利专家通常怀疑用10%或15%的贴现率来评估效益和成本流的有效性。这可能是由于"急于获得收益，偷工减料以降低早期成本，无视巨大的后期产生的收益与成本……最糟的是，常常欺骗性操纵预测，以保证项目的计算产生最小的报酬舍弃率"（Carruthers, 1988：25）。

　　[12] 大开发商进行寻租的一种形式是，鼓励全国政府建立大型开发机构，为以前不发达地区的大规模开发提供道路和其他设施。许多这类项目都涉及税收优惠，在这种情况下，这类项目无论在经济上还是在环境上都是无法持续的。埃米利奥·莫兰（Emillio Moran）最近说明了在亚马孙创建大型开发机构（SUDAM）与地区发展银行（BASA）所带来的效果，戏剧性地描述了由此引起的负激励：

　　　　建立大型开发机构与地区发展银行，可以把50%的个人和社团所得税应纳税额投资到得到批准的开发项目上。开发商不仅免于向联邦政府交税，而且每投资 1 元，他们就可以从应纳税额中获得 3 元。他们能够持有全部 4 元，而且资本利得是免税的。……亚马孙盆地东南部的多数森林开发都可追根溯源于这项特定政策。

不仅是免税期与津贴本身具有吸引力，而且被大型开发机构批准的项目中的大多数是广大的牧场。在 20 世纪 70 年代，森林以大约每年 0.8 万～1 万平方公里的速度变为草原。到 80 年代后期，上升到每年 2.5 万平方公里……

一个冒充的大约 2 万英亩的牧场，要接受 75% 的津贴，这证明，只有获得充分的免税期，畜牧活动才有利可图。若不如此，则牧场无利可图，只能通过过度放牧获得正的内部收益率。(Moran 1992：8—9)

[13] 由于要求实现配置效率的边际成本定价规则未能覆盖公用设施的总运行成本，所以仍有问题发生。

[14] 然而，统一的设计也可能是无效率的。例如，在各个地区可以利用各式各样的建筑材料的国家，如果各地条件造成水泥价格比其他建筑材料例如木材更昂贵，那么为所有学校提出单一的设计要求，都建成混凝土学校，就没有什么意义了。

[15] 有关修路的各种技术的探讨见：Swaminathan and Lal 1979。

[16] 有关利用矩阵来衡量多中心组织间的结构的例子见：E. Ostrom，Parks，and Whitaker 1974，1978。

[17] 我们认为，这一点也有例外。例如，如果道路几乎没有什么交通量，但对于单个用户来说用处很大，他可能就愿意提供这条道路，并不试图阻止他人使用。在这个例子中，从"公益"物品所获得的私人效益超过了成本，而且为未付费者带来额外的非补偿性效益。

[18] 维护私人基础设施的负激励，远远小于集体提供的基础设施，因为私人所有者知道，若没有足够的维护，他们的投资将急剧贬值，而且他们要承担全部成本。因此，在许多缺乏公共基础设施维护的发展中国家，发现车辆、房屋或牲畜的私人所有者精心照料着这些资产，是毫不奇怪的。

[19] 在孟加拉国，小型道路用户团体，尤其是公共汽车所有者，都愿意投资于道路维修，此时团体成员认识到，他们个人从改善道路中获益匪浅（见 Connerley et al. 1989b）。

第五章 制度绩效评估

111　　在前两章，我们已经了解到，在农村基础设施开发中，普遍存在反向激励。如果没有有效的制度起抵御作用，农村基础设施的供给与生产可能会产生严重问题。当许多具有不同偏好、资源和利益的个人卷入与基础设施的开发和维护有关的决策时，会产生交易成本，第三章重点分析的就是这种交易成本的类型。第四章解释了供给和生产共用基础设施的属性是如何使决策过程进一步复杂化的。所有这些问题综合在一起，极易造成基础设施由于多种原因而得不到维护。

　　从第六章到第九章，我们将分析替代性制度安排，设计这些制度安排旨在降低一种或更多的交易成本，并消除前面章节提到的由物品属性所造成的不良影响。无论如何，为了评价这些制度安排的绩效，有必要详细说明一组评价标准，这正是本章的任务。

　　首先我们解释用以评估制度绩效结果的综合绩效标准：效率、公平（包括财政平衡及再分配）、责任及适应性。显然这些标准之间存在利弊权衡，不同制度安排的结果，在每一个标准上都能产生较高或较低的得分。我们认为，这些标准显著地影响基础设施投资的可持续性。

　　维护基础设施的成本显著依赖于它所运用的制度安排。例如，如果一种制度安排没有提供激励机制去监督承包商的绩效,以利润最大化为目标和机会主义的承包商,就可能以生产不合格的基础设施来逃避自己的义务。结果,这类基础设施的老化速度将比设计者预想的要快。

既然交易成本在确定与替代制度安排相关的激励机制类型方面起着关键作用,在分析制度安排时,就有必要对这些成本做详细研究。我们认为,研究一组中间绩效标准非常重要,它们共同构成了与具有公益物品特征的基础设施供给与生产相关的转换(生产)和交易成本。本章第二节将探讨中间绩效标准。

本章最后一节将总结我们的探讨,并解释如何在以后章节运用这一整套标准。在本章以及本书余下的部分,我们应当始终在头脑中保持这样一种认识,即制度安排类型的改变通常会降低某些交易成本而增加其他交易成本。制度安排的改变所产生的净效应是正的、负的还是中性的,取决于几种效应的成本与收益是如何平衡的。

第一节 综合绩效标准

当考虑与农村基础设施的供给和生产有关的替代制度安排时,把维护基础设施看成所追求的唯一的目标,这种想法或许是诱人的,然而却是错误的。一些设施仅仅是不适应它们被建造的环境,不应该得到维护。例如,如果产生重大的环境危害,这一设施所带来的收益可能低于其建造成本和环境成本,即使在计算设施的运行和维护成本之前,这一项目就已经是不可持续的。对于能够带来可持续发展的制度安排,有必要考虑许多目标。我们重点分析五个方面:经济效率、通过财政平衡实现公平、再分配公平、责任和适应性。

一、经济效率

经济效率是由与资源配置及再配置相关的净收益流量的边际变化

决定的。如果经济运行有效,任何资源再配置都不会在不使其他人状况恶化的情况下增加某些人或某个群体的利益。这一概念当然与农村基础设施的可持续性紧密相关。只有当基础设施的运行和维护所带来的收益超过其全部的直接和间接成本时,这个项目才具有可持续性。事实上,一项设施的运行维护所需要的资源超出了能从中获得的利益时,最好还是让它就这样老化下去。

效率概念在收益与成本估算或投资回报率估算的研究中起中心作用,它常常被用来确定基础设施工程项目在经济上的可行性及可取性。经济效率也为细致研究前两章所处理的问题提供了一个基本理由。正如第四章所揭示的,政府在竞争市场中进行干预的一个主要原因是公益物品的存在,一个私人市场通常不能有效地分配具有公益物品属性(非排他性和不可分性)的物品。同样,像规避责任这样的机会主义行为可能导致无效率的资源配置。因此,当考虑替代制度安排时,对影响参与者的规则的修改将如何改变他们的行为及资源配置进行考察,具有关键的意义。

最后,基础设施开发的替代融资手段对资源配置可能有不同影响。几种征税及收费手段对行为产生非中性的影响。一方面,而且由于采纳的特定的税或费能够影响接下来的资源配置,它可能会使一个社会的总福利改善或恶化,并影响经济效率。例如,如果征税能够抑制那些产生令人不快的外部性或副作用的活动,就会产生更高的经济效率,对酒类征税就是一个例子。另一方面,如果产品价格已经精确反映了社会消费此类产品的成本,税收诱导下的价格变化——它也反过来会改变消费者与生产者的决策——会导致社会福利的净损失。实际上,类似问题是公共财政研究的核心。[1]

二、公平

判断制度是否产生了可持续的资本基础设施,经济效率并非总是那个唯一的标准。公平对待所有人往往同样重要。然而,判断公平或公正的方法有很多。衡量公平有两个主要方法:(1)以个人所做的贡献和他所得到的收益之间的平等为基础；(2) 以不同的支付能力为基础。我们将依次考察这两个概念，并在对整个制度安排的综合评估中运用它们。

财政平衡。构成交换经济之基础的公平概念认为，谁从服务中获益，谁就应该承担该项服务的财政负担。谁获益较多，就要付出较多。这个概念本质上表现出的内容是，公共服务收益与提供该服务的成本之间的财政平衡。[2]

对财政平衡或不平衡的理解，影响到个人对农村基础设施开发和维护进行付费的意愿。一方面，如果基础设施的使用者感觉到，他们被要求付的货币或非货币资源，与处于相同环境下的其他用户有明显差异，他们就会不太愿意照做。因此，当纳税人发现或觉察到他们的某些邻居没有缴纳地方税，他们也可能决定不缴税，最终导致过低的纳税率。另一方面，劳动的实物贡献，作为农村基础设施建造和维护的"资金"，这是所有人都能看到的。因此，对参与者来说，如果使用了这项资源筹集技术，而不是将货币形式的应付款项加于使用者，就会比较容易监控财政平衡。在参与者读不懂也无法理解财政账目时尤其如此。

再分配。在财富分配严重失衡的发展中国家，将资源再分配给比较穷的人的政策是相当重要的。效率准则要求稀有资源应当用于能生产最大净收益的地方，公平的目标则可能影响这一目的的实现，导致开发特别惠及贫困群体的设施。同样，再分配的目标可能也会和实现财政平衡的目标发生冲突。只有那些比较富裕的个人才有必需的资源贡献出来，能充分反映他们从使用基础设施中所收获的利益。

再分配目标常常被描述为低收入国家基础设施投资的基本原理，正因如此，这类活动通常都得到补贴。不过，认为穷人是补贴服务的主要受益者，做这样的假设需要谨慎。实际上，已有人断言，"从免费服务中受益最多的常常是中产阶级和富人，而不是穷人"（Akin，Birdsall，and de Ferranti 1987：27）。而且，收入再分配的目的常常被那些从事寻租活动的人用来使公共部门的活动合法化，这些活动事实上使那些不那么有需求的人获得了不相称的收益。

有关公平的这两种观点对于制度安排的公平性可以带来相当不同的结论，特别是在有关提供物品与服务的制度安排方面。例如，如果一台水泵为所有使用者提供收益，那么收益或财政平衡原则要求，每个使用水泵的人应当支付与他们使用设备相关的边际成本。但是根据支付能力的原则，这样的收费可并不合适，因为这样做会减少低收入个人使用水泵的机会。这种观点表明，该项服务应该通过其他方法得到补贴，但这些方法反过来也有其自身的公平内涵。

三、责任

我们也强调政府官员在有关公共设施的开发与使用上对公民负有责任。如果责任缺失，第四章讨论过的供给决策可能会在没有考虑最终用户愿望的情况下做出。此外，缺乏责任，行动者就能成功地进行第三章所考察过的各种策略行为。最后，没能让政府官员承担责任，结果可能是建造了不适当的农村基础设施。

有关使用稀缺资源的责任常常得到最多的关注，在设施资金来源于资助的情况下，尤其如此。没有适当的责任，目标群体不可能得到资助项目所带来的收益，资源可能更容易被浪费。

许多政策分析假定制度安排能够促进责任。这些政策分析主要关注效率和公平的绩效目标。然而，发展中国家常常缺乏竞争性选举、新闻自由和独立的司法制度，在这样的国家，确保政府官员负起责任尤其困难。

实际上，责任目标不一定要与效率和公平目标发生激烈的冲突。确实，实现效率需要决策者能够获得有关公民偏好的信息，实现责任也是同样。有效聚集这类信息的制度安排，有助于实现效率，同时也有利于增进责任并促进再分配目标的实现。

四、适应性

最后，除非制度安排能对变化的环境做出反应，否则基础设施的可持续性也可能遭到破坏。发展中国家的农村地区常常面临着自然灾害以及高度本地化的特殊环境。如果制度安排过于僵化而无法处理这类独特情况,它很可能无法促进繁荣。例如,如果灌溉系统是被集中控制的,且只能分派一定量的资源用于年度的和阶段性维护,而大洪水造成了一部分渠道系统的损坏,它可能就无法满足这类的特殊需求。更多受地方控制的制度安排有可能会预见到这种紧急情况,预留一部分资金,预先制定规则,使它能够对这样的危机做出适当的回应。

资源筹集工具的适应性同样也是人们想要的。一种工具应该具有足够的适应性,能在不断变化的经济条件下动员资源。在这一点上特别重要的是,货币形式的税费应当能够产生收入,去面对基础设施的需求不断增加的情况,或者回应由于通货膨胀运行成本不断增加的情况。必须经过明确的政策决策才能改变的收税或收费,与能够随物价提高、地区经济增长以及公共服务使用者增加而自动产生相应额外收入的收入工具相比,后者更具有适应性。

五、标准的权衡

当将各种不同绩效标准作为选择替代制度安排的基础时,进行权衡常常是必要的。这一方面尤为常见的是在效率目标与再分配公平目标之间的选择。[3] 尽管在许多情况下我们并不对再分配的重要性提出质疑,但本书的重点是资源的有效配置。实际上,这个目标并不必然与分配目标冲突。基础设施投资针对的可能是社会的特殊人群,例如穷人中最穷的人,这些设施仍然需要这样运行,以便目标群体可以从投资中获得最大可能的收益。虽然任何有关效率和公平间权衡的最终决策必须由每个国家的公民和官员做出,但相对于缺乏对稀缺资源投资的有效性的关注而言,从目标投资中获取最大回报,仍然更为可取。

另一个权衡问题最为明显地出现在考虑为基础设施维护提供资金的替代方案时。对现有基础设施使用在经济上的有效定价,应该只反映递增的维护成本以及与其使用有关的任何外部或社会成本。这就是有名的有效定价规则，它要求价格等于收益的边际成本。在物品具有不可分性的情况下，这尤其会产生问题。在这种情况下，增加一个该物品的使用者的边际成本为零，因此有效价格也是零。

以乡村道路为例。由于乡村道路的拥挤成本可能为零，假定这样的收费管理具有可行性，经济上有效的用户收费应当仅等于与每个增加用户有关的边际维护成本。征收超过边际维护成本的费用，会将对道路的使用限制在经济上有效的水平之下，达到的经济收益会是次优的。[4]

然而，在低收入国家中，许多公路维护只是要求减缓由于日积月累和气候变化引起的老化，总维护成本要显著地高于仅仅由于交通带来的维护成本。这就意味着按照有效价格收费——这一价格等于与使用有关的边际维护成本——所产生的收入，会低于维护道路所需要的总成本。因此，有效定价导致收入不足，建立在使用基础上的充分定价又导致公路无效的低度使用。如果要采用有效定价，必须找到某种替代性的渐增收入，以产生所需的附加资金。[5]

尽管有可能产生经济效率的潜在损失，我们仍然认为，用户价格有时候设置得高于与使用有关的边际维护成本，是有充分理由的。第一，从实际观点看，使用费用可以将付费与收益联系在一起，实现财政平衡。第二，从纯粹理论角度看，人们必须承认，在一部分经济中坚持边际成本定价，并不意味着经济的总配置效率将得到提高。这一概念就是我们所知道的次优理论（Lipseiy and Lancaster 1956），它限制了有关经济效率的理论结论在以大量市场失灵为特征的经济中的普适性，市场失灵包括大量行政定价、广泛的部门补贴以及大量的非竞争因素。理论表明，零碎的（单个部门的）分析工作不能完全依赖最优配置原则，或在经济的其他部分所观察到的价格，去评估该部门或研究领域的效率结果（Friedman 1984：415）。

根据这些重要的权衡，我们提出以下实用建议：如果基础设施维护收益超过成本，那么首先应该确定的是，资源筹集工具或各种工具组合能否产生足够的资源,以满足支付管理费用后的所有成本。如果这一标准可以通过几种工具达到,那么将所产生的资源和所得到的利润紧密联系在一起的工具,应该被认为是非常适当的,因为根据所得到的收益,它们是公平的。如果再分配关注很重要,必须做出努力确保那些完全没有能力支付所有成本的人能获得得到补贴的服务,而且要避免造成永久性的依赖。

第二节　中间绩效标准

对供给和生产具有不同特点的物品和服务的制度安排绩效进行系统比较,是近来发展起来,并仍在不断演进的研究领域。[6] 在交易成本为零的新古典经济学的环境下,人们很容易证明,完全开放的竞争性市场,推动生产者将土地、劳动和资本结合起来,以尽可能低的单位成本生产私益物品。与此类似,可用资源一定的情况下,消费者获得和购买到的是最优的商品与服务的组合。因此,与供给和生产私益物品的其他制度安排相比,开放、竞争的市场将产品成本保持在尽可能低的水平上,且把物品分配给那些对他们来说拥有最高边际价值的人。这样就实现了经济效率和财政平衡的双重目标。然而,尽管市场为创造财富提供了大量激励,但如果没有某种补贴,市场不会将现有资源从富人那里再分配给穷人。这就是说,市场并非一个能达到再分配目标的制度设计。

如果涉及第三章讨论过的各种交易成本的话,比较制度安排的绩效会成为一项更复杂的任务。除了生产成本以外,交易中涉及的协调、信息和策略成本也要加入分析。当交易成本分析与生产成本分析结合起来时,一些先前被误解或被认为是无效的制度安排会得到比较正面的评价(见 Williamson 1985)。进一步说,交易成本经济学家并没有得出结论认为,市场总是最优的制度安排,甚至对于私益物品来说也是如此。[7]

如果将通常由公共部门提供的物品与服务的特征包括进去，情况会变得更为复杂。因此，为了系统比较用来供给和生产农村基础设施的不同制度安排，必须将更多的实质性变量纳入考虑范围。生产成本与交易成本都可以用作评估绩效的中间标准。这类分析的结果可以在前面讨论过的五个综合标准基础之上，对制度安排进行评判。

如何用综合标准对制度安排进行对比评估确实是一个挑战。因为这些准则需要将所有成本和所有收益进行概括，所以只有非常详细的研究才能得出效率、公平和责任的大致数据。因此，在试图理解比较制度绩效时，对中间成本之间的可能权衡进行分析性考察是有价值的。

在本节的余下部分，我们将概括不同类型的成本，在本书后面章节，它们被用来作为比较制度安排的中间标准。遗憾的是，所使用的术语给我们带来了一点麻烦，因为要同第四章的讨论保持一致，就有必要研究农村基础设施的生产和供给。这里，对于从一系列投入创造出产出的成本，我们不使用更常用的生产成本这一术语，而是用转换成本指这一活动，这是因为，实际上生产包含了将投入"转换"为产出（见 North 1990）。在基础设施决策的供给和生产方面，我们还要考虑其交易成本。

一、供给成本

提供物品和服务既包含转换成本也包含交易成本。在私营部门的制度安排中，这些成本常常被忽视，因为其大部分是由消费物品和服务的人来承担的。在很大程度上，承担成本的人控制他们在供给活动中的投资。[8] 通常情况下，公共部门供给成本比它们初看起来要大得多，这些成本常常在许多不同地点被记录下来，并且很难鉴别和测量。关于供给，我们将区分转换成本和交易成本，并界定如下：

- 转换成本：包括下列活动的成本：（1）将公民对结果的偏

好及其支付意愿转化为对公共部门提供的一揽子物品和服务的明确需求；(2) 安排对其的融资与生产；(3) 监督生产者的绩效；(4) 规范消费者的使用方式；(5) 强制遵守税收和其他资源筹集手段；

● 交易成本：与协调、信息和策略行为相关而增加的转换成本。

转换成本是与共同提供的物品和服务的供给有关的费用。这样，转换成本直接受到所涉及的物品和服务的特征，供给单位的规模，在聚合利益、安排筹资和生产、监督生产者、规范使用者及强制服从方面所使用的技术等因素的影响。试图抵消与策略行为有关的激励，其结果所引起的就是供给方面的交易成本。

我们把供给方面包含的交易成本区分为三个类型。

● 协调成本是投资在协商、监督和实施协议方面所花费的时间、资本和人力成本的总和。

● 信息成本是指搜集和组织信息的成本，以及由时间、地点变量和一般科学原则的知识的缺乏或无效混合所造成的错误的成本。

● 策略成本是指由于个人使用不对称分配的信息、权力及其他资源，以牺牲他人的利益为代价获得收益，从而造成的转换成本的增加。与供给活动相关的最常见的策略成本是"搭便车"、寻租和腐败。

和转换成本一样，供给的交易成本受所涉及物品和服务的特征，供给单位的规模，用于利益聚合、监督、规制、制定政策的技术方法，以及用于管理交易的特殊规则等因素的直接影响。

认识到大部分成本之间甚至各类成本之间存在利弊权衡是非常重要的。例如，要降低由时间与地点变量信息的不足造成的错误成本（比如由灌溉工程设计人员对当地状况缺乏了解而造成的导流设施的直接破坏），需要投入资源以获得有关当地状况的较好信息。因此，正如图5-1所示，时间与地点信息的总成本包含两方面内容：由信息不足造成的错误成本与获得和使用信息的成本。

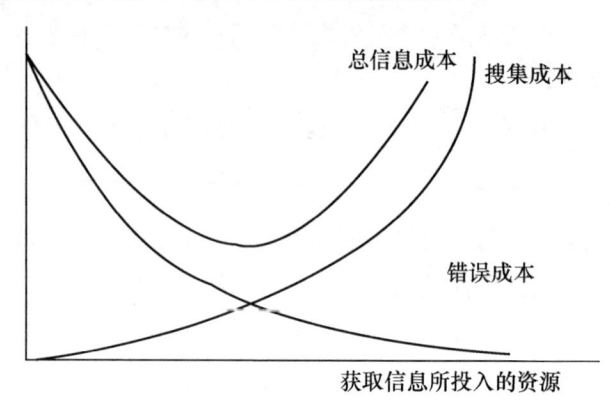

图5-1 信息成本的构成

在人们能对错误成本和研究成本做出精确评估的环境下，有可能做出获取信息的最优投资方案，以使新获得信息的边际成本正好等于减少错误的边际收益（类似的评论见 Lee 1989：5）。但是，基础设施开发的参与者很少拥有如此完备的关于成本的信息。因此，我们不能假定所做出的是最优投资方案。相反，我们必须假定，时间与地点信息总成本的水平和类型是随着物质领域和制度安排的不同而变化的。因此，有多年利用河水灌溉土地经验的农民，可以掌握有关河水在每年不同时期的流速以及田地中土壤类型的详细情况。这种时间与地点信息是作为其他活动的副产品而获得的，在搜集此类信息的活动中无须投入多少资源。当这些农民进行设计、建造和维护活动时，时间与地点信息的总成本很低，由特定地点信息不足造成的错误成本和获得信息的成本相对来说都很低。

国家部门的雇员获取时间与地点信息的成本，远比由当地民选官员获取信息的成本要高。除非这些官员被安排在一个特定地区工作很长时间（这种事情很少发生），且他们有较高的积极性搜集信息，否则此类信息就不可能作为日常工作的副产品而获得。因此，我们能够认为，在国家官僚机构中，由于时间与地点信息的缺乏而造成的错误成本是比较高的。另一方面，我们也能预期，国家的官僚部门获取相关科学信息的成本要低于农民管理灌溉系统的成本。集权部门可能拥有熟知现代科技信息的受过良好训练的工程师作为员工，而当地农民则没有这样的信息。

认识到中间成本之间存在权衡，是比较制度分析的基本内容；将所有成本降低为零永远都是不可能的。因此，如果一种制度安排根据某个中间标准在某方面的成本较低，它很可能在别的方面成本较高。关键的问题在于，从一种制度安排转移到另一种制度安排，替代性的制度安排之间的差异仅仅是相互抵消了，还是获得了效率上的净收益。

二、生产成本

在基础设施开发的生产（包括设计、建造、运行和维护）方面，我们也区分了一般转换成本和交易成本。针对生产，我们做如下定义：

- 转换成本是将投入（土地、劳力和资本）转化为产出（一项基础设施的设计和建造或者其运行和维护）的成本；
- 交易成本是与协调、信息和策略成本相关的转换成本的增加。

转换成本是用投入创造产出的直接成本。这些成本的高低受到所涉及物品和服务的特征、生产规模和采用的技术种类、包括它是否容易损坏的直接影响。另一方面，交易成本来源于为实现协调、收集与分析信息和抵消各类机会主义行为所采取的措施。和供给的情况一样，我们确定出三种交易成本：

- 协调成本是投资在协商、监督和实施协议方面所花费的时间、资本和人力成本的总和。
- 信息成本是指搜集和整理信息的成本，以及由时间、地点变量和一般科学原则的知识的缺乏或无效混合所造成的错误的成本。

● 策略成本是指由于个人使用不对称分配的信息、权力及其他资源，以牺牲他人的利益为代价获得收益，从而造成的转换成本的增加。与生产行为有关的最常见的策略成本是规避责任、腐败（或欺诈）、逆向选择和道德风险。

同样，交易成本受到所涉及物品和服务的特征、生产规模及所使用的技术的影响。用于管理交易的特定规则（所使用的制度安排），也将在很大程度上影响这些交易成本的范围。虽然可以单独分析，但交易成本在常规情况下仅仅是作为企业的转换成本或生产成本的一部分被记录下来的。在组织生产的公司、机构内部或者生产企业之间，分配给交易的时间和人力有很大差异，即使在生产同种产品且使用同样技术的情况下也是如此。

第三节 结论

本章叙述了能够据以评价替代制度安排的五个综合绩效标准。这些标准包括经济效率、公平的两个指标（财政平衡和收入再分配）、责任和适应性。这些目标，特别是效率和公平，几乎通用于对所有公共政策的评估。但是我们并没有仅仅关注这五个标准，相反，我们认为，由于替代制度安排的复杂性，考虑另外一套中间绩效标准是非常有用的。这些标准尤其关注花费必要成本，去减少机会主义个人所进行的各类策略行为。

在下面章节中，我们将运用全套综合绩效标准和中间绩效标准去评估各种制度安排。我们将特别考虑表5-1上半部分所列出的每一个中间绩效标准和下半部分所列出的五个综合绩效标准。我们将精确地说明，根据某些标准，替代制度安排如何带来了好处，而根据其他标准又如何产生了不利的后果。

表 5-1　用于判断替代性制度安排之比较绩效的标准

中间绩效标准，供给成本
转换成本
交易成本
　协调成本
　信息成本
　　时间与地点
　　科学
　策略成本
　　"搭便车"
　　寻租
　　腐败

中间绩效标准，生产成本
转换成本
交易成本
　协调成本
　信息成本
　　时间与地点
　　科学
　策略成本
　　规避责任
　　腐败
　　逆向选择/道德风险

综合绩效标准
效率
财政平衡
再分配
责任
适应性

【注释】

[1] 关于税收带来的福利成本的更进一步的讨论，见公共财政教科书如：Stiglitz 1986。

［2］财政平衡原则本身已极普遍地用于不同政府应分担的公共服务责任问题，尤其是在联邦政府框架内。如奥尔森（Olson 1969）首次使用了财政平衡这一术语。奥斯特罗姆等人（V. Ostrom，Tiebout，and Williamson 1961）以及奥茨（Oates 1972）使用了类似的"财政协调"（fiscal correspondence）概念。

［3］有关效率和公平权衡的其他探讨，见：Okun 1975，或大多数公共财政教科书，如：Stiglitz 1986。

［4］沃尔特斯（Walters 1986：18）给出了一个简单的实际数据的例子，说明价格高于与使用有关的边际维护成本时所造成的损失。

［5］纽伯里（Newberry 1989）具体说明了英格兰是如何通过收取反映外部社会拥挤成本的道路使用费（主要在城市地区），利用经济上有效的价格，来筹集足够资源，获得充足收入，去维持整个系统的。

［6］科斯（Coase）和康芒斯（Commons）等制度经济学家的研究，可以被认为是市场与企业比较分析的基础性研究；文森特·奥斯特罗姆和蒂伯特（Tiebout）的研究是公共部门比较分析的基础性研究。

［7］《法律、经济和组织》杂志对于这些问题的一个简短评论揭示了所涉及变量和分析的复杂性。

［8］消费者可组成买方合作团体或信息获取团体，以减少与供给有关的个人成本。可能会发生某些"搭便车"行为，非组织成员未付费而获益。随着消费者要求政府机构在保护消费者方面发挥更加积极的作用，私益物品的供给成本开始更近似于公益物品的供给成本。

第六章 制度安排分析

虽然在发达国家和发展中国家都有各种各样的制度安排运行着，但学术界用来描绘它们的词还很少。除了通常的市场-国家或集权-分权的两分法之外，很少有得到公认的词汇描述维护——有时是颇为成功地——农村基础设施的各种制度。只考虑极端的两分法会严重阻碍对社会问题的分析，以及设计和重新设计制度的努力。

本章将分析当代发达国家用来提供和开发农村基础设施的一些制度安排。我们的问题是，三种具体的安排，即单一市场、差异化市场和用户团体，是如何抵消或增加前面章节已提到的中间成本的。

在分析制度安排的结构时，分析家往往要研究其中包含了什么样的参与者、他们的利益和资源是什么、他们彼此之间的互动怎样、他们与世界的联系如何。分析家尤其要识别行为者采取了什么样的行为、他们能得到什么类型的信息、行为如何导致了结果，以及如何根据结果和所采取的行为分配奖惩。分析家在给定激励结构的情况下，预测最可能发生的行为和累积的结果。如果预测的行为和结果能在经验环境中得到证实，分析家就已初步解释了所观察的内容。然后，用前面一章所定义的标准，福利结果就可以得到评估。[1]

第一节 私人开发基础设施的制度安排

在本节，我们考察两种替代性安排，它们可使一组公民-消费者从私人基础设施的开发和维护中受益。这两种安排，即单一市场和差异化市场，因基础设施使用者和该设施的一组潜在设计者、建造者和运行维护者进行互动的方式不同而不同（对我们本章所用的一般模型化技术的讨论，见 Malone 1987）。[2]

一、单一市场

如果一群公民开发基础设施唯一的制度安排是一个单一市场，我们可以想象其供给和生产过程，如图 6-1 所示。每个公民-消费者负责供给，且必须为他/她想承担的每一（以及所有）基础设施项目寻求必要的生产者（包括设计者、建造者和运行维护者）。基础设施的融资通过公民-消费者和相关的各类技工间的一系列等价交换来实现。同样，公民-消费者向相关生产者直接而清晰地表达对各类基础设施设计、建造和运行维护活动的需求。

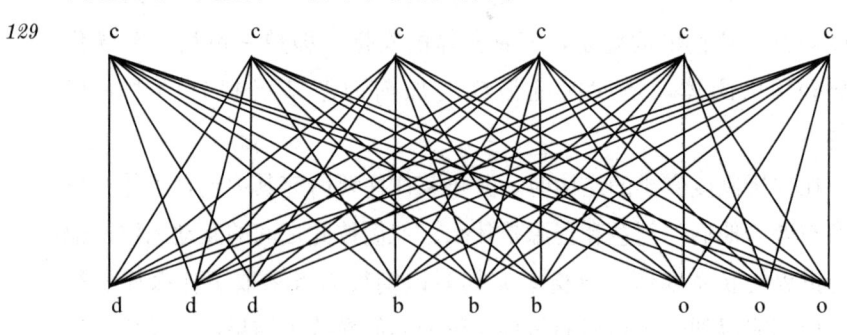

图 6-1 基础设施开发的单一市场

c=公民-消费者
d=设计者
b=建造者
o=运行维护者

这样的单一市场易于被用来组织单个家庭户所用的私人资本投资的供给与生产，例如私人住房。在这种情况下，每一家庭单位对自身的供给全权负责，决定是由自己还是雇用他人来承担这一任务。每个人也可以自由地与可能的设计者协商，寻找建造者并与特定建造者达成协议。最后，一个家庭要么挑选并雇用园丁、管道工、电工和清洁工长期维护房子，要么决定在家庭内部自己生产这些活动。

这一市场所基于的规则相对简单。所有的工匠和公民-消费者都可按自己的意愿成为买方或卖方。没有双方可接受的交换协议，任何人不得占有他人财产。对于单一市场的运行，至关重要的是，要有监督者强制实施财产权，也要有解决财产权纠纷的场域。而且，合同的当事方必须能够确保彼此对自己的行为负责。

二、差异化市场

如果唯一可利用的制度安排是单一市场，那么信息不对称会减少在供给和生产过程中所实际处理的有益的交易量，甚至像住房这样的一种私人投资，也是如此。各个家庭的收入能力和信用水平差异很大。若没有财政制度进行融资、分担风险、以不同形式抵押来保护财产以及识别不可信家庭，许多有关住房的长期交易就不会发生。同样，设计者和建造者的技能、知识、品格以及承担风险的能力也大不相同。创建公司来组合不同工人的技能、监管内部绩效、分担风险、树立声望就是可能发生在私人住房市场内的制度分化。在就信用安排达成一致之前，融资制度可能也会坚持在建造期间进行一定的监督活动。因此，当个人试图提供和进行长期的资本投资时，第三章曾讨论过的由契约不确定性、风险、信息不对称产生的许多问题会推动更复杂制度安排的发展，如图 6-2 所示。

在差异化市场中，每个消费者再也不必亲自去和诸多技工协商。相反，他们可以从较少量的建筑公司中进行选择，这些公司按长期合同雇用技术工人，监督其绩效并尽量树立高效的声誉。一些消费者有可能在大量可选择的潜在生产者和各类金融机构中进行选择，而其他则可能面临较为有限的选择。我们假定生产者和金融机构存在完全竞争，没有人占据垄断地位。除公司外，一些独立的技工仍将继续提供服务。想要大量投资的消费者在建立起足够的信用并提供足够财产以获取贷款担保后，可以从金融机构获得资金。金融机构会检查建造过程以确保满足质量标准。差异化市场的基础性规则使得个人能够抵押财产以交换信用，并获得包括相互责任和义务的长期雇佣合同。[3]

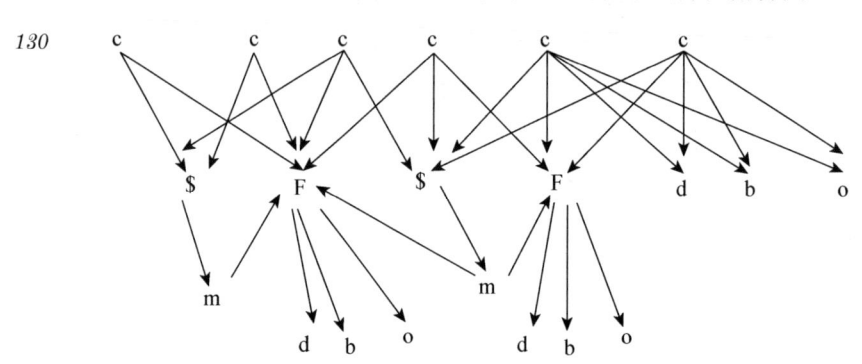

图6-2 基础设施开发的差异化市场

注：c＝公民-消费者　　＄＝金融机构（银行、信用环等）
　　m＝质量监督者　　　d＝设计者
　　b＝建造者　　　　　o＝运行维护者
　　F＝建筑公司

三、比较评估

如以前所探讨的，制度安排的绩效取决于个人试图提供和生产的物品与服务的类型。对于像住房这样的私人资本投资，我们可从上一章第二节所讨论过的供给和生产的间接成本角度对其做粗略的评估。

例如，在供给方面，转换成本在单一市场和差异化市场中都很低，这是因为每个家庭单位都自己决定想要价值多少、何种类型的住房。协调成本在差异化市场中更低，因为一个家庭需要联络的生产商数目已经减少了。在两种市场中，获取有关具体偏好的信息并不需要多少成本。在供给方面若无中介组织（例如消费者协会），在两种市场下个人可能都无法得到有关的科学信息（例如使用某种建筑材料的健康安全性）。"搭便车"、寻租和腐败等问题不会出现在单一市场或差异化市场，因为家庭单位是在为自己安排住房。

在生产方面，差异化市场产生的转换成本可能低于单一市场的转换成本，因为建筑公司可获取个体技工所没有的规模经济。差异化市场的协调成本可能更低，因为完成一个项目所涉及的潜在的联系人的数量更少。无论处于单一市场还是处于差异化市场，个人都可以获得由价格作为中介而传导的准确的时间与地点信息。然而，人们能够推测出，单一市场的技工与差异化市场的公司相比，获得最新科学信息的可能性更少，因为公司更容易也更有实力投资于技术信息的获取。再者，在单一市场中，与逆向选择、道德风险、欺诈和规避责任有关的成本比在差异化市场中更高，因为差异化市场已经特别设计了抵御性制度以减少这些问题。

单一市场的效益总水平可能低于差异化市场，由于缺少了差异化市场中的抵御性制度，许多潜在的有益交易就无法完成。因此，差异化市场更加有效：提供更多的效益，花费更少的成本。在这两种类型的市场中，支付成本的人是投资的主要受益者，不大可能存在再分配。在差异化市场中，银行、公司及监督者的加入，会使供给及生产交易中的所有参与者更加负责。最后，这两种安排都具有高度的适应性。

表 6-1 按照中间和综合绩效标准列出两种市场安排类型的得分状况。根据前面的分析，表格的上半部分每一行的条目代表相关成本或绩效水平：低（L）、中（M）、高（H）。其中低（L）意味着积极的、可取的，因为它代表了这样的判断：中间成本相对较低。通过比较两个竖列，有可能根据每个中间绩效标准，比较两种制度安排的相对优势。

在表格的下半部分，我们按照预期的两种制度安排的综合评估标准概括出绩效得分。我们用数字符号表示对五个总体标准的绩效评估。由于职业化和可抵御机会主义行为的种种制度安排，差异化市场应产生较大的经济效率，因此，表中的 1 代表差异化市场的经济效率，2 代表单一市场的经济效率。每种安排都产生高度的财政平衡，但很少或没有产生分配公平。[4] 同样，两种安排都具有适应性。差异化市场提供了更多的责任,因为在其制度设计中,建立了防范投机行为的安全措施。

表6-1 与私人基础设施的供给和生产有关的制度安排的绩效比较

	单一市场	差异化市场
中间绩效标准,供给成本		
转换成本	L	L
交易成本		
协调成本	H	M
信息成本		
时间与地点	L	L
科学	H	H
策略成本		
"搭便车"	L	L
寻租	L	L
腐败	L	L
中间绩效标准,生产成本		
转换成本	M	L
交易成本		
协调成本	H	M
信息成本		
时间与地点	L	L
科学	H	M
策略成本		
规避责任	M	L
腐败	M	L
逆向选择/道德风险	M	L
综合绩效标准		
效率	2	1
财政平衡	1	1
再分配	3	3
责任	2	1
适应性	1	1

注:L=低,M=中,H=高,L为最好。
　　1=高,2=中,3=低,1为最好。

第二节 公共基础设施开发的制度安排

现在让我们来考察这些制度安排对于共同消费的基础设施的供给与生产发挥什么作用。本章我们聚焦于小型灌溉系统的例子,它可使一小群公民-消费者受益,大型灌溉系统的情况属于下一章的讨论主题。我们通过用户团体来比较单一市场和差异化市场。

一、用户团体

在某些情境下,用户团体形成供给与生产小型灌溉系统的第三种制度安排。这种制度安排的简化表述见图6-3。

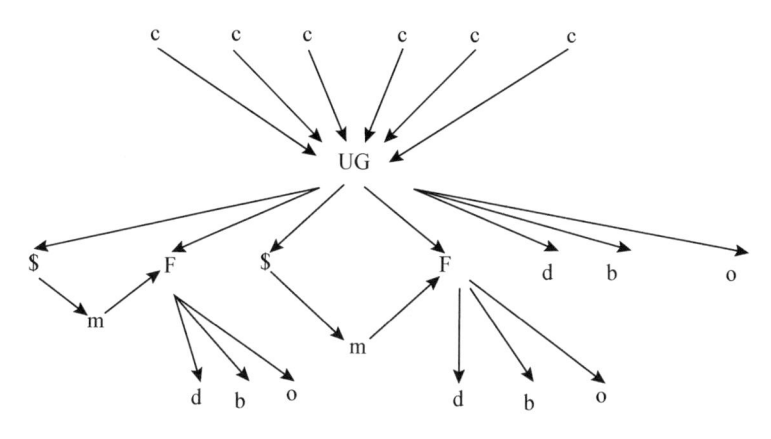

图6-3 基础设施开发的用户团体组织

注:c=公民-消费者　　UG=用户团体　　$=金融机构(银行、信用环等)
　　m=质量监督者　　F=建筑公司　　d=设计者
　　b=建造者　　　　o=运行维护者

差异化市场结构的生产方面仍保持不变,图6-2和图6-3的主要区别是公民-消费者自己的组织本身(供给方面)。以下是构成这样一个组织的规则的概括。一群农民(这种情况下的公民-消费者)决定修建一个灌溉系统,它只服务于在工程中购买了原始股份的公民-消费者,或那些后来购买了用户团体所提供的股份的人。

那些拥有股份的人随后便有了与他们持有的股份数量相同的投票权。用户团体的负责人是通过某种投票规则从团体成员中选出来的。

引水成功后，按股份份额分配水资源。每一持股人必须每年以商品和/或资金形式，为用户团体贡献一定比例的资源。这些资源被用来付酬给运行控制人员和护渠人员，以使水资源能按照大家都同意的方式被分配。如果用户团体集体清理渠道，或者对渠道进行某些日常或紧急维修工作，每个持股人每年还负责贡献一定的劳动力。[5]

治理用户团体运行的规则常常允许团体以适当的方式应对遭受不幸的个别家庭，这个不幸影响到这个家庭履行其维护系统责任的能力。例如，如果比较贫困的家庭，其户主亡故而他的儿子年纪尚幼，用户团体的章程一般要确保死者的责任仍然需要有人来履行。大部分情况下，其他家庭的户主会在一段时间内分担更多的责任，以使这个单亲家庭能分享水资源。有时，这个家庭的责任只是简单地暂缓履行，直到家中的长子长大成人，在工作团体中能代替他父亲的位置。另外一些时候，户主的遗孀或长子也会代替亡者参加集体工作，但会分配给他/她力所能及的较轻的任务。但对一个较富裕家庭的遗孀来说，人们一般会期望她雇用劳动力顶替其亡夫在工作队的工作（例见Benjamin 1989，Development Research Group 1986：110－142）。

二、比较绩效

假定当地的设计者、建造者、运行维护者在技术上完全有能力胜任小型灌溉系统的建造与运行维护，前面叙述的三种制度安排中的每一个都有可能被运用于供给和生产这样的小型系统。一般来说，差异化市场的绩效要好于单一市场，建立于差异化市场之上的用户团体结构有可能表现得更好。对于差异化市场及差异化市场顶端的用户团体组织而言，生产方面的所有中间成本都是相同的，如表6－2所示。

表6-2　与小规模灌溉系统供给和生产有关的制度安排的比较绩效

	单一市场	差异化市场	用户团体
中间绩效标准，供给成本			
转换成本	L	L	L+
交易成本			
协调成本	H	M	M+
信息成本			
时间与地点	L	L	L
科学	H	H	H
策略成本			
"搭便车"	H	H	L
寻租	L	L	L
腐败	L	L	L
中间绩效标准，生产成本			
转换成本	M	L	L
交易成本			
协调成本	H	M	M
信息成本			
时间与地点	L	L	L
科学	H	M	M
策略成本			
规避责任	M	L	L
腐败	M	L	L
逆向选择/道德风险	M	L	L
综合绩效标准			
效率	3	3	2或1
财政平衡	3	3	1
再分配	?	?	2
责任	2	1	1
适应性	1	1	1

注：L=低，M=中，H=高，L为最好。
　　1=高，2=中，3=低，1为最好。

136   与差异化市场互动的个体家庭单位同用户团体的主要区别在于，"搭便车"成本可能较低。只要用户团体能排除不付费者享用灌溉水资源，能监督所需贡献的财力、物力和人力投入，并能强制实施之，使得规则的遵守程度相对较高，用户团体的制度安排就能解决"搭便车"问题，而其他两种市场安排无法做到这一点。[6]

  当用户团体被有效组织起来，尤其是在提供维护活动时，相对不常发生"搭便车"行为。例如，人们很容易注意到没有和大家一起完成当天清理渠道任务的人员。这些人作为团体可信成员的声望将受到负面影响，在小社群中，这种声望非常重要。尽管用户团体用公开惩罚去减少"搭便车"行为，但由于所有成员都对彼此活动了如指掌，并且在此环境中，个人顾及好名声很重要，因此随着人们对此信息知晓得越多，也就导致了"搭便车"行为的减少。

  在供给方面，用户团体的转换成本相对于单一市场或差异化市场而言，都或多或少地有所提高。农民们现在必须讨论各自的偏好并对设计和运行特性及维护策略达成一致。如果农民们的利益一致，如他们拥有大致相同规模的农场、种植相同作物，有相同的宗教信仰，且位于渠尾的人的处境不是太差，协调成本仍相对较低。如果消费者组织起来，而不是各自独立行事，这些成本总会高一些；高多少取决于有关个人的同质性和他们用于聚集偏好的规则。当然，努力协调也会产生收益，即找到解决供给问题的办法。

138   当用户团体为了集体供给组织起来时，寻租和腐败应是很少发生的。基础设施供给所需的资源来自获益的群体，而不是非受益者也做出贡献的公共财政。因此，投资决策伴随着这样的认识，那些投资的人只能用自己拥有的资源，而不能用他人的资源。既然投入资源与收益密切相关，群体就不大可能对新设施过度投资。确实，在这样的情况下，由于收益和成本不能确定，更有可能发生的是投资不足而非投资过度。如果用户团体直接可利用的资源不足以进行投资，并且缺乏必要的信用，投资不足也是有可能发生的。

  只要有集体供给安排，就很可能出现这样的情况，有些个人将投

128

资于可获得不成比例收益的活动,并因而把资源消耗在非生产性活动上。但是在用户团体的成员相对同质的地方,寻租行为就受到严格限制,虽然如此,但如果领导人可以不成比例地分配收益,即便是类似家庭的制度,也会发生寻租行为。[7] 同时,腐败也是最小化的,因为很多用户团体不会筹集大量现金,而现金是腐败交易中最易被利用的资源。如果农民亲自为维护活动提供必需的劳动,并不是通过给官员金钱来雇用劳动者,他们对于如何利用团体资源就有了更强的掌控。当然,农民也可用农作物支付水利官员,让他给自己释放超出规定的水量,但如果农民自己就是运行和维护团体的成员,这种放水和随后的作物交易更容易被他人察觉。

就五个综合绩效标准而言,用户团体的制度安排和任何一种市场安排间的最大差异,主要源于用户团体有能力严格遏制"搭便车"行为。由于两种市场安排都有"搭便车"问题,许多潜在收益都无法实现,除非建立起某种形式的集体供给,可有效惩罚那些不做贡献的人。用户团体进行的供给能有效施加惩罚,因而使更高效率成为可能。许多用户团体的共同规则是按照所获得的利益分配责任,这意味着,相比那两种市场安排,用户团体有更好的财政平衡和相对更少的再分配。在用户团体方面,再分配有可能量身打造得更适合穷人的要求,而不是由于"搭便车"而发生了再分配。坚持公开记录劳动力、其他成员贡献和货币开支的用户团体也增强了供给方面的责任,并依赖于差异化市场中更负责任的生产方的安排。在三种制度安排中,由于消费者与供给和生产决策联系紧密,所有这些安排都具有高度适应性的潜力。[8]

第三节 结论

本章说明了如何运用第五章列出的评估标准去分析替代制度安排。分析表明,在纯粹私人基础设施的开发中,与单一市场相比,差异化市场会产生较高的经济效率。在公益物品的开发和维护中，分析显示，无论是单一市场还是差异化市场，"搭便车"的成本都较高，通过依靠用户团体，这个问题可能得到解决。

由于个人无法完全靠市场制度克服"搭便车"问题，因此，许多分析家建议所有的公共设施由全国政府提供资金。但是，通常制定这样的政策方案时，并没有区分开以下两种设施：一是服务于少数比较确定的人群的设施（例如小型灌溉系统），二是服务于众多而不确定的人群的设施（例如大型灌溉系统和高速公路网）。许多小型基础设施项目是由那些最直接受其影响的人非常有效地设计、建造、运行和维护的，依赖于某种用户团体组织，类似于上文分析过的简化版本（E. Ostrom 1992，Tang 1992）。然而，很明显，当公共设施服务于众多难以界定的受益者时，这种组织供给的方法并不够。在下一章，我们讨论中央集权政府如何有效供给这样的大型设施。

【注释】

[1] 我们所用的制度分析方法见：Kiser and E. Ostrom 1982，E. Ostrom 1986。具体应用见：E. Ostrom 1990，Schaaf 1989，Tang 1992，Wynne 1989，Yang 1987。

[2] 整个探讨中，我们把运行和维护组合在一起以减少复杂性。

[3] 在任何特定情境下，可能会有关于信用、抵押、公司的创建、监督等具体规则。在本节，我们用高度简化的情境和规则结构说明分析方式，它不是人们对某一具体问题展开深入研究时所进行的更详细的分析。

[4] 本章表格中的资料主要反映基于充分信息的猜测，而不是严格的分析结论。以下著作的分析模型已给我们的判断提供了大量信息，并可用于开发更严密的观点：Malone 1987，S. Cohen et al. 1981。

[5] 这里对用户团体规则结构的描述，是尼泊尔和菲律宾许多类似团体所使用规则的简化版（见 Martin and Yoder 1983，Siy 1982，Bagadion and Korten 1985，Coward 1985）。

[6] 无论如何，用户团体必须能够惩罚其成员，方式包括威胁不让用水、

缴纳罚款和/或对不遵守者实行社会性惩罚。

[7] 在一些发展中国家的农村地区，对村庄事务施加不当影响的传统领导人因而成为寻租者。

[8] 许多本土制度，如专栏 4.2 所描述的赞亚拉，拥有大量确保责任的内部机制。如果用户团体是由外部权威创建，且主要依赖货币而非实物资源，可能更难实现责任。

第七章 集权的制度安排

¹⁴¹ 　　在第六章，我们阐述了如何系统性地评价替代性的制度安排，以确定它们在纯粹私益物品和小型灌溉系统的供给与生产方面做得有多好。这一章我们思考的问题是，设计、建造、运行、维护和使用大型基础设施。为此目的，我们必须考察第四种类型的简化的制度安排，即中央集权式的国家政府机构。

　　实际上，在第三世界国家中，农村基础设施投资中相当部分严重地依靠高度集权性质的全国政府加以组织。由于这一原因，本章主要致力于考察一个高度集权的制度安排在完成大型基础设施的建造、运行和维护方面所必需的供给与生产任务时，其绩效表现如何。恰如所料，我们的分析显示，集权安排在某些绩效标准方面得分较高而在另一些标准方面又得分较低。由于政策分析家经常忽略大型基础设施在效率上表现不佳的那些标准，我们认为，多数制度分析的建议——集权制度安排在基础设施开发中起支配作用——是不完备或者不完全的。

　　最后，我们认识到，在许多低收入国家，大部分政府资本开发预算资金来源于"援助"组织的拨款和贷款，它们的名字有一长串。比如，多边组织有世界银行，包括亚洲开发银行、非洲开发银行的地区开发银行，双边援助者包括美国国际开发署等，它们每年都为中低收入国家中广泛的基础设施开发项目提供支持。这些组织一般有权只与受益国的中央政府进行谈判，它们创建了新的制度连带关系，对于成功地进行基础设施开发有着深刻的影响。上述组织的作用是本章最后一个论题。

第一节 集权的基础设施开发

图7-1展示了集权的全国政府的基础设施开发。在这种情况下，生产与供给两方面的组织关系都完全不同于我们在前面一章中讨论过的三种类型的制度安排。在供给方面，不是少数的公民-消费者在两种以市场为基础的环境下独立行动，或者在用户团体的情况下集体行动，而是遍及全国的数量庞大的公民-消费者，他们面临的选择非常有限。这些公民-消费者定期选举专职官员，把专职官员作为他们的代表，对基础设施供给以及许多其他的供给问题进行决策。在两次选举之间，公民-消费者群体可以试着设法影响那些官员，让他们运用其权力为他们的支持者获得想要的收益。在生产方面，另一类官员在政府部委内，通常按照行业部门组织专业化生产机构。

两类官员都是专职人员，他们的职业前途依赖于取悦上级，是上级帮助他们获得职位并且（或者）得到提升。在集权政治制度中官员所面对的这种激励因素可伴之以复杂的负面效应，影响有关基础设施设计、建造的决策，也影响对运行和维护的投资。

在大型中央机构领导下，农村基础设施供给和生产的实际成本，各个项目各不相同，差异极大。为了将讨论集中于我们关注的问题，我们将考察大型灌溉系统在建造、运行和维护方面的激励因素。[1]在诸如道路等基础设施方面的大型投资项目很可能也会产生类似的结果。表7-1概括了有关建造、运行和维护的供给、生产两方面的预期绩效。我们将首先考察生产方面。

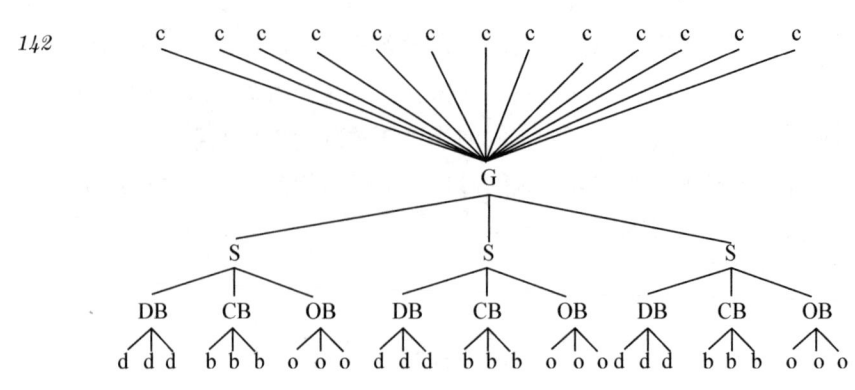

```
         c c c c c c c c c c c c
          \ \ \ \ \ | | / / / / /
                    G
             /      |      \
            S       S       S
          / | \   / | \   / | \
        DB CB OB DB CB OB DB CB OB
        /|\ /|\ /|\ /|\ /|\ /|\ /|\ /|\ /|\
        ddd bbb ooo ddd bbb ooo ddd bbb ooo
```

图 7-1 集权的全国政府的基础设施开发

注：c＝公民-消费者
G＝中央政府
S＝部门（灌溉、交通等）
DB、CB、OB＝每个部门中的设计、建造、运行机构
d＝设计者
b＝建造者
o＝运行维护者

一、生产方面的预期绩效

不论国家政府机构是与私营企业签订合同还是使用自己的人员承担大型灌溉系统的建造，我们都假定它能获取规模经济效应。因此，我们假定建造的转换成本将是低的。[2] 我们也假定运行和维护任务的转换成本较低，要证明这一点更加困难，我们设置这一假定是为了将注意力集中在关于协调、信息和策略成本的差异上（见表7-1）。

表 7-1 集权的全国政府机构在大型灌溉系统的建造、运行和维护中的绩效

	建造	运行和维护
中间绩效标准，供给成本		
转换成本	M	M
交易成本		
协调成本	M	M
信息成本		
时间与地点	H	H

134

续表

	建造	运行和维护
科学	H	H
策略成本		
"搭便车"	L-M	L-H
寻租	H	L
腐败	H	L
中间绩效标准，生产成本		
转换成本	L	L
交易成本		
协调成本	M-H	M-H
信息成本		
时间与地点	H	H
科学	L	L
策略成本		
规避责任	M	H
腐败	H	H
逆向选择/道德风险	L	L
综合绩效标准		
效率	1~3	2~3
财政平衡	3	3
再分配	?	?
责任	2~3	2~3
适应性	2~3	2~3

注：L=低，M=中，H=高，L为最好。
1=高，2=中，3=低，1为最好。

我们预期生产方面的协调成本在中央集权的全国政府要高于第六章所讨论的制度安排的协调成本，因为在集权机构中，下层官僚在许多任务进行之前必须从上层同僚那里获得许可。增强政府机构责任能力的努力常常带来协调成本的大量增加。基础设施项目的所有阶段都要由各类的官员来评审。建立书面记录需要将重要资源投入协调努力中。如此，协调成本从"中"到"高"的变化，取决于所运用的特定行政程序。

一方面，在大多数国家机构，无论在建造方面还是在维护方面，确保获得有关时间与地点信息的成本都很高。我们在前面已经讨论过，只能从地图或其他途径得到水流数据的设计工程师，在获取精确信息方面面临难题，对于中央集权的机构来说，获得维护方面及时精确的信息，难度更大。在灌溉系统中，小的缺陷可能遍及各处，可能发生于任何时间，某个地点的突发洪水能在一个小时内引起一个小的溃堤。而在一两个小时路程之外的维护人员甚至可能还不知道哪儿下了雨。当有关这个小问题的消息传到维修人员那儿时，一个小修工作可能已变成一个重建工程了。

另一方面，获取有关科学知识的成本在国家政府机构中却相对较低。由于一个单独的机构要负责若干个大型基础设施工程，它就有理由雇用训练有素的土木工程师，设计各种类型的复杂灌溉系统。同样，受过较高教育的工程师也更了解这些灌溉系统有何种类型的维护需求。

我们预期，国家机构中规避责任的程度要高于单一市场和差异化市场，也高于用户团体的制度安排。当协调成本过高时，个人会有强烈的动机去保持其工作尽可能易于对付。所以，怀着良好愿望的公务员常常发现他们的处境使得他们力不从心，他们不得不尽量减少在监督工程项目上花费的时间和精力。如果所有工程项目，无论规模大小，其监督程序都是固定的，项目监督时间总量就可通过批准数量较少的较大型工程而减少。因此，可能会出现偏向较大工程项目的变化，而不论这一变化导致其生产基础设施的直接成本是更高还是更低。

菲律宾的一个实例表明了高协调成本和试图减少个人努力的动机如何抵制对低成本项目的选择。内湖省省长向国家灌溉管理局拨款50 000比索以用于改善这一地区的灌溉系统的运行。拨款是与菲律宾大学农学院对这个计划的批准联系在一起的。国家灌溉管理局的工程师打算将全部资金用在一个项目上，就是给一个灌溉系统的主渠道铺设混凝土。在工程开始之前进行的一个考察披露,这条渠道泄漏的水已被工程所在地区的农民以各种方法所利用,因此,所建议的开支并不能改善灌溉系统的运行。考察提议改换为几个较小工程,例如建设小型的排水控制工程,建造附加的农田灌溉渠,这会在同等成本下增加生产力。然而,国家灌溉管理局否决了这个小规模改善的建议。所以,这笔资金最后又回到了省财政部门。这一段插曲使得分析家们得出结论:"事情很清楚,规划和监督许多小型设施活动的负担落到了数量有限的职员身上,加上要与各个地主和租户就用地问题而打很多交道等等,因此,拒绝这笔钱不是出于农民的利益,而是出于官僚机构的利益"(Barker et al. 1984:46-47)。无论对管理大项目的偏爱是出于规避责任、高协调成本,还是两者兼而有之的结果,当赞同大项目而否决小而有效率的项目时,总体效益就降低了,特别是当大项目不能产生净收益时更是如此。

我们还预期在运行和维护阶段的规避责任现象要甚于设计和建造阶段。所有的工作人员都可能发现某些工作较其他更能满足自己,例如多数工程师从有关系统的设计和建造活动中获得的满足感要大于完工后系统维护的监督活动。官僚机构的奖赏更可能给予从事设计和建造项目的人员,他们工作醒目而且取得了成功,而不是那些组织了有效维护管理的人员,他们的工作难以评估。因此,对于建造工作,外部和内部的激励在更大程度上抵消了规避责任行为。另一方面,就运行和维护工作而言,就少有这样的内外部激励因素去抵御规避责任行为。由于很难监督维护工程师或者他们的职员怎样消耗他们的时间,官僚机构很难对那些干个人事务超过维护工作的人执行惩罚。

负责建造、运行和维护的政府官员有腐败机会,负责建造的人一定能获取数额很大的非法灰色收入。[3] 贾甘纳森(Jagannathan)描述了这种腐败机会在南亚是怎样实现的:

> 假设一个高速公路工程项目的投标价是100万美元。招标书和对最低竞标者的决标合同都是完全合乎规则的。然而,暗地里的协定将会在合同签署之前或之后成交,其手法是允许承

包人使用标准以下的建筑材料和虚报劳务成本，这样，承包人的实际总成本只有75万美元，另外的25万美元则被有关人员瓜分了。(Jagannathan 1987：111)

在合同承包过程之外获取非法外快收入的机会也很多。例如，在大型灌溉工程项目中占据经营者和维护者位置的公务员，可能获得经常性外快收入。有稳定的供水和没有稳定的供水，农作物的数量与质量都会不同，这意味着许多农民宁愿向较低层的水利官员付"人情费"，以确保预期的水流能流进他们的田坎。罗伯特·韦德（Robert Wade 1984，1985）记录了水利官员向农民非法收取各种公共服务费用的价格，以及高级官员通过分配肥缺位置对下级官员收取的费用。

必须从政府官员的处境这个角度去理解他们的动机：他们一般工资都很低、职业发展机会不多、工作条件低劣，以及（无论是用合法还是非法的方式）很难得到变换工作的机会。大多数中央政府官员都宁愿住在他们国家的首都。只有在那儿，才能让他们的孩子受到较好的教育，增加下一代获得光明未来的机会。他们自己和家人的医疗保健服务条件通常也更好一些。并且，他们自己也因为在上级眼皮子底下活动而有望改善职业前景，他们不愿在农村，在那里他们的工作表现很可能无人注意。上述因素都使就职偏好强烈地倾向大系统的设计和建造，致使在国家机构中产生了许多职位。

基础设施项目的运行和维护工作一般位于农村地区。许多在较小的乡村地区任职的行政官员都设法维持两处居室，一处是他们的家人的，居住在外地，另一处较小的居室是他们自己在工作地点的住处。一旦被分配到农村工作，许多人要投入相当大的时间和精力为再分配回首都而活动。

被分配到农村运行和维护部门的官员，他们的工作条件也比那些在首都的同僚要艰难。在许多发展中国家，政府承诺用国家财政确保大量受过教育的人员连续就业；联系到这些国家严酷的预算限制，这意味着许多行政管理部门的预算差不多全被工资吃掉了。其后果是，几乎没有财力去购置工作人员执行公务所必需的装备。因此，运行和维护的官员常常被分配到一个大区,却没有汽油预算,甚至没有一辆自行车。负责基础设施运行和维护的政府官员,当他们缺少经费无法到访他们辖区内的道路、供水系统和灌溉工程时,毫不奇怪,他们无法适当承担监督运行与维护过程的工作。

由于低工资以及维持两地居所的高成本,官员有动力在乡村地区寻求挣外快的机会,同时急切地想方设法调离,这是可以理解的。显然,维护现有设施的工作没有多少职业发展机会或工资外的好处。额外的收入机会来源于能够截流的物品与服务,不给潜在的受益者,除非他们另外付钱。官员们还可以通过与授予或监督基础设施合同有关的额外付费,也可以贴补其收入。因此,中央政府水利部门负责某一灌溉系统运行和维护的官员,可能花更多的精力给那些愿意将资金和物品作为报答的农民分配水资源,而不是去努力改善供水系统结构以惠及所有用户。

这并不是说,所有集权政体的行政官员就一定是腐败的或者是规避责任的。人们到处都可以看到许多有献身精神的政府官员,这些男男女女抵挡住了他们工作于其中的体制提供给他们的诱惑。不过,这里的分析所指出的是,集权体制提供的激励强化了腐败和规避责任的机会。同时,这种体制很少产生反向的压力,能遏制官员参与此类活动。此外,一旦腐败和规避责任的行为在大的、中央集权的官僚系统中站稳脚跟,那些试图从内部反对这个问题的人就很容易受到其同僚和上司的斥责。结果,在建造、运行和维护部门,腐败行为都发生得相当普遍。

二、供给方面的预期绩效

在前面,我们专门集中讨论了中央集权的政府机构在大型灌溉系统生产方面的绩效。现在,我们要考察供给方面了。供给方面包括:(1)把偏好和支付意愿转换成特定基础设施开发的过程,以及(2)涉及运行和使用的监督和执行程序。假定存在一个竞争性的、民主的选择过程,每个公民-消费者都参加普选以选择国家官员,这些官员站在讲坛上，对未来的公共投资资金做出许诺。许多竞选许诺所涉及的项目受到一些特定支持者的强烈偏爱，比如某个选区或相关群体的成员，如城市选民、族裔群体、有共同经济利益的个人等。[4]

然而，人们不能假定，全国选举的结果清晰地表明，对于从国库中拨款的拟议中的投资和分配，多数人的偏好是什么。人们也不能假定，当选官员对于选民或外面的捐款机构做出了可信的承诺。更实际的情况是，结果是选出了一批活动家，对于保住职位必须取悦的群体，他们每个人都试图为之赢得尽可能多的东西。即使这种行为不是普遍性的，我们在第四章所讨论过的异质人群的偏好难以综合也得出这一结论：国家选举的结果既不能为所寻求的公共政策的最优选择提供可靠的信号，也不能约束当选官员兑现他们所做出的承诺。[5]

当供给是由一个非常庞大的国家政府单位组织时，在时间、地点以及科学方面的信息成本很高。一个镇或一个村子的居民不太会知道其他地方的人的需要如何。同样，官员对任何公民的偏好知之甚少，除非那些公民高度动员起来，为了获得不相称的利益或租金组织起来。当所有的政策都要全国通行，而没有经过下级政府单位预先试验获得有益结果，甚至获得各种拟议中政策的预期效益的可靠信息（有科学依据的政策知识）都很昂贵。

与全国政府项目有关的财政安排也会对供给成本产生重大影响。大多数发展中国家将征收的大部分财政收入聚集到全国政府手中，放在一个一般性的基金中，多数开支都由此拨款。这样的做法有几个理由，一个主要原因是，在发展中国家很多税种的征收代价很高。直接个人税，譬如所得税和财产税，以及在零售环节征收的销售税，其征收代价对管理者来说高到没有了可行性。由于征收成本的原因，发展中国家传统上比工业化国家更多地依赖贸易税，特别是进口关税。[6]一般来说，进口货物的入口口岸相对较少，所以，征收这些关税要比从成千上万的纳税人那里筹集收入便宜得多。同样，主要从制造环节征收货物税的优点也是减少了征收单位的数量。在过去的20年，增值税在发达国家和发展中国家相当广泛地被采用。[7] 尽管实施增值税的代价要比货物税大，但它对商家产生强有力的刺激，促使其报告税务：一个公司可以从它的税务中扣除包括在生产投入价格内的全部增值税，这样就促使企业的管理人上报税单以得到返还。每个企业只对它负责的生产阶段的附加值缴纳增值税。增值税、对制造企业收取的货物税以及贸易税，其征收都不是由地方控制的，这些宽基税通常由全国政府征收。

许多发展中国家选择由全国政府筹集大部分公共部门税收而不是让地方（州、省或市）政府这样做的另外一个原因是，它们因此能够保持对国家财政事务的更大控制权。这个方面尤其重要的是控制稳定与增长的宏观经济目标。大多数发展中国家资本稀缺，全国政府不愿意与地方管辖区争夺有限的税基。通常由于全国政府制定的政策极大地限制了地方政府的税收权力，这种争夺减少了。

当全国政府征集主要的公共收入并将其置于通用的基金中时，这些资金就成为所有全国政府官员的公共资金池。由于资金来源并不与特定的公共部门活动直接相关，这驱使所有当选官员有动力从一般基金中尽可能地获得资金，去资助使他的选民获益的项目。每个官员都更重视特定项目的可见利益而非成本，利益是可见的并且针对特定方面的支持者，成本则相对较隐蔽并且能被所有纳税人分摊。某些形式的互投赞成票可能会在当选官员中发生，具体形式取决于全国政府决策所使用的特定规则。如果在互投赞成票过程中缺乏强有力的制度制约，这类行为很可能导致某些类型的公共项目严重投资过度，同时其他多数项目投资不足。[8] 此外，地方政府没必要征收地方税以承建新项目。公共资金被视为更像是"他人的钱"而不是"我们的钱"。如此，对代表们的评价主要是他们为地方拿来多少资金而不是他们如何动用这些资源服务于公共目标。如同简·盖耶（Guyer 1991）指出的：没有税制基础的代议制会导致不负责任的行为。

让我们现在转到"搭便车"问题上来。认为政府供给优于私人供给的一个预设是，政府有能力抑制"搭便车"。但情况并不总是如此。

如同雷佩托的数据所显示的，在许多发展中国家，从农民征得的实际收入根本不足以支付政府管理的灌溉系统的运行和维护成本，更不用说投资成本（见专栏2.2）。很难解释农民们实际上并不缴纳应缴的费用这一普遍现象；然而，如同我们在第四章指出的，如果不处罚逃费的人，或者如果当事人发现国家提供补贴以维持运行，农民个体就更可能试图逃避缴费。关键在于，农民必须觉察到他们从遵守规定中得到的好处至少要与所征收的费用相等。显而易见的是，许多发展中国家既没有解决生产方面的逃避责任问题，也没有解决供给方面的支付意愿问题。

三、综合绩效预期

在上文描述过的四个中间标准方面，全国政府机构的绩效都很差，因此在表7-1列出的四项综合标准方面，也不能指望中央政府机构表现出色，这并不令人意外。关于集权的制度安排在建造、运行和维护方面所遇到的普遍性问题，专栏7.1中所介绍的斯里兰卡的玛哈维利（Mahaweli）工程提供了一个很好的例证。就总体效率、财政平衡、再分配、负责任和适应性的标准而言，不能不认为这样的系统绩效水平很低。但是，如果设计、建造、运行、维护活动的规划和实施与受益者结合起来，集权机构的表现要好得多。菲律宾（D. Korten 1980；F. Korten 1982，1985）和其他地区的文献证明了这一点。[9] 没有详尽的分析，几乎不可能确定在这一情况下穷人在多大程度上得到了富人的资助。然而，如同第五章所指出的，深入分析一再显示出，再分配作用适得其反。实际情况到底如何，这在理论上难以确定，必须以经验方法来确定。

全国政府决策者和基础设施的最终用户之间的联系十分脆弱，这就让用户难以使决策者承担责任。此外，如果政府官员在决策过程中需要更多地依靠地方的投入，则能加强其责任；然而，要求决策者执行这类要求的激励因素普遍相当薄弱，而不执行这些要求却没什么后果。

集中控制的大型灌溉系统通常无力适应环境变化，或满足地方的特殊需求。这些工程像是建立和运行于人为的蓝图之上的系统，这将最终危及系统的可持续性。

专栏 7.1

玛哈维利开发工程

在审批玛哈维利开发工程时，斯里兰卡政府选择了一个大型的、多层面的改善农业灌溉方案，而不是一个不那么雄心勃勃的逐步改造方案。当时几乎所有的分析家都认为这是一个错误的抉择（Chambers 1975，Siriwardhana 1981，de Silva 1987，Ascher and Healy 1990）。玛哈维利工程计划开发一条大河——玛哈维利河，用来灌溉和发电，该河从发源地的山脉流经200英里抵达孟加拉湾。工程计划从1970年起预设了长达30年的建造周期，其间要建15座新水库、11个发电站，若干条渠道从玛哈维利河引水至7条河流，使其流经的一大片几乎未开发的干旱地带得以开发建设。大约90万英亩的土地将得以灌溉（其中65万英亩土地当时尚未开垦），大约2万人将被安置到那里。工程项目规划预算在1970年时价值60亿卢比（或10亿美元）。到1977年，开垦了13万英亩土地，并安排人定居，成本为300亿卢比（1982年的美元价值19亿）。为每个安置在2.5英亩土地上的家庭投资7.5万卢比（1978年美元价值4 800），而这个国家人均收入在250美元左右。农业产量如此低下，到1981年时，一个开发区中的居民仍经受着全斯里兰卡最严重的慢性营养不良（Hesselberg 1986）。

由世界银行和斯里兰卡政府出资启动的工程是两个水坝和两座电站，于1970年开工。然而，自那以后世界银行对工程没有再投入多少资金。另一方面，双边援助协定却一直十分慷慨。阿谢尔和希利（Ascher and Healy 1990：6-13，6-14）统计，由英国、加拿大、瑞典、联邦德国、日本、科威特以及欧洲经济共同体等以拨款或进口资助形式提供的无偿援助，总数超过76亿卢比（1982年美元价值3.65亿）。斯里兰卡自己也将大量资本投入工程中，例如，在1982

年,玛哈维利项目吸纳了国家全部资金预算的40%(Ascher and Healy 1990:6-8)。

令人悲哀的是,采用这一水利工程方案意味着否决了投入较低而回报较高的另一备选方案。举例来说,在20世纪60年代后期,当时的1万个小型灌溉蓄水池只需进行较小的改造或者整修就可以发挥作用。据估计,如果7 406个蓄水池经过修复和维护的话,将能使25.1万英亩土地投入生产。与玛哈维利工程相比较,这些较小型的蓄水池工程的单位成本低得多(每英亩0.7万～1万卢比,而不是每英亩2.5万～3万卢比),以及少得多的进口物资(15%而不是40%),并且还能提供许多非技术性就业机会。但是,如果斯里兰卡政府采用这些小型蓄水池工程的话,它们可能无法像玛哈维利工程那样吸引那么多双边援助。

玛哈维利工程,如同许多失败的水利工程一样,其基础是对以下两点的过分乐观的预期:(1)能够储存和排放的水量足够;(2)水利部门的官员和农民在安排工作和用水上足够有纪律。玛哈维利工程的可行性研究很少关注水资源怎样到达农民那里,或者灌溉系统将怎样维护。规划人员简单设想,灌溉系统中各区段的农民会自己组织起来,平等地分配水源,并且维护渠道和坝体结构(Jayawardene 1986:79)。

在工程完工后的几年,整个系统就明显地表现出老化的迹象(Corey 1986)。由于原来修建的引水渠地势太低使得河水无法流入农田,农民自建了无数未经准许的引水渠。坝体、水渠和通行道路维护不佳。由掘洞动物造成的坝体结构周围的早期泄漏常常未被修复,直到坝体受到严重侵蚀,甚至坍塌。除非农民感到杂草严重减少了供水量,否则在一个季度中农民清理排水渠不会超过一次。许多被安置人口靠政府的食品券或世界粮食救助项目的配给维持生活(Hesselberg 1986)。当在系统的设计和运行中忽视了人类的组织性需求时,这一系统就只能处于无效率状态而无法正常运转。玛哈维利工程戏剧性地说明了在20世纪60年代和70年代初创始的、大规模基金资助的灌溉系统失败的典型特征。

第二节 简化分析方法的问题

前面的讨论强调依靠单一的大型政府单位供给和生产农村基础设施的设计、建造、运行和维护,所需要付出的成本。尽管存在的缺陷被广泛了解,由全国政府承担大量的农村基础设施方面的供给仍然是占主导性的、而不是例外的情况,为什么会是这样的呢?

公共基础设施必须由全国政府供给和生产,这一信念主要建立在这样的推定基础上,即这种安排能最好地限制"搭便车"、获取规模经济、最好地利用技术专业知识。全国政府能够使用征税权抵消由"搭便车"引起的基础设施投资不足,通过大型生产部门取得的规模经济能降低资本密集型产品的成本。设计、建造(有时候也包括运行)资本密集型基础设施所需要的技术能力,被认为只有全国政府的雇员才具备,而其他人则不具备。

若只考虑相当有限的制度选择,则上述假定在表面上还能站得住。若大型基础设施供给的仅有的制度安排只能是集权政府体制,或者是严格的私有化安排(例如市场安排或用户团体安排,如前面一章中所讨论过的),则集权体制在抵制"搭便车"和降低产品成本方面的优势可能是明显的(见表7-2)。

表7-2 大型基础设施设计和建造绩效的简化制度分析

	中央政府	私人安排
生产成本	L	H
科学知识	L	H
"搭便车"	L	H

注:L=低,H=高,低为最好。

然而上述假定是基于一种简化的分析方法。第一,所使用的中间绩效标准体系只限于在我们分析中所应用的15个指标中的3个,即生产成本、"搭便车"和获取科学知识成本。第二,不必要地限制了所考察的替代制度安排系列。第三，关注的焦点只限于基础设施的设计和建造，而基本不考虑运行和维护。尽管大型机构的多数工程项目在设计和建造阶段的生产成本可能较低，但是这些工程在由集权机构承担运行和维护时，其成本却比由相对较小的机构或者用户自主管理时要高。

这种简化制度分析隐含着这样的推断，即集权的政府安排对于基础设施的供给与生产是必不可少的。如果分析充分展现了各种制度选择，与基础设施有关的全部活动、全部成本以及有关"搭便车"的实际状况，则前述的政策药方才会是适当的。完全依赖政府机构会带来预期之外的成本，强调这一点的评论一再证明上述简化分析的不适当性（Uphoff 1986b, Chambers 1988, Cernea 1985, Esman and Uphoff 1984）。这些预期之外支出包括协调成本以及由缺乏时间与地点信息、寻租、规避责任和腐败所产生的成本。关于存在规模经济的设想虽然在大型工程项目的设计与建造阶段常常是正确的，但在同一工程的运行和维护阶段却往往并不正确。同时，最重要的是，认为由全国政府供给和生产是"最好"的，这暗示，制度安排的选择只限于"市场"和"政府"二者之间，这是全然不正确的。如同我们将在第九章讨论的，有广泛的制度选择可以利用。

对某些农村基础设施工程，涵盖所有绩效标准和各种可能的制度安排进行详细分析所得出的结论是：由大型、集权官僚机构提供供给和生产是最有效最公平的可行制度安排。例如，有关电力生产和配送的基础设施的建造和运行，由集权官僚机构完成最有效。但是，在其他情况下，同样的分析可能会导致的建议是，由全国政府负责供给，而由私营部门或全国政府安排的其他公共机构进行生产。因此，尽管有必要使公路干线的建造和维护处于国家政府部门的控制之下，但政府部门能够利用私人承包商实施建造和维护任务。在另外的许多实例中，全面的分析说明，多样化的非集权政府安排的供给与生产，能降低中间成本并改善综合绩效。

146

第三节 援助机构的作用

任何关于发展中国家基础设施建造的探讨,如果不涉及援助机构的作用,都将是不完善的。这些机构的活动影响到基础设施开发中所有参与者的激励。它所产生的刺激可能会极大地提高寻租、腐败水平或负责任的程度。

外国援助项目一直饱受诟病,包括在大型资本密集型工程方面的投资过度、适用技术不当、为援助国政府谋取利益,以及常常与外国援助项目有关的高度腐败(Wall 1973,Rockefeller 1969,Asher 1970,Hayter 1971,Levinson and de Onis 1970)。有时,批评者假定了一种阴谋论的动机,援助机构的表面特征下是新形式的有意识的帝国主义。

但是,任何观察过基础设施项目运行过程的人都会对来自援助机构和受援国政府双方面的、如此众多又非常积极地辛勤工作的人们留下深刻印象,他们的基本目标肯定是改善生活在受援国的人民的福利。然而,对于援助机构和受援国政府官员所设计的许多项目的实际评估,一再显示出意料之外的消极后果。评估显示,这些工程项目增加或强化了受援国政府的集权程度,按照当地的情况而言工程设计得很差,并且,还使受援国背上不适当的沉重的债务负担。对于那些动机明确、辛勤工作、真诚地希望改善受援国家状况的人们来说,他们所设计和实施的项目为何一再地没有达到这个目标呢?

上述问题是几部对此深入研究的著作的主题(Nelson 1968,Tendler 1975),由于篇幅所限,我们不能在本书做进一步阐述。我们将集中讨论援助机构人员面对受援国行政官员和私人企业时,他们面对的激励因素,这将解释为什么产生了事与愿违的结果。其中有些因素在多数大型官僚机构中出现,有些因素在包括双边或多边的大多数外国援助机构中出现,还有一些只出现在特定的机构中,如美国国际开发署。[10]

美国国际开发署长期以来一直面临一种自相矛盾的困境：既没有找到如何较好地使用由美国国会授权、数量庞大的援外经费的方式，也没有争取到在对外援助问题上较为宽容的支持者。依据法律规定，美国对外援助款项中的一定比例必须购置美国制造的设备，这是使工程项目朝着超大型和资本密集型偏斜的重要初始原因。从管理角度来看，购买美国造的重型建造设备可能更易于监督，而不用去争取必要的"豁免权"，以便购置他国制造的可能更适合第三世界环境的、较有效和较小型的器械。但是，重型设备肯定会产生对大型工程项目的偏斜。朱迪思·坦德勒（Judith Tendler）对巴西的一个高速公路工程项目的说明显示，由援助组织产生的激励因素，能够导致受援国自己也坚持要求使用外国制造而不是本地生产的设备（见专栏7.2）。

由于政府下一年度的财政预算取决于本年度花费财政预算的效率，所有政府都面临着这一恶名远扬的花钱需求，这就促成了倾向于大型工程的偏好。需要大笔资本支出的工程，比使用小型的、地方制造设备的劳动密集型工程更可能得到资助。由于裁减机构中的人员一直是"节约"的标准，对付喷涌管线的压力可能更大了：现在是更少的人去监督更多的钱的花费。害怕外界批评腐败、缺乏控制，这使援助机构乐于拨款给那些表现出其监督人员对局势具有较大控制能力的工程项目。这通常意味着资助较少的大型工程而不是较多的小型工程。

为了抑制腐败，在监督项目绩效时需要易于测量的绩效标准。然而，一心关注监督可能导致过分关注项目投入，而忽视了项目产出。但是，在监督中存在的偏见可能会导致过分关注工程的投入部分，同时却忽视了工程的产出部分。[11] 这种关注甚至会改变特定开发活动的性质，使其只寄望于工程中可被测量的成就方面。如我们前面所讨论过的孟加拉国的实例，几乎所有的观察家都认识到，成功的农村道路建造需要非常坚实的泥土作为路堤材料。然而，道路建造的资助机构将监督活动完全限于只测量泥土挖掘的数量。这是因为开掘的土量易于测度而其坚实程度却很难测量。由于缺乏对坚实程度的关注，事与愿违的结果是，过去十年建好的许多英里的土路堤，经过一个台风季后，很少有道路能再通行机动车。

大型政府机构也同样表现出这样的倾向，偏爱易于测量的成就指标，偏爱设备密集型项目。因此，援助机构和东道国政府人员受到相似激励并且趋向强化。其结果是，接受了外国援助机构最多资金的项目类型，可以由援助机构和东道主政府机构两方面的内部激励机制而不是所谓的共谋理论得到最好的解释，并且要想克服这些诱因是极其困难的。

财政责任总是需要制度安排提供适当的监督，以确保有限的外援资源不被浪费。为此目的，不大可能创造出最优的监督安排。因此，从受援者立场看最有利的项目设计，与援助者维持财务监督的需求之间，总是存在利弊权衡。

专栏7.2

工程开发的资本密集倾向

巴西的一条耗资3 150万美元的高速公路维护设备项目的设计生动地说明了资助机构的潜在激励。这一项目的初始提案包括一个3 550万美元的设备进口清单，它所产生的平均每英里的设备价值高于美国当时的价值（Tendler 1975：68-69）。在项目初期谈判时，巴西的公司提出的几个提议要求减少2/3的美国进口设备（由于资本密集的维修策略，这些设备必须进口），它们建议使用在本地购置的替代设备。进口设备转为本国设备，将导致从美国国际开发署可得到的资金数量的等额下降，谈判代表团人员意识到，技术本土化的转变方案，会使一大笔财政负担落在工程所在地即巴西南部的三个州身上。转变意味着对任何项目资金可能性的真实威胁，因此，有关工程基本设计的主要技术问题就没有提出来。坦德勒总结了以下几个被忽略了的问题：

无须说明，解决方案的技术逻辑排除了很重要的考虑。例如，为了在一个资金远远少于美国的国家达到最佳维护目标，衡量的标准要在哪里制定？高速公路部门偏重建造，其虚弱的维护单位能否承受这么多的新式重型设备，以及由这些设备激发出来的繁重的维护任务呢？或者，充足的设备是不是被虹吸到高速公路的建造中去，正如以前所谓"维修贷款"所发生过的那样，从而强化了建造而不维修的恶性循环？（Tendler 1975：68-69）

按照坦德勒的分析，上述问题大多被忽视了，这并非出于恶意——要设计一个不好的项目，而是因为包括美国国际开发署代表团和相关政府部门的工程技术人员所面对的所有激励因素，使得他们中的每一个都将注意力集中在设备上。对所有参与者来说，设备越多越好。在受援机构方的工程师看来，设备清单越大，获得援助的机会就越多。在美国国际开发署人员看来，设备清单越大，"产生"既定数量的资本转移的机会也就越大。因此，所有参与者面对的激励因素使项目产生了偏斜，降低了其长期效率和（或）可持续性。

第四节 结论

本章聚焦于第三世界大型农村基础设施供给方面最普遍的制度安排——高度集权的全国政府。分析表明，尽管这样的制度安排有助于减少某些方面的供给和生产成本，却会增加其他方面的成本。由全国政府进行公共基础设施的供给和生产，可能会取得规模经济效应，克服"搭便车"问题，以及最大限度地利用科学知识。但是，我们认为，支持当前全国政府安排占主导地位的分析是不完全的，它没有考虑交易成本的全部系列和可选择制度安排的全面范围。在分析发展中国家的基础设施老化问题时，对诸如获取时间与地点信息、减少规避责任、寻租、腐败等方面的问题均未给予多少关注。[12] 只要上述问题在分析和建议中未能得到处理，那些产生非预期后果的工程——高度腐败、大型工程投资过度、小型项目及运行和维护投资不足——将

第七章 集权的制度安排

继续得到规划、资助和建造。以本章阐释的较完善的中间绩效体系来检测，前述制度安排下基础设施开发的非预期后果，可以被看作对各方参与者在给定激励条件下的预期结果。

不应忽视腐败问题，分析应当指出，当公务员处于如下情况时，会受到接受非法收入的强烈诱惑：

- 官员工资长期受到通货膨胀侵蚀；
- 只有在大城市才有高质量教育机构，以至于被分配到其他地区的官员为了让孩子接受良好的教育，必须维持两地居所；
- 升职和/或调动与本职绩效只是稍微沾边，而与政治人物的关系紧密相关；
- 不存在竞争者能够证明，某种活动可以更有效地进行，而且没有腐败；
- 公民及其他公职人员对于正在发生的事情，难以获得信息；
- 在其管辖范围内，对于较富裕的个体来说，公务员控制着对其具有相当边际价值的服务（或契约）。

同样，如果在征税与分配收益之间缺乏联系，寻租行为就会发生，以至于公共财政资金会被认为是别人的钱，情况也的确如此，就像接受了很多外援资金的国家那样。也应该预期到，如果基础设施的设计缺少预期受益人的实质性投入，它们就不大可能持续下去，而那些有效利用了预期受益人投入的设施，则不会这样。

认识到上述问题，并不意味着存在无代价的解决办法。实际上，要想减少信息缺乏造成的失误，必须耗费资源去获取更多信息。而要减少与一个策略问题——如"搭便车"——相关的成本，可能会建立这样的制度激励，它为个人进行其他策略行为——如寻租和/或腐败——提供了机会。换言之，在我们曾讨论过的各种中间成本中存在着权衡交易。一个好的解决方案必须警惕，在没有投入更多资源时在某个领域超额支出，或者在其他地方制造出更严重的问题。

过去大多数分析着眼于有限的绩效标准（生产具有经济效率、技术知识的可获得性、"搭便车"问题的控制），以及有限的制度安排（市场与全国政府），在这种情况下，认为公共部门的干预需要极大地依赖全国政府，这是可以理解的。然而，当所考察的中间绩效标准范围扩大时，就显露出绩效标准之间存在某种权衡。没有任何一种制度安排在所有绩效标准方面的得分都高于其他所有制度安排。我们在阐明可用于治理基础设施开发的一系列制度安排方面，仅仅是个开始。

在第八章，我们将检视分权的努力，特别是在许多国家实行的行政上的放权方法，看看它们能否克服集权中央官僚机构的某些弱点。我们将对比分权结构和多中心结构，我们相信，这能够提供一种真正可行的替代选择，替代农村基础设施仅仅依赖国家供给和生产的方式。在第九章，我们将讨论多中心组织原则。

【注释】

[1] 集权机构中负责大型灌溉系统建造与维护的官员，对于他们的激励与行为的描述很多都与这里的讨论一致（Ascher and Healy 1990，Wade 1984，Chambers 1980，Coward 1980，Harriss 1984）。

[2] 根据记录，许多大型灌溉工程的生产成本非常高。这一点并非挑战了有关大型机构会获得规模经济这一公认的假设，而是，我们认为，这些成本之所以较高，是因为与此种安排相关的协调、信息和策略方面开支较高。

[3] 在某些情况下，非法灰色收入的机会如此巨大，个人甚至将买官视为他的一项投资（见 Wade 1984，Jagannathan 1987：chapter 8）。

[4] 无论承诺主要面向的是在特定地区组织起来的选民，还是遍布全国的个人，他们有着共同的经济和文化利益，这主要取决于所使用的投票规则。这里分析的要点是，某些群体被许诺将获得高于他人的收益。

[5] 在许多发展中国家，全国政府不是经由普选产生。但是一国政府选出的方式不是这里分析的重点，并且也不影响我们的结论。军政府或任何其他形式非选举政府中的官员，仍然面临在一个社会中向不同地区和团体配置稀缺资源的难题。他们保住职位或晋升的本领依赖取悦这些相关的团体。并且不论官员是否由选举产生，在完全的集权体制中，官员对于一个具体项目收益的认知，与他们对于成本的认知之间，不存在直接联系。

[6] 进口关税还有保护国内生产者的附加作用，让他们免于外部竞争，并更少地用到硬通货。

[7] 参见泰特著作中的表（Tait 1988：10-14），表中列出自20世纪70年代至80年代开始引进增值税的50个国家。该书还全面分析了采纳增值税的理由，以及有关增值税结构和管理的设计问题。

[8] 对"互投赞成票"机制的精彩分析见：Weingast, Shepsle, and Johnson 1981，关于美国"互投赞成票"的经验证据见：Ferejohn 1974, Mayhew 1974。

[9] 韩国和中国台湾地区的国家灌溉管理部门被认为是在关于建造、运行和维护方面表现较好的集权机构。美国国际开发署在韩国灌溉项目的投资产生了设计良好的工程，它十分接近预定进度和所期望带来的农作物产量的提高。大型灌溉方面的投资与其他可能的投资相比，很难被定性为是有效率的，假设为农民的水稻生产付出这样的代价，补贴是异常高的。斯坦伯格等（Steinberg et al. 1980：15）断言，较之于国内生产，韩国用同样的开支应至少能多进口50%的稻米。相较于其他许多由国家机构起主导作用的灌溉系统中的农民，中国台湾地区的农民在几个层次上被很好地组织起来，作为关键参与者更深入地参与到灌溉系统的管理中（Levine 1980）。

[10] 我们并不想把美国国际开发署挑出来，作为唯一面对或加重这些问题的双边援助组织。不过，我们对美国国际开发署管理的外国援助的情况了解较多。

[11] 当然，对发达国家许多公共部门的评估也同样如此，由于公共部门输出的模糊性以及测量的难度，分析家评估政府活动时通常集中于投入或支出方面。

[12] 例见：U. S. Government Accounting Office，1983。主要的例外来自：Archer and Healy 1990，Chambers and Repetto 1986。

第八章 分权的制度安排

第七章讨论的是，当用高度集权的公共机构来供给和生产基础设施时会产生许多问题，至少从20世纪70年代起，为了减少这些问题，人们提出了各种形式的分权建议（Bell 1977）。有些团体在建造和维护适当的基础设施方面的成功支持了这样一个假定：分权是回答可持续性问题的答案（Conyers 1983，Cohen et al. 1981，Landau and Eagle 1981）。当基础设施用户参与决策时，他们对地方基础设施的建造和维护两方面都投入了重要的资源（Cernea 1985，Uphoff 1986a）。然而，并非所有试图建立分权制度以鼓励更多用户参与的努力都取得了成功（Raby 1991）。

政府权力"过度集权"造成基础设施持续投入难以为继，这样的证明具有说服力。但若停留于表面，过度集权只是一个相当一般化的诊断。针对这一情形的主要处方——分权，同样成了泛泛之谈和万能的解决方案，缺乏针对性，缺乏经验基础和理论分析基础。如同兰多和伊格尔（Landau and Eagle 1981：10）在其调查文献中所指出的，"分权被提出来作为太多难题的解决方案"。他们认为，关于分权效果的声称只不过是一种声称，而不是可靠的事实。

在这一章，我们首先回顾分权概念怎样从一个简单的二分法概念进化为一个多维概念。由于这一术语的复杂性和多样化内涵,基础设施工程所涉及的分权成分的精确含义从来都不太确定。在实践中,"分权"常常意指官僚机构内部权力向较低层官员的某些分散或临时性的下放,结合增加公民的参与机会。在本章第二部分,我们将详尽分析在发展中国家非常普遍地采用的行政性分权政策的可能结果。

使较低层官僚和公民两方面更有效地参与基础设施开发活动,预期可以提升决策者所获得的信息的质量,增强参与者维护其帮助建立的设施的积极性。然而,由全国政府向某一机构中较低层官员和公民再分配的权力,可以被其轻易地收回。因此,分权规划或项目的好处可能不能持续。

第一节 分权努力

分权尝试有多种形式,具有各种隐藏的动机。[1] 在许多(如果不是多数)情况下,制度改革是由集权的全国政府政治领导人在国际开发援助组织的支持下开启的。这些改革目标是试图在社会人力资源与当政的全国政府领导人之间发展出一种新的伙伴关系。这些尝试的理论基础吸收了民主理论的元素,强调在运作自己的公共事业时,当地人民参与的重要性(Esman 1980,Uphoff and Esman 1974)。

在一些地区,公众对分权的"需求"十分强烈。但是,为响应这些非常强烈的关于分权的公共需求而进行的一些制度变革,从未真正产生所期待的积极结果。全国政府不情愿放弃权力,并且只要一有可能就试图收回它们。权力与权威的分配被视作一种"零和游戏",在此,向地方和地区当局的权限分配被视为对国家一级权力的"剥夺"。所以,在诸如苏丹这样的地方,虽然一直受到分权需求的压力,但近来分权的改革尝试从未能产生实质性的、长期的改善(Khalid 1985,Malual 1987,Duany 1992)。重大权力再分配的效果依赖于主要的实施者能透彻地理解:长期坚持下去谁都能从再分配中获益。

正如环境不同，分权的隐含动机也会不同一样，称之为分权的制度变化，也有不同的类型。分权的一个定义列举了包含在分权这一术语下的不同的制度变化：

> （分权）可定义为将计划、管理、资源的筹集和分配方面的责任，从中央政府部门或机构转移给中央部门、机构的地方单位，下级单位或下级政府，半自治的公共机构或法团，区域性、地方性或功能性的团体，非政府的私人或志愿组织。（Rondinelli and Nellis 1986：5）

面对如此多样化的含义，人们已经投入相当多的精力去阐释这一术语。

一、分权含义的演变

有关分权这一术语的几个历史回顾很好地说明了，这一曾经具有严格专指性意义的词是如何被应用于急剧增加的各种制度结构的变化系列的（Conyers 1983，1984；Mawhood 1983；Mawhood and Davey，1980；M. Cohen 1980）。20世纪50年代准备允许许多非洲国家（特别是英国的前殖民地）独立的过程中，引入了一组相当一致的制度变化，这是在研究发展的文献中最早提到的现代分权。如同莫胡德和戴维（Mawhood and Davey 1980：405）所描述的，"经典的"分权是围绕五个原则组织的：

（1）地方当局应该与中央政府在制度上分离，并在地方服务的重要方面承担责任，最通常的领域包括基础教育、健康保健和门诊、社区发展、支线公路。

（2）这些地方当局应该有自己的基金和预算，并且能通过地方直接税筹得其财政收入的重要部分。

（3）地方当局应能雇用合乎自己要求的职员，在早期阶段，如果必要的话，可以从公务员中临时转入。

（4）地方当局内部应是由地方议会治理的，主要由经选举当选的成员组成。

（5）政府行政管理者在与地方政府关系上，从执行者角色回到顾问者和检查者角色。

莫胡德（Mawhood 1983：4）把这些新近创建的实体明确地称为"地方政府"，它们常常采用地区或省议会的形式。在其有关地方政府的定义中，他排除了提供单一性服务的地方辖区和联邦安排，其中宪法规定国家和下级政府共享许多政府功能和财政收入。在20世纪50年代，"分散集权"（deconcentration）这一术语被用于指这一制度变化，即，将特定类型的决策制定权从在首都的国家公务官员转移给位于各地的国家公务官员。

20世纪70年代开始了分权的第二波尝试，自那时起，在研究发展的文献中，分权这一术语被用于指称许多不同的制度变化。但是，由于制度变化大量涌现，分权这一术语的精确意义不复存在。发展中国家的政治领导人常常不加区别地使用这一术语指称任何性质的制度变化。许多被称为分权的新近创始的变化，的确包含着行政权在与其联系紧密的国家部门或直属机构的工作人员中的扩大的再分配（分散集），但重组仍只限于莫胡德所谓"地方政府"的独立立法、税收和支出的权力。

由于在许多情况下，政府抓住了分权这一术语，用其来描述行政重组，意识到需要区分不同类型制度变化的学者观察家就创造出其他词汇。放权（devolution）一词就被用来表示近似"经典"分权含义的重组的尝试，即许多重要的独立司法和财政权被转移给下级政府。为了进一步做出重要区分，还采用了另外两个术语概括分权的尝试。委托（delegation）指将权力转移给常规官僚体系之外的公营机构或特别当局，私有化指将公共职能的责任转移给志愿组织或私人企业（Rondinelli and Nellis 1986：5，McCullough and Johnson 1987：4）。

二、分权的多个维度

关于如何最适当地标识不同改革尝试的探讨，反映了规则变革内容的复杂性。科恩和他的同事评述说,"分权"不是一件事,甚至不是在某个光谱或范围内程度不同的事物的系列。根据政策学界的理解和用法,包罗万象的、抽象的"分权"概念必须分裂为一大堆分离的、有时甚至相互矛盾的实体(S. Cohen et al. 1981:5-6)。在讨论在扶助穷人方面所采取的分权尝试时,伦纳德和马歇尔(Leonard and Marshall 1982:30)提出了一个建立在四个维度之上的分类方法,它由一个包含24种分权子类型的矩阵来表示。每一种制度变化可以被定位于24个单元之一,根据是:(1)中间和地方层次有关组织属何种类型;(2)中间组织是代表性的、私人的,还是中央政府的代理人;(3)政府机关是一般性的,还是有特殊目的的;(4)代表性实体是广泛性组织,还是具有选择性的只限于穷人的组织。

科尼尔斯(Conyers 1985)也强调,分权方面的制度变化在一系列维度上差异很大,她考察了其中的五个维度,认为它们构成了所有分权尝试的特征。这五个维度指向了与分权倡议有关的制度变化的更深层次结构。它们是:

- 权力转移的职能活动;
- 转移给每种职能活动的权威或权力的类型;
- 权力转移的层级和领域;
- 在每一层级上获得权力转移的个体、组织或机构;
- 权力转移所依据的立法或行政手段(Conyers 1985:24)。

因此,关于分权的学术研究强调,这一术语涉及的并不是沿着单一维度展开的一系列现象,而是必须由多重维度描述的许多不同现象。尽管为某一学者所关注的某个维度与另一学者所选择的维度相互交叠,但特定维度总具有其特定的特性。某个分析家选择某个不同于别人的维度,并不总是有清晰的理由。这些维度又可以加以描述上的区分,但这并不必然有助于发展一种累积性的知识体系,来说明不同的制度变化如何影响参与者的动机、产生了何种行为,以及它们累积的行为后果。

科尼尔斯用于阐释分权尝试的深层结构的维度,是相当合理的。

但由于它们没有与一个更广泛的理论相连，该理论确定了在集权和分权的制度安排中影响个人动机的那些因素，这些维度仅仅代表了试图阐明重要维度的诸多努力中的一种。因此，需要的是与一个理论体系密切相关的更具有一般性的维度系列。

第二节 行政分权是否导致集权的全国政府绩效的改善？

行政分权建议已经成为一种普遍的政策回应，去应对与高度集权的全国政府相关的缺陷。这样的建议所基于的分析突出强调了我们已经讨论过的那些问题，即投入巨资的基础设施，在后来被证明不太适应特定的社会需求，同时（或者）维护得很差。这些情况的发生，是因为那些在了解地方情况方面处于最佳位置的官员，在政府部门内的决策进程中几乎没有什么影响力。另外，单个基础设施投资的决策远离当地的政治进程，因而不能反映当地社区的偏好。对于发生在本地的基础设施开发，当地社区的居民几乎没有直接的手段能加以塑造。

上述问题导致了这样的建议，人员本身要重新部署，部门内权限要重新安排，让地区或下属地区工作的官员对其辖区内的基础设施开发与维护的条款的制定发挥更大的作用。学者们通常将这些政策创制称为"分散集权"，因为它们的意图是放松集权，将由在首都工作的国家官员所行使的权力，转移给分散在各地的国家官员。

在某些情况下，创建了地方代表委员会作为部门官员的咨询机构。然而即使地方代表委员会在制定法律方面有一些有限的权力，监督地方的中央部门仍然保留对立法的否决权。这样，决策权没有被充分"下放"给地方政府实体。由于地方代表委员会并不有意成为具有有限立法权和执行权的独立的地方政府，与行政分权有关的结构变革主要是原先中央集权的全国政府的生产方面的变革。在生产机构内部，雇员们从总部所在地转移到地方一线。因此，我们在图7-1中给出的用于集权机构的各种中间成本和评价标准系列，仍然代表了与分权机构有关的大部分成本。不过，仍然有一些可能的区别值得加以讨论。

分散在各地的政府机构不可避免地将其官员派驻地方，与基础设施开发所在地的社区居民和地方代表委员会成员有着更近的物理上的接触。愿意更多了解地方环境所需要花费的时间与精力也因此减少了。这样，与高度集权的机构相比，行政分权可以降低获得有关时间与地点信息的成本。当然，问题是，派驻乡村的官员是否实际上去收集信息，或者一旦获得信息，是否能应用它们。即使计划中的公路或灌溉系统的地点就在近旁，被委派在该地区或下属地区的官员仍然必须付出一定的努力去了解该区域的情况。如果该官员确信，本地人民对经济发展的后果并不了解，或者，如果他们知道高级官员极为偏爱什么样的行为路线，仅仅是临近还不足以鼓励官员们获得当地情况的信息。

预期这种类型的行政重组可以提高这类官员的绩效，他们被派到的地区就是其长大成人的地区，也是他们的主要经济利益（或他们的家）所在的地区。在这种情形下，理所当然地，这会使官员们提供适合他们自己需求的公共设施。辖区的咨询委员会成员或大多数居民可能认为，也可能不认为这些设施适合于该地区的情况。然而，现实情况是，许多发展中国家有意将其官员派到其家乡之外的地区。这么做是为了预防他们利用其地位提高自己或家族的经济利益。不过，这一政策从未能防止官员通过偏袒某个地方团体换取某种类型的非法收入。

此外，行政重组在行政部门内部通常不能实质性地改变官员的职业轨迹。即使一些行政分权的创议要求由地方选举的官员对委派到该地的政府部门官员的人员绩效进行评估，但是提升和转调的最后决定通常还是由全国政府高级官员做出。重组并不能改变这一事实，即由于长期集权的历史，最好的学校和医院都位于首都。因此，较低层的官员主要关心的仍是高级官员怎样评价他们的表现,而不是地方上怎样评判他们。

由于地方咨询委员会对基础设施决策很少能有有效的否决权,因此,中央政府部门的官员对他们的意见不会太当真。不过,菲律宾的一个参与型试验项目确实给予了农民有效的否决权,可以否决中央政府部门工程师的决策。在这个项目中,在工程建好后,农民不得不对修复好的灌溉系统的运行与维护承担责任,不过要在他们同意以后。一旦工程技术人员在工程翻新顺利完工后从评估中得到奖励,农民也就获得了更有力的发言权(F. Korten 1982:21)。但是后来的评估披露,尽管权力分享的规定是成功的,但这一做法在菲律宾其他工程项目中并未实行(见专栏8.1)。

专栏8.1

比科尔河流域开发项目

比科尔河流域开发项目于1973年在菲律宾创建,是一个大型的综合性的农村开发项目,它要建造道路、灌溉设施和供水系统等农村基础设施,具有广泛的目标,其中包括对流域地区人民的社会经济福祉的重大改善。前面在专栏3.2中曾讨论过的布海-拉罗工程是比科尔工程中的一个项目,也是国家灌溉管理局的参与性试验项目的一部分。比科尔项目的预期,是建立"需要分权决策、当地人民参与以及多部门综合参与的一套制度创新体系"(Sommer et al. 1982:Ⅳ)。到1982年,美国国际开发署给予的两项赠款和五笔贷款合计3 040万美元,菲律宾政府投入了大约7 500万美元(Sommer et al. 1982:Ⅳ)。关于全部比科尔项目的评估在第9年进行,那时,评估人员确定这一项目"大量人员和基础设施已就位,并进行了大量的规划和研究"(Sommer et al. 1982:Ⅴ)。评估组指出,项目办公室已成为"各委员会的协调人、工程报告的接受点、偶而为之的工程提议的综合者和面向流域工程问题的解决者。这就是一个具有421名成员……1981年预算在100万美元以上的单位的小小作用"(Sommer et al. 1982：13）。

评估的结论是，"制度链条中的薄弱点是一个关键因素——农民，整个项目都是为他们而建的，除了被动接受之外没有参与任何活动。尽管参与是整个计划最初曾广为宣传的一个目标，但只到最近，该实验才开始努力鼓励农民参与一些活动，而不是像过去那样，只是召集农民开各种会议，聆听官员谈论工程计划和敦促农民的帮助"（Sommer et al. 1982：14）。国家灌溉管理局的官员显然认识到了它管理下的那些工程领域中发生的这些问题，并委派一些社群组织者去一些项目区域，那些区域公开地建立在前面已经描述过的参与实验项目的基础上。在访问过的几个区域，评估组对社群组织者的绩效印象深刻，但又失望地指出，"显然由于预算原因，国家灌溉管理局已经开始从比科尔项目的一些地区减少社群组织者的数量"（Sommer et al. 1982：14）。[2]

比科尔项目在有效吸引农民方面的失败既富有启示又令人悲哀，原因就在于，项目本身是在国家灌溉管理局非常成功的参与试验基础上亦步亦趋进行的。这使人们不禁要问，像国家灌溉管理局这样的机构能否从它们自己的试点工作中学到东西。

170　即使地方委员会对地方基础设施选择具有某些影响力，行政分权的财政安排一般都不太有效。基础设施资金大部分（如果不是全部的话）来自全国政府。因此，政府通常不愿放弃有关如何花费这些资金的权力，即使条例允许地方委员会扮演的角色超出"顾问"时也是如此。对于这些基础设施的长期可持续性来说，更成问题的是，那时全国政府可能要求地方委员会运行和维护设施，但不同时授予它们必要的资金筹措权，以适当资助有关设施的运行与维护成本。此外，地方用户既然在项目的定点和建造方面都没发挥什么作用，他们很可能会认为，基础设施及其维护是全国政府的责任。

与高级官员或政治领导人有关系的地方委员会的杰出成员，他们的地位能使地方一级的公务员重视他们的意见。不过，当他们发挥其影响力时，他们也许没有打算对他们社区的潜在发展出力，更可能的

第八章 分权的制度安排

是，他们会为了自己的利益，为了其恩主的地方利益而行动。这样，不同层级的行政官员，地方与中央领导人之间建立起庇护关系，是这些庇护关系，而不是地方共识，实际上决定了公共资金的分配。

有时，部门技术官员被委派到地方政府，同时，有相当部分的决策权被移交到这些官员所在的管辖区域，以便增加能够从地方直接获取的技术信息量。但是，当这些技术上精明的个人从地方决策者那里攫取了过分的权力，不考虑当地人民的偏好，坚持用技术官僚或官僚主义的解决方案时，问题依然会产生。詹金斯和伯德（Jenkins and Bird）将这一类型的结果称为"集权的分权"（centralized decentralization），并且描述了发生在印度马德拉斯（Madras）的事件作为此种现象的例子。提高省级或地区级雇员在政策规划和政策实施方面的能力，一直是众多制度发展项目的目标，如专栏8.2中所描述的菲律宾省级开发援助项目。该项目的历史显示，培训最初的确改善了省级规划人员的技能和专业信心。

没有关于菲律宾省级开发援助项目长期效果的正式评估，但是对地方政府绩效的评估表明，在财政管理和预算实施方面存在缺陷（Hubbell et al. 1989）。分析家们观察到：(1) 财政收入的预测处于初级水平，并且经常对会影响其辖区内下一年度财政收入的已知因素不作考虑；(2) 预算官员很少向执行人员提供充足的信息以使他们理解预算；(3) 每一年都要准备许多追加预算，这显示所实施的预算对本省所面临的财政年度的财政现状毫无考虑。由于省的预算官员的职位是新近设置的，以当前的预算情况对比菲律宾省级开发援助项目快结束时的情况也许不公平。但另一方面，如果菲律宾省级开发援助项目结束时省级预算工作还合适的话，就没有理由设置这样一个新职位了。菲律宾省级开发援助项目实践的长期效果显示，提高技能的项目如果没有伴随人员面对的激励因素的变革，在绩效方面就会收效甚微，或者没有长久的成果。

与之相比，在尼泊尔，为农民管理的灌溉系统组织的培训项目，在提升生产力方面更为成功（N. Pradhan and Yoder 1989）。这些培

163

训项目由全国政府资助，但由在那些农民非常成功地管理的系统内进行农业生产的人来实际操作。在这个实例中，受训人由具有同样社会身份且对其面临的问题熟悉了解的人来指导。不像在菲律宾省级开发援助项目中受训的省级规划人员，这些农民受训人可以指望在培训项目结束后，为了提高生产力，对他们的灌溉系统的管理规则的改变施加重要的影响。而菲律宾省级开发援助项目受训人会回到这样一个工作环境，他们不可能指望改变这个环境的规则。

尽管在有些试验性的分权项目中，包含了重要的共同权力向与项目有关的地方层级官员和有关公民的临时转移，但很多情况下除了把人员从总部转移到地方一线，几乎一事无成。如果在现场获取的信息并没有得到比此前更当真的对待，对于大型灌溉工程的建造与维护的中间成本，这种转移不大可能产生重要影响。因此，行政分权机构的绩效可能与集权机构类似。若要确保下级官员和他们所服务的公民有重要的共同自治与责任能力，需要重大的结构性变革。

专栏8.2

菲律宾省级开发援助项目

菲律宾省级开发援助项目是美国国际开发署的援助项目，于1968—1981年在菲律宾进行，此项目最终覆盖菲律宾的28个省（Iglesias 1985）。此项目支持的，既包括特定的基础设施建造，也包括大量的技术援助。省级开发援助项目"基于这样的假定：除非地方政府在技术和管理上有能力去规划和实施地方发展活动，否则分权不可能是有意义的"（Rondinelli 1983：188）。这一项目是对外部支持的创新的一个例子，试图通过改善省级规划与管理能力，增强省级政府组织的能力，让其在经济发展中发挥更大的作用。

在省级开发援助项目实施之前，省的技术能力不足，省长们在讨论全国政府预算的资金分配时，无法有自己的立场，反对国家部门的直属机构。因此，项目强调运用管理工具方面的培训，特别是规划和预算方面的管理工具的培训。这些工具多数由美国顾问与来自不同的全国政府部门的专家共同开发（Wunsch 1983：2）。

在1968—1972年项目初始阶段，该项目由来自全国政府几个部门组成的专家委员会指导。要求参加该项目的省设置省的开发人员（PDSs）以协助省长行使其开发职能。1972年，这个国家处于战时状态，此时省级开发援助项目的责任转移给了总统办公室。一个强有力的行政主管从委员手中拿走了控制权，雇用了一名全职人员去管理项目，要求不折不扣地执行其计划和预算处理程序。省级开发援助项目中央人员还直接管理基础设施项目，而不是协助省去管理它们。如同兰多等人（Landau et al. 1980：7）指出的："省级开发援助项目中心建立的是一种严加控制的等级制度。我们还观察到，仅仅省级开发援助项目的规划与预算程序要求的数量，就已经使财力枯竭的省政府负荷超载。"

在这一项目的最后阶段，即1976—1980年，省级开发援助项目进入了衰败期。项目职责从总统办公室转到地方政府与社会发展部副部长手中。成立的项目办公室只保留了对少数特殊项目的实施责任。中心办公室的削弱使得省的官员得以在决策方面有了更多的主动权，具有讽刺意味的是，这一结果较符合省级开发援助项目原先的意图。评估人员指出，假使项目照计划实施的话，省级开发援助项目的积极成果不会发生（Wunsch 1988：13-14）。省级开发援助项目的设计忽略了组织的激励因素，而这是决定成败的关键维度。这一项目无意中做到了这一点，是因为由特定项目所提供的激励因素鼓励各省参加项目，这帮助各省设立了省的项目人员。项目资金，加之新的行政管理能力和渴望再度当选的欲望，激励省长们行事比以前更具有主见。

项目临近结束时，兰多等人（Landau et al. 1980：15）总结指出，省级开发援助项目及其特殊项目"启动了这样一个进程，只要它能坚持下去，就有希望创建一种省级水平的既成事实的分权"。评估人员发现，在某些省（不是全部），由省级开发援助项目培训过的人员在年度预算程序中起了重要作用（Landau et al. 1980：91）。研究人员认为，这增强了省长在其处理过程中能施加的影响力，因此这是"强化省长对省级层次程序的控制能力的至关重要的因素"（Landau et al. 1980：93）。

概言之，省级开发援助项目试图通过分散决策能力来支持分权，这种方法的基础是这一预期，即通过对基础设施的改善提供额外支持，省将有激励来提高其行政能力。在项目进程中，上述结果得以实现，是由于负责项目的国家行政管理人员对省一级活动实施控制的减少而产生的。遗憾的是，这些改进并未产生持久的效果，至少在关键的预算领域是如此。

第三节 结论

在第七章，我们使用较宽泛的价值标准系列来评估集权供给安排的绩效，证明在基础设施开发方面，集权制度安排有重大缺陷。我们当然不是认识到这些难题的最早的或仅有的分析家。政府一直通过追求某种形式的"分权"作为回应。本章揭示出，分权这一术语被用来指称极为广泛的不同的制度重组。也许，最普遍的是放松集权或行政放权，其中相当部分的决策权被全国政府官员保留。尽管这些政策有可能降低与高度集权的公共设施供给有关的交易成本，但许多制度变革并未产生预期结果。在下一章，我们将探讨对高度集权制度安排的实质性更强的变革。

【注释】

［1］有大量关于分权的文献。例见 Bryant and White 1982，1984；Esman and Uphoff 1982；Kee 1977；Landau and Eagle 1981；Leonard and Marshall 1982；Montgomery 1981；Rondinelli 1981；Rondinelli and Nellis 1986；Rondinelli, McCullough, and Johnson 1987；Wunsch 1988。

［2］完全聚焦于比科尔项目参与方面的一个评估报告的附录，说明了在集权项目环境中的分权尝试的某些可能和矛盾。评估对国家灌溉管理局的官员试

图改善与农民的关系的诚意没有疑义。参考了一些从前面的试验项目中学到的教训。起用社群组织者得到农民的积极肯定，并且社群组织者自己也对他们的工作充满热情。一些人感觉到，国家灌溉管理局的技术职员将社群组织者的工作视为"麻烦的付出"，但认为更多的门在打开。一位社群组织者指出，她工作的最大回报来源于在现场直接与农民一起工作。"当在项目办公室时，我觉得工程师们并不真的认为我们的工作有用"（引自 Sommer et al. 1982：F-8）。她还反映了她有时因为同情农民而感到的内疚："他们得不到水，设计存在缺陷，建设被延迟，然而我还从国家灌溉管理局拿到工资，并且我还要为工程辩解。"（引自 Sommer et al. 1982：F-8）一位十分疲倦的社会组织者以如下方式表达了她的疑虑："我们不是在做社群组织工作，我们是国家灌溉管理局的公关人员。我们所做的是在出售一个工程。我们常常发现我们自己同情人民，但是另一方面，我们是国家灌溉管理局的雇员。"（引自 Sommer et al. 1982：F-7）

第九章 多中心制度安排

177　在前几章，我们依据制度经济学、公共财政学和制度分析的各种理论，得出一组关于制度安排的中间绩效标准。我们研究了五种特定风格类型的制度安排如何完成基础设施开发和维护的艰难任务。这些安排包括单一市场、差异化市场、用户团体，以及集权和行政分权的国家政府机构。在这一章，我们将考察第六种制度安排，即多中心的、嵌套的政府机构，它们可能会更完善地符合我们在第五章详细阐述的绩效标准。

集权的供给安排常常能够防止"搭便车"，取得生产的规模经济效应，带来关于决策的科学信息。尽管多数行政分权被引入是为了减少所需时间与地点信息的成本，或减少由于缺乏这类信息的失误，但它们通常都未能成功地达到其中的任何一个目标。在许多情况下，行政分权在减少策略行为（特别是规避责任、寻租和腐败）引起的高成本方面也是失败的。对权力关系结构的分析清楚地揭示了，为什么集权的和多数分权的制度安排应被认为是单中心的：决策权是在等级制的命令链条中组织起来的，具有一个单一的终极权力中心。

在这一章，我们考察无中心或多中心的制度结构在减少策略和信息成本方面能取得的改善，在存在规模经济时它们仍能保留大型生产机构的优点。多中心或无中心的制度安排把有限的但独立的规则制定和规则执行权分配给众多管辖单位。所有的公共当局会有正式的地位，没有任何个人或群体作为最终的和全能的权威凌驾于法律之上。

我们首先考察多中心的概念，以及多中心的制度安排怎样降低获得有关时间与地点信息的成本，减少某些形式的策略行为。然后，我们讨论多中心结构对于欠发达国家是否适宜和切实可行。由于多中心制度的重要性并未被发展行政学与发展财政学的学者广泛认可，我们还要讨论有关多中心安排对发达国家的重要性方面的诸多保留意见。最后，我们还要考察在什么情况下，私有化可能作为改善农村基础设施开发和维护的决策质量的另外一条途径。

第一节 多中心的概念

与第七章和第八章描述的集权与分权结构不同，多中心治理结构为公民提供组建多个（不是一个）治理当局的机会（V. Ostrom, Tiebout and Warren 1961；V. Ostrom 1987，1991）。在特定的地理区域，在有限的权力范围内，每个政府都能行使相当独立的权力去制定和实施规则。每个政府最重要的是作为一个供给单位。一些供给单位可能组建它们自己的生产部门，如运输部设立道路建设局，或者，它们也可以选择与国家或地区辖区内的其他公共机构签订合同，或者与生产特定物品和服务的私人公司签订合同。从多个生产者中选择，使得在基础设施的开发和维护活动所包括的一个或多个设计、建造、维护和运行服务中，利用多样性的规模经济成为可能。

在多中心体制中，不同政府单位行使权力的本质差异极大。有些具有一般目的的权力，并向社会提供内容广泛的公共服务。另外一些是特殊目的的权力，它可能只提供如灌溉系统或道路系统的运行和维护这类服务。这些政府单位的多样化功能意味着个人同时在几个政府单位中保有公民身份。图 9-1 说明了在公民和政府之间以及政府单位本身可能存在的多样化关系（经验案例见 Blomquist 1992）。

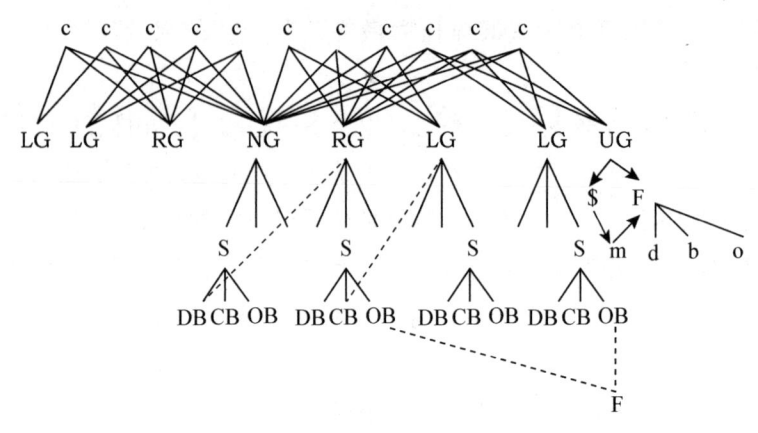

图 9-1　基础设施开发的多中心安排

注：c＝公民-消费者
　　LG，RG，NG＝地方政府，区域政府，全国政府
　　UG＝用户团体
　　S＝行业部（灌溉、运输等）
　　DB，CB，OB＝每个部门中的设计、建造、运行机构
　　d＝设计者
　　b＝建造者
　　o＝运行维护者
　　＄＝金融机构（银行、信用环等）
　　m＝质量监督者
　　F＝建筑公司
　　……＝合同关系

在单个政府单位行使独立权力的地方，每个政府官员的选任独立于其他辖区的选择过程。一个辖区的官员并不能对另一个辖区官员行使上司的职权，因此不能控制其职业发展。尽管在每个辖区都存在科层制关系，但与信息失灵和失控密切相关的长长的关系链条比较难以存在。不同辖区的公务员具有平等的法律地位，与此相一致的是，官员们有关法律解释和管辖界限的争执在行政科层制之外、在法院或其他争议解决场所得到适当的解决。定期选举给人民提供机会，去选择他们相信能为辖区提供良好物品和服务的官员，或至少惩罚那些没能做到这一切的官员。

多中心秩序没有损失多少集权治理当局所能提供的好处，但却能产生特有的优势。治理当局仍然能够处罚那些试图"搭便车"的人。小管辖单位的官员可以与较大管辖单位的生产部门签订合同以生产确保规模经济的特定服务。当特殊工程需要时，与较大辖区的专业人员或私人公司签订合同，是购买专门科学技术的一种合宜的和经济的方式。如果不同辖区的当局拒不赞同其他当局提议的话，它们之间协调成本可能会增加。不过，实际上，在独立单位之间关于不同政策的争论，只不过比在集权公共部门内部各单位之间通常发生的政策选择的争论更公开罢了。实际协调成本是否提高，取决于所涉及的不同利益集团是如何组织的，以及它们的关系是互惠的还是零和博弈的。如果初始的不一致导致协调成本实际增加，但随后的政策改进产生了较好的结果，则增加的协调成本物有所值。

产生地方政府当局的选举提供了一种虽不完美但却很重要的手段，来收集时间与地点信息以用于决策。这是因为特定选民对时间与地点环境的信息有自己的储存，加上选民自身的利益，决定了该选民对某个候选人政策立场的偏好。一旦当选，官员或代表有强烈的动机，至少要取悦自己的那部分选民，以便再次当选。为了维持自己的受欢迎程度，官员需要让自己知晓偏好的不断变化。地方候选人天然拥有大量本地的时间与地点信息，依靠它们进行决策。

多中心体制还提供了减少机会主义成本的手段。想要罢免腐败或懒惰的当选官员的公民们，不需要依赖上层行政官员的协助，他们能够通过选举或其他选择和罢免程序，依靠自己达到目的。并且，由于有更多的官员在更多的管辖单位中独立行事，任何人能够垄断控制重要的公益物品和服务的可能性就减少了。

多中心的经济原理

多数研究和写作关于公共部门分权问题的经济学家与公共财政的分支学科相关联。他们研究的主题被冠以"财政联邦主义"（fiscal federalism）的名称。这个名称具有误导性，因为它暗示研究的问题仅与联邦制政府有关。然而，实际上，只要在多样化的管辖权被承认的地方，即使在单一制政府体制内，都需要讨论此处考察的问题。在政治科学文献中，联邦主义这一术语被极其明确地限定为政府结构，与此不同，财政联邦主义定义相当宽泛，如同下面奥茨对经济的联邦政府的描述所表明的："兼有集权和分权两种决策层次的公共部门，其中每一层次对于公共服务供给的选择，主要地取决于相关管辖单位内需要这些服务的居民（也许还有其他在那里从事活动的人）。"（Oates 1972：17）奥茨接着解释，在这一定义下，联邦的这一术语同等地涉及两种体制：一是地方决策基于被委托的权力，二是地方当局具有独立的宪法所保障的权力。

在任何多中心或多层次体制中，必须解决的问题之一是在体制内如何适当地分配职能。传统公共财政的方法是将政府责任分为三种职能：配置、分配和稳定（Musgrave 1959）。其中稳定职能涉及战略规划，目的是取得经济增长、就业和价格稳定的宏观经济政策目标。追求这些目标是全国政府的天职，因为通常只有这一级政府控制货币、贸易和债务政策，而它们必须与财政政策相一致，以便能取得稳定的经济增长。[1]

再分配，特别是个人或家庭层次上的再分配，通常也被认为是适合全国政府承担的任务，尽管对于较小政府单位的公共开支和税收决策影响收入分配没有什么疑问。这里的要点是，只要在辖区之间发生迁移，地方政府在收入和财富的分配方面做出重要改变的任何企图，都是注定要失败的。这是因为，试图对富人"敲竹杠"并将这些钱财再分配给穷人的地方管辖单位，很可能会发现富人逃离此地而大量的穷人将会迁入此地。[2]

赞同多中心服务供给的最强有力的论据是它提高配置效率。这个观点最简单的基础是这样一个预期：尽管个体对公共服务的需求不同，但小群体个人需求的同质性很可能高于较大范围内的社会领域。这一观点还假定，如果由中央政府提供这些服务，它会不管各地需求如何而对所有区域提供大致相同的服务。[3] 然而，在全国范围内统一的服务安排，很可能在某些地区会导致接近于理想的支出，而在其他地区造成花费过大。如果每个地方被允许选择它认为最合适的服务水平（并为此付费），那么在经济上的总体满意程度会提高。因此，多中心决策过程比高度集权的官僚体制，能够更有效地确定地方对物品和服务的需求。

这一领域的理论成果，包括比什（Bish 1971）、巴泽尔（Barzel 1969）的理论，奥茨概括为如下定理：

> 对公益物品来说，其消费取决于地理区域内的全部人口，在某个辖区内提供某种水平的物品的产出，其成本对于中央或相关的地方政府是相同的，由地方政府对其各自管辖区提供帕累托效率产出水平的公益物品，总是比由中央政府向所有管辖区提供某一特定和统一产出水平的供给更加有效，或至少同等有效。（Oates 1972：17）

类似的观点导致的理论结论是，应当为由公共部门提供的许多种类型的服务建立起规模各不相同的不同管辖区。这就是说，不是由单一的地方政府提供消防、街道设施、娱乐休闲和教育等服务，而应该建立分立的消防、街道、娱乐休闲和教育等管辖区去提供服务。每个管辖区的边界应以这一方式划分：使管辖区内需求的差异最小化，使区域间需求的差异增加。

分立供给组织的另一个好处，是使每个官员能集中注意该组织自己的服务安排、监督维护和使用活动。当使官员们主要负责一种而不是多种基础设施时，他们在保护自己组织的投资方面会有力得多。当把许多不同的物品和服务的供给、维护责任不加区分地委派给同一组官员时，他们很难抵挡这样的诱惑：通过推延未来的维修活动以增加当前对顾客的直接服务量。

在一个特定地区内，单一目标（或者即使是多目标）的地方政府数量的增加由交易成本所限定。配置效率需要公民和地方政府决策者之间有沟通偏好的信息流。公民必须做出努力选择、监督决策者，并与他们沟通，这并非没有成本。当然，确保高质量的信息流成本非常高。因此，许多较小的、单一目标管辖区取得的经济效率，与较大的、多目标的管辖区取得的技术效率之间，存在着利弊权衡。如同比什（Bish 1971：53）所说的："虽然每一种聚合都会减少个人在有关问题上清楚地表达他自己特别偏好的能力，但在同一个单位中同时兼有几种职责将会导致在决策成本方面产生充分节约，足以抵销需求精确度受到约束时的损失。"

价格系统和竞争一起保证了私有市场对私益物品的有效配置。多中心政府得以产生有效配置的机制更加复杂。在这一领域中蒂伯特（Tiebout 1956）开创性的研究认为，迁移是保证公共服务结果接近个体偏好的机制。蒂伯特模型的基本假定是：每个不同地区向他们的居民征不同的税和提供不同的一揽子支出。假使迁移是无成本的，并且可以获取完全的信息，则个人和公司将迁移至他们的偏好被最好地服务的地点；这和消费者完全凭借其愿望和能力把他们的收入花在不同的物品与服务上面一样。蒂伯特基本模型被奥斯特罗姆、蒂伯特和沃伦扩展，以包含将供给与生产相分离的可能性，并允许供给单位与它们自己或私人生产企业签订合同进行生产（V. Ostrom, Tiebout, Warren 1961）。在生产部门允许某种竞争，强化了公民把"退出"作为有效策略的潜在效果（V. Ostrom, E. Ostrom 1977）。[4]

当然，蒂伯特模型存在着一些重大的局限。正如信息是有代价的一样，迁移同样如此。多数业主想要从一个辖区迁移至另一个之前，必须先找到购买他的房产的人（并且替代他们成为这个辖区的纳税人），然后他们才负担得起搬走。此外，某一地区生产的某些服务，其提供的好处可能溢出，使邻近地区的居民受益。例如，下水道处理系统往往能影响本服务区域之外的个人和企业，特别是下游区域。如果允许每个地区独立选择（并且必须支付）它自己认为最好的污水处理服务水平，位于下游的社区很可能会发现自己处于草草处理的废水之中。但从全部人口的观点来看，污水处理服务水准的总体是次优的。[5]

最后，尽管迁移可能有助于带来效率结果，但它也可能具有有害影响。如果更多的人进入辖区，享用那里提供的诱人服务，这些服务的供给成本可能提高，并且老住户必定要负担。譬如，更多人进入，享用好的学校系统，人均教育成本会增加，以负担增加的教室、教师以及其他所需的教育投入。这些拥挤成本可能会超过由多中心决策过程带来的效率，导致福利的净减少。[6] 对这一难题在概念上的解决方案，是由新移民负担他们享受的服务的全部边际成本；然而，测量这些成本并设计出一种控制这些成本的可操作的制度体系并非易事。

第二节 多中心制度在发展中国家的可行性

过去的 1/4 世纪，在从事发展研究的观察家中，戈兰·海登（Goran Hyden 1980，1983）是值得注目的一位，他认识到包括家庭和族裔群体在内的本土社会和经济组织在发展中国家所起到的重要作用。集权制政体组织结构的目标之一就是以对国家的忠诚取代其他特定性质的忠诚。实际上，在发展中国家存在着多样性的族裔忠诚中心，行政管辖区往往与族裔忠诚区是重叠的。在每个中心被承认的合法领导人，很少（如果有的话）得到官方授权。这些情形给人们的感受不是我们在这里描述的多中心体制，而是不完善的帝国控制。然而，甚至在帝国体制内，人们仍能发现族裔群体，例如东非的马萨伊人（Masai）和努尔人（Nuer），和特定目标的群体（如赞亚拉人），它们给其成员提供了一些多中心治理制度的体验。在发展中国家的生产方式中，多中心组织的基本原则已经在运行，这是我们对完整的多中心制度安排的潜在价值被发展中国家认可持谨慎乐观态度的基础。

一、多中心的来源

搜寻发展文献，寻找长期以来成功支持了生产性的、合法的集体活动的制度，往往会导向地方性本土制度（Curtis 1991；D. Korten 1980，1986；D. Korten and Alfonso 1983；Uphoff 1982，1986b）。其中某些制度被官方正式认可，具有独立但有限的权力，来制定和实施地方规则。但许多本土制度几乎不为全国政府官员（也包括许多学者）所知，其他一些严格地来说是非法的。然而，无形的制度常常提供实质性的公共服务。例如，"非正式经济"直到最近在大多数发展中国家仍然是不可见的部分，而细心的研究人员开始认识到，东欧和发展中国家的经济活动，有相当部分由无照经营的公司所从事（de Soto 1989，Jagannathan 1987，Jenkins 1988）。在很大程度上，未权威化的本土制度构成了"非正式政体"的基本部分，治理着非正式经济（见专栏9.1）。由于缺乏充分开放的要素市场，非正式组织体的成本在某种程度上是无效率的。此外，"非正式政体"中的"正义"具有许多邪恶形式，就如西西里黑手党所具有的那样（Sabetti 1984）。

本土制度在规模上一般较小，因此能够为其成员提供志愿的或非志愿基础上的服务，利用社会和道德的压力实施规则，限制"搭便车"。不过，其中有些也使用当局授权的或未经授权的警察权力，迫使未能向群体事业做贡献的人缴纳罚款。还有的有效地组织起大型的群体事业。在某些国家和地区如印度尼西亚、尼泊尔、日本、中国台湾地区和菲律宾，大型灌溉工程长期以来一直是由本土制度所建造和维护的（Lando 1979；P. Pradhan 1983；Beardsley, Hall, and Ward 1959；Pasternak 1972；Bacdayan 1974）。[7] 专栏9.2描述了一个多中心的制度安排，由农民创建，用于治理恰蒂斯-玛亚（Chhattis Mauja）灌溉系统的建造、运行和维护，这一系统供养了定居在3 500公顷土地上的大约25 000名居民。

在本土制度没有合法地位的政体中，许多较小的制度能够不被注意和不受挑战地幸存下来。环境严峻（如博茨瓦纳的布什曼人）或以野蛮出名（如东非的马萨伊人和努尔人），这种特别因素为中央集权体制中一些无领导的群体（基层组织是非等级制的、多中心的）提供了某种程度的自主性。在等级制组织系统中，存在信息失灵和失控问题，这也使得小型组织能够在这样的环境中发展和繁荣。韦德（Wade 1988）记录了印度的一个实例材料，根据宪法规定的权限，一个村长拥有十分有限的征税权、开支权和警察权，但这个村长从地方政府官员那里非法购买（通过贿赂），得到了大得多的权限。据此权限，村领导们实际掌管着一个灌溉系统并且提供许多根据当地需要精心裁剪过的公共服务。类似这种未经授权的制度还包括确保村民负责任的制度供给。但是，本土制度中那些大型的、有显著收入筹集能力的或积极参与党派政治的，最终会引起政府当局的注意，政府当局会设法开除被发现越权即超越合法权限的地方领导人（新近有关利比里亚的例子见：Sawyer 1988）。

有关地方本土制度的研究提供了广泛的经验证据，清楚地证明，只要需要，人民自主组织的能力在压迫性制度下能够存活下去，有的甚至能茁壮成长（Wade 1988，案例见：Bromley 1992；Berkes 1989；V. Ostrom, Feeny, and Picht 1988；McCay and Acheson 1987）。这些组织技能所代表的社会资本在发展方面的作用将仍然被可悲地压制，或者能被指数级放大，遍及每个国家的所有人，其成功取决于两点：一是限制代表较大利益集团的机构的权力，二是在较大的利益集团和较小的组织之间找到一种结构性互补性的而不是掠夺性的关系。所有国家必须能够组织公共机构，处理具有广泛多样性的问题。几个有关地方组织的大型比较研究发现，代表小型和较大型的社会集团的权力机构之间的互补性关系对较小单位的成功运转很重要（Leonard and Marshall 1982：6，Uphoff and Esman 1974：25）。

罗杰·斯通（Roger Stone）有关非政府组织（NGO）在可持续发展方面作用的研究成果，与我们对地方制度以及大型组织的重要性的分析非常吻合。斯通强调，来自外部的帮助，特别是科学知识，常常是对地方人民本地知识的必不可少的补充。他还认为，"缺乏适当、有效的社会制度是变革的巨大障碍"（Stone 1992：199）。他指出，"数十年的来自草根的经验显示，并且发展生态学领域的报告也早就证实：如果使地方公民成为充分的参与者，就可能取得进步。自上而下的计划很难在实地蓬勃发展"(Stone，1992：201)。

专栏9.1

秘鲁的非正式司法权力

由赫尔南多·德·索托（Hernando de Soto）创建的秘鲁自由与民主研究所（ILD）进行的研究，不仅成功地说明了秘鲁非正式经济的性质与范围，而且还理解了制定和执行塑造非正式经济规则的非正式政体（polity）。有一类非正式政体是定居者协会，它们在城市地区未开发的土地上组织起非法的侵入与定居。德·索托描述了非正式司法系统的性质，解释了定居者协会在新建的定居点掌管事务的规则（de Soto 1989：28-29）：

> 非正式组织根据自己的利益在两个基本方面承担司法功能：土地纠纷和刑事犯罪。对土地纠纷的管辖大体上是对缺乏官方干预的反映。过去一些年来，正式的司法系统被太多的问题缠身，这使得它一直倾向于忽视在非正式定居土地上发生的个人纠纷。因此，一些法律规定将这些纠纷的司法权从正式司法系统转移到政府官僚机构。然而，官僚机构对定居者的创始行为不胜其烦，被迫认可非正式组织所采取的决定，或者它们只在争端发展严重后才进行干预。在某些情况下，未得到解决的争端非正式地通过仲裁达成和解，而不是交给有力的政府当局。这些和解裁决倾向于依赖法外准则解决纠纷，因为社会与之关联的是一个法外系统，通常也没有正式的法律可以依靠。

> 所有这些都促进了解决土地纠纷的非正式司法的发展。非正式定居者组织的领导人和全体大会分别行使初审和二审法庭的职责，解决权利冲突、违反买卖合同或租约协定、划界的纠纷，甚至关于家庭中谁拥有土地的纠纷。然而，按照秘鲁自由与民主研究所的计算，在非正式定居者中13%的地块被确认处于诉讼中，这表明缺乏强制权力降低了司法系统的效能。

由于非正式组织必须保证法律和秩序,它们不可避免地也发展了在犯罪事件中执行法律的实践准则。例如,如果一个犯罪案件被提交法庭,有关被告和原告双方都允许出庭,被告为自己辩护,确凿的证据被承认(包括居民中的证词,对此人们很看重),陪审团由家长构成,判定此案。而秘鲁的司法系统却没有陪审团制度,是由职业人员执行司法,在秘鲁,长期以来一直充斥的偏见认为,普通秘鲁人民缺乏公民教育和责任能力去判定一个被告是无辜或有罪。

按照犯罪的性质援用了许多种惩罚。一般性质的犯罪的处罚有挨打、强迫裸体或驱逐,最后一种处罚是由定居者成员将犯人从他们的土地上驱逐出去。如果犯人抵抗而未能驱逐,惯例是允许一个新成员安置在这个地块的空余部分,以使被放逐者或迟或早会失去全部或部分他们期待中的财产权。

对杀人犯通常的安排是移交给警察,除非犯罪的性质触发了私刑。强奸儿童会被处死,俗语称强奸犯为"妖怪",如果这些人落入定居者手中通常也会被施以私刑。当警察发现尸体时,从定居者那儿打听不出什么,通常所能做的只是把尸体送到停尸房,以不同寻常的心照不宣的方式认可这种非正式司法制度。所有刑罚都由习俗决定,但在非正式定居者中不存在成文惩罚条例。

专栏9.2

恰蒂斯-玛亚:农民管理的大规模灌溉系统

在尼泊尔,估计有94.3万公顷的灌溉土地,其中近60万公顷的土地,浇灌它们的灌溉系统完全由耕作在自己土地上的农民建造、运行和维护(Rana 1991)。农民自己管理的系统规模很小,运用了很巧妙的但也是很原始的技术。与之相比,恰蒂斯-玛亚是个大型的、自流的、农民管理的灌溉系统,始建于19世纪中叶。尽管其技术原始,但这一系统不仅存活下来,而且还扩大了规模。它现在灌溉着近

3 500公顷土地,由54个村庄大约2.5万人耕种。这一灌溉系统位于布特瓦尔镇(Butwal town)的正南方,在那里天努河(Tinau river)从陡峭的山上奔流而下进入南尼泊尔平原。

尽管恰蒂斯-玛亚比我们在专栏4.1中介绍过的菲律宾的赞亚拉灌溉工程大两倍以上,但治理其开发、运行和维护方面的组织系列却与之相仿。恰蒂斯-玛亚系统由两个主要部分组成:(1)引水渠和一条长25公里、宽3.6~9.7米的主运河;(2)第二级和第三级的灌溉渠构成的简单网络,向相连的每个村庄灌输从主运河输出的流水。灌溉系统由四级组织运行(Rana 1991)。在第一级,由每个村庄的居民每年选出一位主席和委员会成员,他们制定水的分配规则,组织村庄灌溉渠道的维护工作,以及收缴罚金、解决村内纠纷。9个地区委员会中的每一个由6个村庄的主席组成,其中一位被选为地区主席。地区委员会的成员负责协调6个村庄居民维护引水渠工程与主渠道的工作,以及裁定村庄间的纠纷。整个系统的中心委员会主要由地区委员会主席组成。中心委员会的主席与副主席由全系统的全体大会每两年选举一次。中心主席与另外5位人员领取适度报酬,支付他们在雨季期间的兼职劳务。5人中包括一位任命的秘书、两位主运河以及支渠堤坝修理和维护工作的督察(meth mukhtiyar)和两位通信员。有些村庄也给自己的主席和一位姆克蒂亚(mukhtiyar,监督者)支付报酬,他们负责本村灌溉系统部分的运作。中心委员会担当解决纠纷的上诉法庭,组织主运河及引水渠工程的开发、运行、维护工作。中心委员会主席代表恰蒂斯-玛亚出席天努委员会,这是这一组织的第四级,它控制着由天努河供水的5个灌溉系统的水量分配。天努委员会监督着5个引水渠堤坝的长度以确保所有的子系统都能得到公平份额的河水。

运河和引水渠工程是由石头、泥土和木材构筑的,这一事实意味着恰蒂斯-玛亚的农民能够以简单的工具和本地材料独立地建造和维护他们的系统。然而,这也意味着用户们每年必须付出不同寻常的劳务量去维护这一系统。每年五六月份,全天努系统的农民代表需重建引水渠工程以使它们能经受得住由雨季降雨引发的急流，并挖出上一年沉积在主渠道中的大量淤泥、砂石、漂石等沉积物。来自每村的姆克蒂亚分配工作并记录每个工作期间出工的村民。雨季期间，由激流卷来的滚石随时可能会冲垮部分或全部引水渠工程，在紧急情况下需要动员大量劳动力，挽救本地区一季的水稻收成。

整个系统成功运转的关键是成本（劳务）和利益（水）的分配被地方认为是公平的。每个村庄按照分配给它的水量付出劳务和建筑材料。分得的水量按照村庄在全系统中的位置和所拥有的土地计算出来。通常，处于末端的村庄在旱季得不到供水。因此，这些村庄所付出的劳务要明显地少于位于顶端的村庄（Rana 1991）。村庄和中心委员会保管着土地拥有情况的详细记录，以及每一位农民的日常劳务记录。如果村庄付出的劳务太少或者没有完成份额内的工作，则要缴付罚款。1988年的记录显示，大约7 600人/日次（person-days）的劳务用于清除主运河的淤泥，另外7 300人/日次的劳务用于清理分支渠道和田地中的水渠。平均大约每天760人工作于主运河的清淤。尽管1988年雨季的沉积物要少于平均年份，但仅从主渠道就清出2万吨的淤泥、石块（Yoder 1992：62）。此外，据报告，1988—1989年，大约16 000人/日次的劳务用于紧急情况的维修（Yoder 1992：66）。恰蒂斯-玛亚的实例证明了自主组织、多层分级的多中心制度在治理和管理大型灌溉系统方面的能力。

二、原则与蓝图

本土制度的建构原则构成一种重要的"社会资本"资源，它能被用于发展中国家新制度的设计。这一语境下的"资本"一词具有最广泛的含义，指的是这样的物品或思想，通过它们，其他事物能被创造或确立起来。因此，一个特定社会的社会资本是一种有关如何以富有成效的方式组织人民的共享的知识体系。在发展中国家，一些传统的或本土的社会组织坚持严格的等级制度原则，这与民主政府或富有成效的人类互动不相符合。但还存在众多的政治组织的实例，它们没有头领，或者并没有一个单一的领导人。支撑这些非等级制制度的基本原则，对于完全依靠等级制决策安排的政治体制，提供了一种现实的替代办法。我们把这些基础性原则看成一种更具普遍性的社会资本形式，而不是任何特殊的本土制度中所使用的特殊规则。

尽管本土制度特定规则的知识共享（该制度的"蓝图"）是此制度在时间流逝中存活下来的关键，关于这些特定规则的设计和演化的基本原则的知识，对于不同环境中面对类似问题的人可能更有助益。普遍性原则在其他环境中具有可移植性，可以被许多社会用来精心制作成符合它们需要的特殊制度。由规则影响参与者动机的方式取决于有关物品的特殊的属性，以及一个特定社会的文化与物质环境，在某个本土制度中发展出来的规则，在其他地方可能不会以同样的方式发挥作用。因此，蓝图可能是不可移植的。

罗伯特·西伊在其《社会资源管理：来自赞亚拉的教训》一书的结尾处，概括了他所研究的赞亚拉本土制度的基本设计原则（Siy 1982）（见专栏 4.2）。西伊认为，可移植的是一个制度的设计原则，而不是建立任一特定本土制度的非常具体的蓝图。西伊将赞亚拉设计原则概括如下：

- 为了遏止"搭便车"，必须发展出相应的激励与惩戒，以促进集体作业中的长期参与和投入。（p.153，着重号为作者所加）

- 如果每个人被分配的义务能够与每个成员从群体活动或群体项目中得到的利益成比例，似乎一个组织能最好地得到并保持其成员对组织活动的承诺。换言之，每个成员分担的总成本应当与他实际得到的总收益相当。（p.155，着重号为作者所加）

- 在选择评定个人的收益所使用的适当方法方面，应该考虑几个问题：所用指标在成员眼中的有效性、组织收集精确信息的能力以及指标的简明性。（p.155）

- 下一步是确定一种用于分配工作和评估成员贡献的处理程序……关键之处在于，组织所处的环境使得对劳务和物质资源方面的需求每年都不一样，规定应当这样制定：当有需要时，那些资源是可以获得的，而不用关注获得那些资源的具体方法。(p.156)

● 灌溉组织应当被视为一个持续经营的事业，具有明确目标和功能的机构。……因此，对于这样的团体，能够产生它们需要的用于持续运营的资源是非常重要的。这些资源需求不仅包括群体所提供物品和服务的直接投入，而且包括实施协议、程序和规章所需要的资源。(p.162)

● 一个重大的教训是：特定组织原则只在特定类型的自然格局中才是可行的和适当的。例如，极端分权在需要在子系统之间密切协调的系统中（比如当水沿着主渠或侧渠向前流动时）是不可行的。(p.167)

这些原则与本书的理论取向一致，是适用于其他环境的具有普遍性的教益。[8]

第三节　对多中心制度安排的普遍顾虑

尽管多中心体制在约束国家政治领导和赋权于更有吸引力的地方组织的能力方面引起学者和发展方面专业人员的注意，但许多人一直对多中心制度安排的价值，特别是在发展中国家的价值，持强烈的保留态度。这些保留植根于有关治理与财政问题的关注。因此，我们来讨论多中心体制治理中的四个特别的方面：在一个具有多重独立立法者的系统中，怎样维持一个连贯一致的法律体系？较小的辖区内保护少数和穷人的法律系统，怎样才能在一个较大的辖区中建立起来？在文化水平依然很低的国家，政府怎样才能达到足够的行政管理能力？怎样才能合理地将服务责任分配到政府单位的不同层级？

然后，我们转而讨论财政问题，并研究财政收入工具的分配问题。这里所关注的财政问题包括：在多中心体制中，各管辖单位的自然的和人为的禀赋各不相同，它们之间的平等能否实现？许多地方政府的经常性成本如何控制？

一、治理问题

至少从拿破仑时代起，国家的现代化进程普遍与此有关：授权给一群受过良好教育、具有进取心的人去管理下级管辖区。这大概为组织有能力的行政管理提供了手段，他们向没受过多少教育的人们传达防止疾病、增加农业收成的新思想，同时保护他们免受专制的世袭领导人的侵害，后者可能想要其追随者依附和屈从于他们。授予许多有单一目标或多目标的政府单位相当数量的独立立法和执行法律的权力，这一想法产生了对法律混乱的恐惧。这会不会导致无能的地方官员颁布不相容的规定，持续盘剥本地人民？多中心组织的支持者必须要回答这些疑虑。

怎样才能保持法律的一致性？如果一个国家的许多团体有权制定与公共政策有关的规章时，法律最终会不会成为不相容的规则的大杂烩？无疑，个体投资于某一经济方面的意愿，需要高度的可预见性：有预见他人行为的能力。而预见性，又依赖于支配行为的规则在多大程度上被广泛地理解和有效地执行。

实际上，许多发展中国家仍然承认一个或多个传统法及宗教法体系，并且保留特殊法庭制度以管理这些领域内的冲突。这些国家实际上已经存在有限形式的多中心系统在运行，这一事实表明发生自相矛盾的威胁不那么严重。

尽管在真正多中心的联邦体制中，法律之间会产生冲突，但它们仍然达到了法律体系的一致性。这是由这样一个司法体系所实现的，它由多层级的法院构成，它们都承认法律的层级原则。这一原则宣布，本地法（local law）只有在与地区或次地区（regional or subregional）的法律相一致时才是有效的，同理，地区法律必须与国家基本法一致，即国家宪法中所表达的原则相一致。两个辖区法律的明显不一致，将通过法庭程序裁定。法庭可以由有志于维护地区法律规定的官员和公民参与，或者被本地法伤害的公民参加。本地法律的辩护者必须证明，不存在不一致，或者情况是，地区法律的规定与宪法不一致。败诉方可以通过法院经由上诉程序提出上诉，它为败诉方提供进一步的法庭听证，法庭人员是从不同的辖区根据不同的标准选出来的，这进一步消除了可能扭曲地方法院判决的地方偏见。

给予更多团体对更广泛问题更多制定规则的权力，很可能会增加必须要按上述方式解决的法律冲突的数量。一个政体在解决冲突服务方面的更大投资带来更大的成本，尽管如此，考虑这一点必须结合这样的环境，即一个法律体系，如果更契合个人所面对的问题，在经济上会带来潜在的生产效率的提升。

如何维护普遍的法律规则？也许，人们对将独立征税权和开支权转移到国家下一级（sub-national）管辖单位或专门机关的最大保留意见是：怎样才能让地方当局对其行为负责？通过选举或其他方式独立选出地方官员，与由全国政府官员方面通过行政管理将其解职，这两者并不一致。确实，以行政方式罢免地方官员的规定对选举进程是一种嘲弄。然而，如果大管辖区的官员不能像惩戒其下属那样惩戒小管辖区的官员，那么，怎样确保小管辖区的官员能够忠实执行大管辖区的法律呢？

如果选任官员无视为全体公民所确立的规则，惩罚他们的一个方式是本地居民将他们从职位上赶走（通过罢免或其他方式），或者不再让他们连任。但是，如果受到本地官员非法行为损害的是小管辖区内的少数群体，这一机制可能不起作用。

在美国和瑞士联邦制度中，法院是主要的控制机制。较大管辖区的官员对未能执行它所制定的法律的较小管辖区的官员，可以向法院提起诉讼。个人若认为他/她自己由于地方官员不愿执行较大管辖区制定的法律而受到伤害的话，也可以对这名官员向法庭提起诉讼。[9] 以此原则组织地方政府的一个重要好处是，它产生一种激励结构，使地方行政当局处于"双重约束"中。由于必须面对未来的选举，这使得他们留心关注地方人民；法庭诉讼的威胁促使地方行政当局注重本地区所属的更大管辖区的法律。

赞亚拉灌溉系统显示了来自几个组织层次的规则是怎样整合与实施的。那些想要获得阿塔尔份额的先前无地的农民进行协商，达成一个初始协议。这个协议规定了农民对彼此和对地主的义务。虽然在这类协议的起草中遵循了一般性原则（如前引罗伯特·西伊的著作所描述的），每个协议还规定了单个系统的特殊的规则与义务，以及治理那个系统的方式。农民之间或农民与他们选举的官员之间的冲突首先在赞亚拉内部处理。如果冲突在这一层次上未能解决，并且如果这个赞亚拉人是联盟成员，下一步争执将提交联盟委员会讨论并可能获得解决。如果冲突在这一级别仍未得到满意的解决，并且冲突涉及他们合同中明确规定的法律权利，当事人可将这一讼事提交菲律宾法庭系统。实际上，赞亚拉人之间关系到他们各自的用水权的冲突经常被转交到正式的法院系统去解决（Cruz, Cornista, and Dayan 1986）。在这样一种分级嵌套规则体系中，较低层次规定如果与较高层次规定不一致，最终会被撤销。但仍然会存在相当多的各种各样的较低层次的规则，它们与较大管辖区的规则完全一致。

在任何多中心体制中，人们会期待发现争议解决机制，它们在控制政治官员方面发挥重要作用。但是，在任何政治体制中都要考虑到穷人运用这种控制机制的能力，这是很重要的（Leonard and Marshall 1982），并且还要强调，需要保持使用解决争执机制的低成本。在一些发展中国家，保留着习惯法庭系统，与根据正式法律审理案件的法院系统相分离，多数习惯法庭的管辖权只限于家庭法和轻罪案件。如果要对公职人员进行审判，要控制通往具有这个管辖权的法庭的成本，就要求所有法庭保持简化的程序。

怎样才能发展合格行政？所有发展中国家的地方行政管理实际上都是无效率的，对于它所管理的辖区内的居民缺乏回应。在许多国家，所有层级的政府部门都缺乏足够经过高水平培训的人员。人民中间受过中等教育以上的人也相当稀少。在这种情况下，创建更多的地方政府，并将更多的决策权移交给它们，难道不会严重地危及现时本

186

就质量不合格的行政能力吗？虽然，过度集权问题被普遍承认，但实际组织一个替代性的行政管理结构的问题却并非无关紧要。我们不怀疑在较小的一般目的或特殊目的的管辖区中维持适当的行政能力的重要性。但我们的确对这种理论的可靠性表示怀疑，即地区或省的人员目前存在的无效率主要是由于他们太缺乏充分的职业培训。相反，我们认为，地方政府拥有相当的行政才能，远超人民通常所认识到的。

提高省和地区管理人员在计划和执行政策方面的能力一直是众多制度发展项目的目标，比如专栏8.2中描述过的菲律宾省级开发援助项目。然而，证据表明，如果不伴随着改变人员所要面对的激励因素，设计用来提高技能水平的项目，对于绩效的改善收效甚微或者没有长期效果。菲律宾省级开发援助项目的历史表明，培训起初改善了省项目工作人员的技能水平和专业信心。然而，一个晚近的评估显示，随着时间的推移，行政官员学到的技能呈现退化趋势以致无用（见 Hubbell et al. 1989）。的确，省长们起初表现出的技能水平未能持续到菲律宾省级开发援助项目的较后阶段。因此，这一项目较长期的效果表明，单纯提高工作人员技能水平的努力对于提高省政府部门的生产效率是不够的。与之相比，在尼泊尔由农民教农民的培训项目在提高生产效率方面取得了完全的成功（N. Pradhan and Yoder 1989）。

韦德（Wade 1988）描述过的印度非法村政府所使用的会计记账办法，以及菲律宾的赞亚拉灌溉系统（Siy 1982），显然都十分关注激励因素。印度的一个村庄，两派相互猜疑威胁到政府的活力，两个司库被指定各负责"税"和罚金的净货币收入的一部分。每个司库各保有一个分开的账簿，在预定时间，当他们的账目需要汇总到村的总账簿时，他们相互检查对方的账目。每个赞亚拉文书都详细记录每个村民工作日的出勤情况，以及所贡献的钱款和实物。每年开一次"结账大会"，那时，成员因缺席劳动而招致的大量罚款，需要全部缴清。会后举行宴会。每个文书的简易账簿随时备查，保证可靠。

对人力资本禀赋的评估几乎完全依赖人们的正规教育条件，这适当地强调了持续大量投资于教育的重要性。然而，这也极大地低估了在发展中国家，现有人力资本禀赋的水平与性质。好的行政官员需要的信息，学校不提供。官员出于好心，但由于缺乏时间地点方面的正确信息，不了解当地的科学知识，他们做出的不幸选择带来悲剧性后果，这表明，资格评价单靠证书是不够的。确实，单纯依靠证书还让许多潜在的候选人失去了资格，他们对本地人民所面临的专门问题具有丰富的经验。社区为学校出资、盖楼和提供人员的能力——著名的例子是肯尼亚的哈兰比（Harambee）学校，以及组建比官方法庭更公正的私人法庭（见专栏9.1）的能力，表明存在一个重要的技能蓄水池，目前尚未为公共行政所认可和利用。

地方政府人力资源短缺问题隐含的假定是：公共部门必须提供公共供给的全部物品和劳务。这一假定忽略了私人部门生产的巨大潜力，这可能会克服公共领域劳力短缺同时帮助提高效率。我们将在本章稍后部分对私人部门和公共部门间的可能的联动机制提供一个更具普遍意义的综述。

服务责任怎样才能合理地分配？有多级政府提供公共服务，明确的目的是克服私人部门配置失效，那么，由哪个层级提供什么服务最为有效？这个问题始终存在。按最简单的一般原则，遭遇问题的一群人应该为解决问题而提供的公益物品和服务付费。由于问题影响多种多样，应用这个一般原则去分配服务可能会导致许多大小不同的公共管辖单位之间责任的相互交叉。在多数发展中国家，中央政府将提供公共服务的所有责任都揽到自己身上，因此严格限制了行使独立征税和支出权的政府数量（见专栏9.3）。

如果一种物品和服务的供给存在着利益和（或）成本的严重溢出，则这种物品和服务供给的现有责任分配可能是不适宜的。如果服务在很大程度上使辖区之外的人受益，而只有辖区内的居民负担费用，从全社会的观点看，可能是一个小管辖单位在供给无效的低水平的服务。溢出效应的一个实例是污水处理。当一个村庄，或者更严重，一个城市向河水中排放未经处理的污水，处于下游的用水者就需负担额外的费用去净化水源,虽然实际上水源污染并不是他们的责任。当然,这是"市场失败"或称"外部效应"的一种形式,在本例中是一种空间外部效应。

有几种切实可行的政策途径可使类似的外部效应内在化。一种选择是将负责供给的适宜管辖区的范围扩大,把污水处理的责任再重新分配给一个较大的管辖区,例如分配给一个地区或省而不是村庄。如果某种特定的基础设施服务会产生重大的空间外部效应,或者由于所谈论的基础设施的属性会产生重大的规模经济,比如修建一个具有多重目的的大坝,供给决策可能最适于分配给更大的政府管辖单位承担。

但是,只依赖全国政府或其他较大的管辖区不是仅有的选择。鼓励特定服务供给的另外两种方法是委托和政府间拨款。主要基于某些服务可以产生更广泛的利益基础,中央的或者省、州这样的区域政府也可以将这些服务委托给地方政府供给。例如,中央政府可以委托地方政府在污水未排放到河流和溪水之前负责处理污水。或者,它们可以委托地方政府提供所有青少年的最低限度的教育服务,因为,一旦这些青少年成人后他们可能迁徙至外地,他们在那里所受的教育使得他们成为劳动力中的富有成效者,成为有文化的选民。

政府间拨款是另外一种方法,由此中央政府可以"鼓励"地方政府提供较高水平的服务。例如,中央政府可以为一个污水处理厂提供全部或接近全部的资金,或者同意为大部分基础教育开支买单。下文会稍微详细讨论的一点是,鼓励支出的政府间拨款,可能产生的一个弊病是,它们可能被用来简单替代地方上筹措的资源,花费的资金得不到实质净收益。

然而,对于多层级的公共服务供给,无论是委托还是拨款的途径都会引起委托-代理问题(Ferris and Winkler 1991)。委托和拨款两者都会使较高层级的委托人必须努力确保较低层级的代理人提供服务。如果不同层级政府之间存在信息不对称,而地方与中央管辖部门的偏好也不相同,从生活于社会中的人们的视角看,无论委托还是拨款,都不能得到有效的结果。在任何事务上,多中心政府的服务责任政策都必须认识到委托-代理问题。

最后,至少某些基础设施的网状特性也常常与多中心制度安排中的服务责任分配密切相关。公路系统是此类网状系统的很好的例子。不同道路所负载的交通流量和类型差异极大。某些地方公路仅为附近生活的人们所用,有些则承担地方与地区中心之间的交通。高速公路加速了一个国家内人员与货物的流动。在这样的例子中,把不同类型道路的责任分配给不同管辖单位是合乎道理的;确实,许多国家也正是这么做的。例如,孟加拉国将农庄-市场公路、二级公路、高速公路干线的责任分别分配给地方分区委员会(upazila)、地区委员会(zila)和国家道路与高速公路部。

同时,在多层级系统内,除非适当的自治权被授予每一级,否则多中心体制的优点将不能充分实现。例如,由中央各部发下来的众多指示要求使用统一的方法供给和生产道路服务,这与不同管辖单位独立提供道路服务的努力是不一致的。另外,中央各部还经常地以控制者和合同方当事人的身份行使大权,截留由国际援助方提供给公路开发的大笔资金。这又违背了服务责任的多中心安排。

专栏9.3

太多的问题、太多的公众,却没有足够的政府管理

在美国国际开发署非洲事务局的一份报告中,詹姆斯·汤姆森(James Thomson 1991)指出,由被称为萨赫勒国家间抗旱委员会(CILSS)的一个捐助财团所服务的9个国家当前所面临的经济与政治危机的原因有两个:一是中央政府在经济活动方面干预太多,二是太少的政府部门真正明智地关注公共问题。

萨赫勒地区人民面临许多问题,必须要解决它们以求发展,或者至少要避免进一步的停滞不前。这些问题发生在不同的方面。它们的规模不同,因而涉及"公众"(publics)——被问题影响的规模不等的人群。有些问题最好由私人部门去处理,即个人的住房、单个企业、大大小小的公司……在CILSS成员的粮食食品的生产和分配领域，私人活动（只受到政府非常有限的控制）提供了有效的方式解决分配问题，确保每个人有足够的食品。自1985年以来，CILSS成员的政策经过广泛修订，认可了上述情况。

另外一系列问题确实需要某些政府的集体规范或行动来解决。土地使用和可再生资源管理就是两个例子。其他公用事业服务也适用于这一范畴。在所有这些领域，问题成为"公共性"问题，其特征随时间与地点的不同而不同。

为了说明这一点，要注意以下五个方面的比较：

● 在沙漠边缘牧业生产体系的基础教育问题，与大城市面临的大学教育问题截然不同。

● 在班巴拉人（Bambara）的农业村庄维持和平是个范围很小的问题，其所需要的信息和协调活动远比CILSS成员为国家安全要进行的活动少得多；

● 尼日尔盆地河流管理所涉及的组织和行为的规模，不同于管理尼日尔一个小支流的分水岭，那里只居住着两个不同的族裔，有共同的生产体系。

● 两个不同行政区的5个村庄共用一片灌木林，其组织管理和利用所面临的问题不同于一个莫西人（Mossi）村庄所遇到的问题，后者试图在其1/4的人口控制的土地上引入土壤保持技术。

● 帮助随季节流动放牧的瓦代比·福尔比人（Wodaabe Fulbe）穿过尼日尔农业地区所引起的问题，不同于赛勒（Serer）村庄努力保持或恢复其土地使用管理方案所产生的问题。

所有这些公共问题都要求政府采取某种程度的集体行动。这里的政府并不总是全国政府。就许多问题来说，全国政府关注注定导致无效甚至僵局。莫西人地区的土壤保持和赛勒村庄的土地使用管理是这类问题的典型。与之相比，这个简短名单上的其他问题最好由全国政府解决，例如提供国家安全或大学教育。然而，其他一些问题，例如尼日尔河的支流管理，可能要求由特别机构实施国家间的协定。最后，有一些问题，例如随季节迁徙放牧的瓦代比·福尔比人穿过尼日尔农业地区的南北移动，最好由下级国家政府（sub-national governments）解决，或者交由一系列特别管辖区，它们鼓励在村庄和瓦代比人团体之间建立专门安排。虽然公用事业其他服务的实例多种多样，但有一点是明确的：萨赫勒人所面临问题的性质和范围并不要求由行政等级制组织起来的一个独一无二的政府来解决。在多数CILSS成员内部，存在半自治城市社区，表明全国政府正式承认了这一点。

上述实例意味着西萨赫勒地区严重"治理不足"。为了获得必要的公用事业服务，达到可持续发展，人民需要比现在所拥有的更多的政府部门，来适应规模大小差距甚大的不同地域的问题（Thomson 1991：8—9）。

二、财政问题

对于多中心制度安排的某些强烈的保留意见植根于这样一个观点：这些安排会产生严重的不公平和无效率。在此，我们将讨论这些关注，首先要讨论的是财政收入资源的分配问题，显然，这一问题是与前面讨论过的服务责任分配问题密切相关的。的确，除非服务责任分配考虑到财政收入分配，否则多中心治理安排很可能会出问题。此外，我们还要考虑在低收入国家，地方政府得到财政支持的途径，以及怎样才能最好地处理公平问题。

怎样才能合理分配财政收入工具？第四章讨论有关筹集资源问题时，提到用户费和税都是可能的财政收入工具。那里，我们注意到，要筹集足够的资源，如果不容易排除不付费者，用户费就要让位于某种形式的征税。当然，存在着众多可供选择的税收工具，但是并非所有的工具都同等适用于多中心政体的不同层次。

在政府的多重层级之间怎样最好地分配税款这个问题，许多分析家都谈论过（Musgrave 1983，McClure 1983，Brennan and Buchanan，1983）。尽管格罗内维根（Growenewegen 1990）的综述表明，在这一问题上人们尚未达成一致，但马斯格雷夫（Musgrave 1983）提出了几个在联邦体制内分配税款的一般原则，可以作为一个有用的出发点。下面列举的这些原则与早些时候提到的政府活动的功能目标，即配置、分配与稳定直接相关：

（1）为稳定经济和实现再分配设计的税种应当是全国性的。

（2）高度流动性税基的非福利税种应由国家征收，因为它们可能导致经济活动空间配置上的人为扭曲。

（3）地区之间分布高度不平等的税种，例如基于自然资源储藏的税种，应由全国政府征收以避免过度的不平等。

（4）用户税和用户费，以及基于如土地和资产等固定资产的税种，特别适合较小的地方政府单位征收。

在发展中国家特别重要的是，在税收分配决策中，也要考虑很好地管理税收的成本，包括保证服从的成本。此外，尽管尚无充分证据，但收取某些类型的税可能存在规模经济。较贫穷的地方极端依靠劳动力动员，在这些情况下，较小的管辖区筹集资源的成本很可能最低。

这些税收分配的规范化方面的重要含义是，它们通常导致财税收入相当集中。在较实用的层面上，多数发展中国家的中央政府常常为自己保留最具成效和弹性的税源。[10] 此外，中央政府普遍严格限制地方政府自主征税的权力。这又意味着中央政府普遍控制所有税收的大部分。如果多样化的、非中央的政府单位要有必要的资金支付前面所讨论的服务，它们将极大地依靠来自中央政府的财政转移。这增加了寻租行为的危险，使资金分配有利于受特殊关照的地方，其标准并非符合法律。

有关政府间拨款制度设计的详尽考察超出了本书的范围。[11] 无论如何，认识到拨款财政会对行政官员产生不当激励是有益的。与政府间拨款有关的委托-代理问题也已引起注意。同样，由于拨款资金会被接受方视为基本没有成本，在花费这些资金时就不会像花费本地筹集来的那些资源那样关注效率。这也意味着，基础设施可持续性将特别成问题，尤其是当拨款是基建专款而不能用于维护时。基建资本拨款相对较低的"成本"会刺激地方扩大资本开支，而不考虑对其建造的基础设施的运行和维护能力如何。同样地，当拨款重复地用于人员开支，而不能用于材料和补给物品等非劳动力开支时，在运行和维护资本方面的劳动和非劳动开支的不平衡就会发生。最后，也是最关键的是，地方政府维护农村基础设施时，它们在资源利用上的一个普遍问题是，转移支付会使作为接受方的地方政府没有积极性调动自己的资源。

发展中国家怎样才能供得起如此多的地方政府？熟悉高度集权政治制度的财政赤字情况的人，他们的优势立场是，承认地方政府是利益共同体，这个提议是导致公共部门破产的不二法门。如果人们假定，在所有这些地方政府供职的人可以要求大致相同的工资和福利，以及类似的工作条件，这个提议就特别令人恐怖了。创设许多地方政府确实需要增加民选官员的数量，但如果为地方政府提供资金遵循不同的假设，则其财政含义就并不那么让人不安。

首先，宪法或成文法的改变，使得社区能够组成特别或多重目标的政府单位，不会要求所有的社区都这样做。对于存在规模经济的服务，村庄依然应该能够与较大区域或省级管辖区继续签约。

但是，如果可以得到资金为地方政府官员付工资，村庄为什么选择不建立自己的具有多重目标的政府，并用其他地方政府所提供的资金来为自己的官员付工资呢？如果没能这样做，就等于拒绝了当地人从这些工资里得到收入，以及得到经过量体裁衣的公共服务的额外福利。无疑，决定自己也要成为一个本地政府单位的社区的数量会增加到超过任何合理的限度，除非人们承认，工作在每个管辖单位，甚至是规模相同的管辖单位的官员，他们在公共事业中的工资和工作条件并不需要一致。比如，在较小的村级管辖区中，官员的义务往往是间歇式的，很容易用兼职或志愿的方式处理。而且，这些官员并不需要复杂的办公配套设施来提高他们的办公效率，精致的办公室不仅很贵，而且在发展中国家，试图建立对公职人员控制的地方，这还会对官员产生错误的激励。现在，博茨瓦纳传统的酋长们在既无办公室也无任何工资的情况下，处理大量的争端和资源管理活动，这些活动对于其社群的生存至关重要（Odell 1985）。相似的情形在许多发展中国家都存在，在那里，地方权威（其中一些是世袭的首领）被殖民政府或独立后的政府剥夺了以前的权力。

如果社群对建立地方政府单位得出负责任的结论，对丁应当建立多少地方政府单位、在这些政府单位身上应当花多少钱等问题加以审慎思考，就必须考虑到预算约束。指导这一预算计算的原则是非常重要的。财政收入转移可用于对由中央政府征收的税收进行再分配，但对社区创建它所享有的服务所需要的财政支持来说，这一收入来源必须被认为是辅助性的。在这种情况下，公民们能够决定他们需要多少官员以及他们想付多少工资，他们能理解，花在行政管理人员工资上的钱，会导致花在基础设施建造材料上的钱减少。

如何实现公平？许多分析家对多中心体制不予考虑，是因为他们认为，在征税和开支方面高度的地方自治由于地区在收入和资源基础上的差异，会产生高度的不平等。他们还认为在可征税收入方面的差异会导致获得由税收支持的公益物品和服务方面的不平等。

实际上，如果较穷辖区的生产力水平大大高于较富辖区，或者，如果其居民选择对自己征收更高的税，两个辖区资源基础的差别，可能不会导致它们在服务水平生产上的差别。如同我们在第六章中所提到的，在发展中国家的经验研究一再表明，较富裕的群体在有政府资助的服务中，倾向于得到不合比例的好处。科特·德艾佛莱（Côte d'Ivoire）的细致研究表明，在高度集权的政体中，公务员得到服务要比普通公民容易得多（M. Cohen 1974）。

一般而言，公平问题在联邦制度中有两种处理方式（ACIR 1987：13）。一种是巧妙处理地方政府单位的边界，使之能包括各种不同特性的人口。如此，数量不等的税收贡献能够集中到一起，在政府单位内部实现再分配。[12] 第二种途径是依靠管辖单位的交叠以便在较大规模上集中收入，将资源再分配给那些按某些标准被认为是处于弱势地位的区域。但是，任何资源再分配的企图都代表着对财政等价标准的违背。同样，安排边界以包含有意的异质性社群也与财政等价原则不一致，并且可能扼杀居民中合作的意向。"所得即所付，所付即所得"也是一个公平原则，尽管不是再分配的公平。另外一条途径，即依靠管辖单位交叠的再分配，试图将财政等价原则（作为第一次序的组织标准）与再分配公平原则（作为第二次序的标准）结合起来。只有当第一次序的组织标准导致产生了不能接受的资源分配状况时才进行再分配。简单地采取非集权的制度安排，并不能保证不同管辖单位之间总是能够就资源分配达成共识（Hinchliffe 1980）。

第四节　作为分权的私有化

如同分权一词一样，私有化一词一直被用来指与公益物品的供给与生产不同的制度安排。这一概念的一般意义在如下定义中清晰可见："私有化是在一项活动或资产所有权中减少政府作用或增加私人部门作用的行为。"（Savas 1987：3）这一术语一向被用来指如下安排：

- 私人公司或非营利组织生产和派发物品，其成本部分或全部由公共资金支付，即所谓"外包"；
- 私人公司生产和销售以前由公共权力机构供给或生产的服务 (Roth 1987)；
- 由私人公司为公共部门生产物品和服务，由公共资金支付，这是另一种形式的外包；
- 创建公共公司，生产诸如电力那样的物品，由消费者支付费用，有时依照情况由公共资金给予补贴；
- 由政府监督的公司或其他团体得到授权，生产由消费者付费的服务，有时依照情况由公共资金给予补贴。

如萨瓦斯（Savas 1987：58-59）所指出的，应用"私有化"一词来指这样一些制度形式是具有误导性的，而且已经产生了许多的误解，因为，在私有化的大多数场合，公共权力机构仍然以某种方式扮演重要的角色。当公共权力机构为某种物品支付全部或部分费用时，由立法机关和行政部门采取的集体行动必须决定：（1）哪种物品需要由公共财政付费；（2）对某个物品来说，要为其生产成本投入多少公共预算；（3）必要的财政收入如何筹措；（4）用什么标准生产物品。此外，必须有公职人员来监督承包过程，监督生产过程，审计公共资金的支出，评估最终产品，以确定合同条款是否得以执行。

将公益物品的实际生产外包出去的主要理由，是提高其生产效率。外包机制提供了一种手段，使得公益物品的生产能抓住市场竞争的好处，合同落实以招标为基础，也包括对其可靠性的某种评估。在市场竞争条件下运行的私人公司，比起唯一得到授权生产某种服务的公共机构，被认为更有动力降低成本。同样，必须有适当的机制确保这些合同得到执行。

一、作为中央集权支柱的公共特许权

私有化方案与一个政体中的权力分配之间不存在必然的联系：高度集权或无中心的政治制度都能实行广泛的私有化。民主或者威权政体也都能实行私有化。

可以预期，各种类型的私有化（例如外包）可能产生完全不同的结果，这取决于发生私有化的政治体系的性质（Donahue 1989）。在高度集权的政治体系中，外包很可能不会提高公益物品的生产效率，因为，在高度集权的政治体系中，对负责确定合同和监督合同执行的行政权力机构难以控制（Sawyer 1992）。在预期的合同竞标人之间的竞争因此可能很弱，同时，政府合同变成了一种任人唯亲的利益授予，而这些承包者的生产效率可能与公共生产部门的效率一样低或者更低。同样，政府对自然资源的所有权，可以让政治领导人将其作为有利可图的特许权授予国外或国内的公司。作为回报，可以预期，合同获得者会支持在权力顶点的领导人保住任期。

二、垄断与竞争市场

在许多发展中国家，自殖民统治结束以来，以政治和经济权力集中为特征的传统政治制度都保持了下来，或被强化。这意味着，许多意识形态上是资本主义的经济却没有竞争的市场，并且这些资本主义经济很少支持可靠的资本市场或稳定的通货。中央政府对进口许可和外汇进行广泛控制，以确保只有具有良好政治关系的人才能得到必需的物资来维持任何一个复杂的生产企业。德·索托（de Soto 1989）称之为重商主义经济。

在这样的环境中，私有化涉及公共企业的出售，其结果常常是既未能达到再分配对有价值资产的控制权，也未能提高其生产效率。大生意出售的最终结果经常是将公共企业的所有权转移到掌权者手中，或者是与它们有密切关系的人手中。这种现象的发生是因为缺乏可靠的资本市场，只有富人和有社会关系的人才有指望购买这些企业。并且，政治权力还能被用于保护这些新的私人企业免于竞争的压力。

高度集中的行政权力也常常意味着司法几乎没有独立性。在这样的环境中，缺少良好关系的人，他们的财产权的安全性是不确定的。当缺乏稳定通货、资本市场和独立司法时，竞争市场无法维持。

三、私有化不是灵丹妙药

这一论点是要对那些没有首先考虑其全面后果，就试图对公共服务供给的生产进行全面私有化的发展中国家提出警告。我们确实不赞成把任何一种制度选择当成是解决广泛多样性问题的灵丹妙药。[13]

生产活动的私有化，尽管很可能会提高生产效率，却解决不了范围广泛的供给问题。虽然还需要更多的研究探讨，多中心供给和私有化生产的结合可被证明是在发展中国家的一个有效的途径。多中心供给存在多样化服务的消费者，要好于拥有垄断权力的单一集权机构，这种权力极易被滥用。至少在某些情况下，私有化能够提供竞争，这会有助于提升生产效率。无论如何，应在每个发展中国家的特定环境中，对组织生产的可行选择的探索加以系统引导。

第五节 结论

与其他对发展问题感兴趣的学者的研究一样，我们也把本土制度看成社会资本的重要来源，它们有助于形成有效的无中心（或多中心）的、公共-私人制度安排，可持续的基础设施开发就位于这些制度安排之中。本土制度体现了，对于需要集体努力才能成功的事业，一个社会了解了多少。在许多发展中国家，当顺利地消除了这种社会资本后，在有效的组织方面就造成一个严重的空白。在本土制度仍然能有效地在建造、运行和维护农村基础设施方面发挥作用的地方，研究创建通向可持续基础设施的激励结构的设计原则是重要的，因为这种信息对于具有类似的基础设施问题的其他人民来说，是可移植的。而先前设计一个由特殊规则组成的理想蓝图，据此去组织公共部门活动的尝试所产生的知识则缺乏可移植性。

我们已经引入多中心或无中心的组织作为分散决策权的一种全然不同的方式。等级制原则在组织公共部门活动中有它的位置。但是，无中心原则也对可持续设施的生产和供给做出了很多贡献。文献记录的证据强化了这个结论，无中心原则在一些治理得相当有效的灌溉系统中发挥作用，如赞亚拉灌溉系统。

有关无中心制度安排在发展中国家的适用性的一些普遍的保留意见，我们也进行了考察。我们的讨论强调，在一个无中心的政体中，一个独立的争议解决体系在维护法律的统一性以及法治方面发挥至关重要的作用。同样，当缺乏一个单一的最高立法权力中心时，法律层级准则和由独立管辖单位选出的层级性法院，能够解决法律中发生的相互冲突问题。独立法院也是确保法律原则在全国范围内能得到维持的关键,虽然法律实施不属于中央权力的行政控制范围。

尽管改善公共行政系统需要更进一步的培训,但是不改善行政官员所面对的激励,这样的培训不可能提高工作效率。发展中国家当前的行政组织还普遍地未能充分利用现有的人力资源。

多中心组织经常被指责引发无效率和不公平。我们的讨论突出了与主要依靠财政平衡有关的配置效率,如果一个政体认为严格遵循财政平衡准则的结果是不可接受的话,财政平衡原则不排除财政收入再分配的可能性。如果在一个政体中,群体可以自由地组织政府处理其共同任务,财政平衡原则也可以防止创建非必要的政府。

我们认为,公共设施的开发和维护不狭隘地局限于公共部门,这使我们把公私产业结构看作是多中心组织的一种形式。公共设施生产的私有化,只有在其生产者之间保持真正的竞争时才能充分提高效率,但是私有化不应该被视为是所有过度集权弊病的灵丹妙药。在任何政体中,审判服务的独立性对于在生产者之间保持竞争是极其重要的。即便生产是由私人组织的,公共部门的行动者在出资、签订合同以及监督等活动中都起着至关重要的作用。这些职责执行得怎样,对所生产的公共设施的可持续性发挥着强有力的影响。

【注释】

[1] 分析家们对国家下级政府(subnational government)在稳定和破坏平衡方面作用的争论产生了大量文献。这一主题远远超过我们在这里的兴趣范围。

[2] 分析家对税收和财政支出的"影响范围"(Bish 1971)的研究也探讨了地方财政行为的再分配的作用。这一工作很重要,因为一般地方财政收入工具能够对不同收入和财产的人形成不同的负担。同样,财政开支可以对一个地方社会的不同部分产生相当不同的影响,并很可能产生不同的分配效果。不过,作为具有广泛政策目标的再分配,通常不被看作适合于地方政府活动。相反看法见:Pauly 1973。他认为某些地方再分配的努力是合理的,正像地方公共服务的供给一样。

[3] 实际上,中央政府服务供给会产生统一的服务水平是非常不可能的。来自美国的大量证据显示,在大的地方政府中,在同一行政辖区内的各分区之

间的服务水平有相当大的变化。例如,在教育方面的研究显示,在中心城市的高收入地区的教育质量要好于较贫穷的社区(Sexton 1961,Mandel 1975,Owen 1972,Berk and Hartmann 1971,Katzman 1978)。同样,警察做不到使不同社区之间的犯罪率保持大致平衡,他们也不能在社区之间分配同等的服务(Weicher 1971,Mladenka and Hill 1978,E. Ostrom 1983)。对辖区内的服务送达模式的研究,通常会发现模式的变化很大,某些模式有利于富人,某些有利于穷人,而有的没有给任何一方带来利益(Boyle and Jacobs 1982;Levy,Mcltsner, and Wildavsky 1974;Lineberry 1977)。

［4］保罗(Paul 1992)在一篇关于责任的论文中也运用了"退出"概念。保罗认为:"公众运用'退出'(竞争的供给源)或'发声'(参与/抗议以引导服务供给者),在给定情况下,能增强公众的责任心,这符合相关服务和公众的特点……还可进一步认为,只有当公众有意愿有能力通过退出或发声对公共服务的提供者施加'等级控制'时,公共服务的责任才能得到维持。"(Paul 1992:4)。

［5］我们认识到"规则"的变更可能会导致理想的结果,甚至在分权服务供给的环境下也是如此。例如,要求将社区的污水排水口设置在进水口的上游的规定,将会迫使每个社区把外部性内部化,从而与接近理想的污水处理联系起来。

［6］这一概念一般被放在"俱乐部理论"的综合标题下进行分析,在这一理论中,一个小团体发现,为了减少每人分摊的全部成本而增加成员是有利的,但是超过一定限度,如果与新成员有关的拥挤成本超过了在大量成员中分摊俱乐部运行的固定成本所带来的好处的话,就希望限制成员人数(见Buchanan 1965)。

［7］罗伯特·C. 亨特(Robert C. Hunt 1988:349)检视了这一假设:"大的运河灌溉系统如果仅有农民管理,便不能运行。"他在考察了许多经验研究之后的结论是:"它们能够运行,而且很成功。"

［8］根据一大批个案进行的关于设计原则的深入讨论,见:E. Ostrom 1990。

［9］根据英裔美国人的法理学传统,甚至在个人可以证明他/她会因某个官员的行为受到伤害之前,就可以寻求法庭命令,迫使一位官员作为或限制其作为。如果个人可以使法官确信,该官员的预期作为或不作为将产生的伤害不能在事后得到充分的补偿,法官就能够发出执行令状,命令该官员行动,或者发出禁令,命令该官员禁止行动,直到这一问题的详尽的听证会举行。

［10］一个有弹性的税源是指这样一种税收,其收入的增长(或下降)与经

济活动的增加（或减少）同步，无需任何关于税率或税基定义的明确的政策改变。

　　[11] 关于政府间财政关系和拨款制度的公共财政文献数量浩繁，但是其中多数是指导发达工业化国家的。特别有关发展中国家政府间拨款的某些背景信息，见：Bird 1978, Schroeder 1988。

　　[12] 然而，如同前面所指出的，即使在美国，再分配可能也未必有助于穷人。

　　[13] 高和范桑特（Gow and VanSant 1985：109）也坚决认为，分权不是灵丹妙药。

第十章　可持续发展的制度方法的意义

在第一章，我们指明了本书将要讨论的两个核心问题。它们中的每一个对于理解发展中国家所面临的难题都非常重要。这两个问题是：

1. 为什么如此多的农村基础设施不可持续？
2. 对此能够做些什么？

由于其难度，本书大部分主要探讨的是第一个问题。在表面上，我们给出了一个简单的回答，即在发展中国家基础设施设计、融资、建造、运行、维护和使用方面，许多行为者所面临的激励因素，是对不可持续的基础设施悲剧性的过度投资的一个根本原因。不良激励也是对我们在第一章所提出困惑的一个简单回答，这个困惑是：为什么战后西欧的发展相比于发展中国家表现出如此巨大的差异？然而，随着对问题的深入挖掘，答案固然不错但却太表面化了。许多不同且交互作用的因素影响到特定的一组激励机制。导致基础设施不可持续的具体刺激因素在不同国家，甚至在同一国家中不同的工程或项目中也不相同。

因此，对第一个问题，我们不是给出一个答案，而是提出一个分析模型，它能用来说明，为何某种类型的农村基础设施，无论建在何处，都将是不可持续的。对于那些受过传统公共行政教育的人来说，这一分析模式牵涉范式的转变（V. Ostrom 1989，Wunsch 1991）。与创建一个中央权力来解决公共部门问题的设想不同，还可以探索其他的可能性。这一分析模型可以被学者、公民、政府官员、资助者和其他人用于：（1）确定存在于任何特定环境中的复杂的激励因素集合；（2）定位可能提高或降低基础设施持续性的激励因素子集；（3）寻找这个环境中与基础设施的供给与生产有关的、影响激励的有关因素；（4）提出规则改变的建议，这些规则可能产生一套新的激励因素，它们与提升基础设施的可持续性更加合拍。

我们认识到，一旦不良激励渗入基础设施开发的各个方面，实现真正的变革是很难的。简单的改变很少能使一个系统得到显著改善。无论如何，通常需要进行重要的制度变革，以创建一个有助于对基础设施和发展起支撑作用的宏观政治体制。迫切需要适合的基础设施的一国官员和公民，应当去分析这些问题，以便进行的改革能较好地适应其物质与社会环境。[1] 如同我们在本书中一再强调的，正式程序的改变可能不过是一纸空文，影响不了人们的互动方式。更糟的是，在相反的环境中实施时，这样的变革可能产生事与愿违的结果。因此，比我们所提出的任何具体建议更重要的是承认推动个人在做出选择时采取长期视角，并且将广泛的、多样性的、未知的人们的利益纳入思考范围，这是实践者所面临的极为困难的任务。对此没有现成的固定答案，也没有简单的解决办法。

然而，提供可持续基础设施是取得较高水平的可持续经济发展的关键一环。当基础设施的设计、融资、建造、运行、维护和使用方式都是可持续的，道路、供水系统、电力的生产和输送设施、社区建筑以及灌溉系统等农村基础设施，会提升发展中国家人民的生活前景、生产效率以及收入水平。在基础设施方面的投资占用了资源的配置，使得它不能被花费在其他的直接消费品（食品、药品、衣服等）或其他资本投资（例如城市住房建筑和制造业的创建）方面。在资源贫乏的国家，由于基础设施项目的不能持久而造成的资源浪费特别具有破坏性。

如同本书前面所讨论过的，在过去的 40 年中，所有发展中国家都投入了大量资金建造农村基础设施项目。其中有些投资提高了生产效率，然而许多却未能持续。这些资本浪费让援助者、受援国政府、研究发展问题的学者以及想要从这些投资中获益的人感到失望。近年来，援助者开始要求受援国政府预先答应在其援助的基础设施工程中承担经常性费用。但是，这些纸面要求对于改善基础设施维护的可能性并不是很有效的手段。从官员那里寻求可靠的承诺是极其困难的。

因此，是深层次的复杂原因造成在维护基础设施项目的经常费用方面投资失败，而不单纯是因为国际援助合同忽略了维护需求。此外，如我们再三强调的，要改变一再重复发生的动力结构，单纯改变国家援助合同，或者改变任何其他的正式规则，都是不够充分的。在一种环境下起作用的行动蓝图换了一个地方就不一定能起作用。更确切地说，我们需要分析这一问题的不同方法，从中可以产生许多不同的行动蓝图。因此，我们将简短地概述本书中的分析方法。

第一节　本书提出的分析方法

在第一章，我们做了一个简单的假定：

> 个人只有在感到他们从农村基础设施的维护任务中获得的收益超过他们所投入的资源成本时，才可指望他们投入资源，包括他们自己的时间和劳动。

在实践中，这意味着，不能指望一位级别较低的公职人员跋山涉水去监督公路承包人的工作，他们不大会这么卖力，甚至根本不会花费任何力气这样做，除非他们能得到报酬，获取工资、地位或从基础设施那里拿到好处，这些好处要超过逃避责任或者根本不做任何事的成本，包括可能招致的惩罚。类似地，对于政府拥有的灌溉系统所服务的农民，不能指望他们自己组织起来去清理河道、维护系统运转通畅，除非从这些活动中他们获得的收益，包括更多、更可靠的供水，超过了他们的成本。出资机构与受援国之间的合同，如果没有最终改变那些被指望做日常工作的人的成本-收益计算的话，对于基础设施的维护不会产生多大影响。

然而，仅仅靠总体收益超过总体成本，并不足以充分引发个人付出努力去获取这些收益。当个人自己不用付出多少努力，就可以获得所产生的收益中的一部分时，情况更是如此。"搭便车"问题现在被普遍认可，成为如下情况的特征：一旦共用品生产出来，个人可以收回其对共用品生产的贡献，但却无法被排除在共用品的享用之外。若所有潜在的受益者都采取"搭便车"策略，每人所得的净收益将全面减少。

在基础设施和其他类型的公共或公共池塘物品与服务的供给中，存在普遍的"搭便车"现象，我们当然不是首先注意到这一点的人。较早的分析集中在"搭便车"和另外两个问题上：当工程由能实现显著规模经济的企业来建造时，可能付出较低成本；大型基础设施工程的设计和建造需要技术专家。我们将用我们的分析方法研究上述三个问题。

如同我们在第七章所指出的，专门着眼于这三个问题的简化分析常常被用于支持这样的政策建议，即在发展中国家要"强化"国家一级的政府机构。这样的强化常常被解释为培训公务员的技术和管理技能，帮助提高全国政府相对于竞争性利益集团的能力。这些政策改革所声称的结果包括：增强设计和建造技术，提高机构预算与管理能力，坚定地兑现为运行和维护的日常成本提供资金的承诺。[2] 但实际上，此种政策增强了集权的全国政府相对于竞争性利益集团的力量，却没有对农村基础设施的可持续性产生什么影响。[3] 确实，在一个政体中强化全国政府的权力，使其超出其他合法声音，实际上的确在几乎各方面减少了从这些政府中获得可信承诺的难度。

基于简化分析的改革经常产生反作用。其中之一就是寻租的可能性，只要采用强制手段将财物贡献给一般性的公共财政来解决"搭便车",寻租就会发生。一旦实施征税,除了那些愿意冒着暴露和被惩罚的风险、尝试非法逃税的人以外,它就变成所有人的固定成本。但是,通过游说活动寻求由公共财政支持的特殊权利或其他形式的不成比例的利益,就可合法地提高个人的净收益。有钱有权的个人或群体很可能具有足够的资源去影响公共资金的分配,从大型基础设施工程中得到经济租金。由此,可以产生高度集中的获益,远远超过寻租活动的成本。寻租活动导致的成本分摊在许多人身上,这些人较少有动机(通常也较少有能力)防止政府资金和权利被不成比例地分配。

民选官员和较高层的公务员也可能在对后果知晓或毫无认知的情况下参与这些活动。在所有国家,民选官员都会想办法为他的选民谋取利益,这会产生更进一步的选民支持。对国家官员来说,修复地方坑坑洼洼的公路并不会显著提升他们重新当选的可能性。但是修复坑坑洼洼的公路或修好一个供水系统,对地方选举的官员则很重要。对于公务员特别是那些受过训练的工程师来说,其专业地位和晋升来自在建造大型公共工程中的工作经历。不时还有获取合法范围之外收入的机会。由于以上理由,我们迫切要求认真研究多中心治理制度原则在发展中国家的适用性。[4]

由于缺乏制度安排促进与鼓励农村基础设施的本地受益者想办法对他们自己的项目进行融资、建造、运行与维护,问题更加严重了。如果很少有合法手段让个人可以做出可靠的、可实施的承诺,为地方公共设施的建造与维护提供资金,对于那些只具备地方利益的设施,潜在的受益人就必须向更大的政府单位寻求支持。进一步说,当一个国家的每一个人都如此明显地寻求全国政府的支持,受益者倾向于认为,即便其带来的利益是高度地方化的,国家领导也要提供特定类型的基础设施。如果全国政府给别处提供了这些类型的基础设施,本地的受益人可能会质问:为什么不是这儿?

寻租的激励存在于任何拥有大规模公共财富的国家。在许多发展中国家,这些激励与如下两个因素混杂在一起:(1)可以获得用于基础设施开发的大量的援助;[5](2)缺乏本地以及区域性的、一般目的或特殊目的政府单位，受益者可以向它们表达本地的偏好，并积累与基础设施有关的资源。

我们曾强调的另外一个中间绩效标准，是在许多基础设施的设计中，需要获得时间与地点的信息，补充必需的技术信息。这些设计若缺乏广泛的物理和水文学的地方特性知识，没有与用户严肃地讨论约束条件和使用模式，一旦建成，基础设施也很少能顺利运行，并且在维护方面将付出极高的成本。

第二节 本书研究方法的一般政策意义

第七、八、九章，我们对运用 14 个中间绩效标准评估基础设施的供给与生产，提供了详尽的分析。这些标准反映了与协调多个参与者行为有关的交易成本，这些参与者处于这样的环境中，他们没有完备的信息，并且有可能采取策略行为。我们强烈建议，对特定环境特定基础设施问题的分析，要考虑我们在第四章所描述的物品特征的所有方面，以及在第五章描述然后应用于第七章到第九章的全部中间绩效标准和综合绩效标准。

通过仅仅考虑 6 个附加标准，连同在第七章讨论的简化分析所强调的 3 个标准，即科学信息、规模经济和"搭便车"，我们对改善农村基础设施提出特定的政策建议，特别是：

- 如果已经感受到需要获得科学知识，还要认识到，混入时间与地点的信息对供给与生产十分重要；
- 如果已经感受到获取生产的规模经济的好处，还要认识到，在生产中需要控制规避责任和腐败问题，监督与奖励结构也很重要；
- 如果已经意识到"搭便车"的潜在可能性，还要认识到在供给方面还存在寻租和腐败等其他策略行为。

在其他交易成本存在的情况下，当基础设施的设计、建造、运行

第十章 可持续发展的制度方法的意义

与维护主要由一个单一的中央政府组织,并且由外部资金大量援助时,我们有把握预测下列结果:

- 过度投资于设计和建造得都很差的大型基础设施;
- 这些基础设施的运行和维护投资不足;
- 基础设施快速衰败;
- 大量投资用于已建成的基础设施的维修与重建。

尽管这种景象可能令人沮丧,实际上在很多方面,也的确如此,这种景象也包含着有效的部分。一旦把这些部分识别出来,改变与改善的机会就能得到相当的增加。

理解了这一逻辑也有助于解释,从国家官僚机构向地区官僚机构的临时性的放松权力,以及创建缺乏充分自主性的用户团体,为什么不会产生强有力的、长期的影响。某些官员可能承认,这样的放权导致基础设施在设计、建造和运行方面比较有效。但是,这些变革也可能给较低层公务员造成额外的负担,减少了他们通过腐败行为提高个人收入的机会,还减少了多数高级官员的权力。因此,当一个项目完成时,这些官僚不大可能愿意保留这些制度变革。[6] 如果这些制度变革的受益者,主要是基础设施的用户,对有关事务没有多少发言权,这些制度变革生存下去的机会就不大。如果在这些项目中由全国政府创建和支持的用户群体没有被正式承认和给予调动自己资源的权力,情况更加会是如此。结果,一旦政府的资源支持撤销,改革的维持尚且艰难,更不用说去积极抵抗先前惯例的恢复了。

如同我们在第八章所了解到的,最成功的分权项目的确有着与我们这里所探讨的理论论证相一致的积极成效,尽管有时这个成效是短暂的。当训练有素的工程师必须认真对待用户的观点和他们拥有的本地知识,工程的设计与建造都会更好一些,其成本也会更低。如果用户能够调动高水平的资源,自己进行运行与维护活动,工程能够得到更好的维护。当用户必须负担设施的建造与修复成本,他们有较强烈的动力去使初始成本尽可能地低,并且去监督生产者的活动以防范腐败行为。用户还有强烈动机设计方案,公平分摊设计、建造、运行与维护活动的成本。公开每个人都可以检查的账本，可以确保没有人能逃避"搭便车"的惩罚，公职人员也要负起责任。调动劳动力与物资，而不是现金，使得化公为私更加困难。

设计出制度，激励所有行动者，在基础设施开发中让所有转换、协调和信息成本保持较低，同时试图反制所有策略行为者，这是一个重大挑战。然而，我们尚未找到一条出路，能避免这样一种挑战而获得可持续发展。适应地方经验和环境的多中心供给和生产安排的演进，是值得加以认真研究的长期战略。当大量资金在国家的一般目的的财政中聚集时，立刻就会受到大量的寻租威胁，如果要动员资源而避免被寻租行为威胁，就需要使基础设施和其他形式公益物品的潜在受益者能够自己组织起来，成为专门的企业，拥有地方及区域级的有限的政府性权力，这非常重要。如果要使公民和官员将这些政府单位视为是自己的，对所筹集的资源配置持深思熟虑的态度，就需要某种程度的自治。

如果在一段时间以后规模不等的各种生产企业也建立起来，较小的政府单位能够选择具有多种技能、有昂贵的专门设备的较大企业去处理特定基础设施的设计和建造，同时，它们能够决定完全由自己来负责设施的运行与维护。如果人们亲眼见过破坏性的使用方式带来的恶果，由他们来设计适当的规则规范设施的使用，降低老化速度，可能也会取得更有效的成果。

发展多中心的治理体制不是那种能够或应该主要由外部力量来做的事情。当然，外人可以有许多建设性的方式做出贡献。许多非政府组织为基层的发展工作引进科学知识和注入外部资源，特别是在有些项目中，外来者停留了足够长的时间，成为地方居民的有效合作伙伴，他们的工作常常成为一种催化剂，使本地居民突破过去的实践，发现新机遇。这样的草根地方项目成为面向未来的社会资本的一部分。但是，真正多中心的政治秩序应主要由那些可以使其达到持久运转的人来设计。试图将美国宪法引入其他国家的尝试一再失败，这教育我们，起作用的并非是那种特定的宪法文件的蓝图。毋宁说，一个成功的多中心宪法必定是存在对多中心设计原则的共通性理解的宪法。我们在本书中建议的制度改革与多中心治理体制是一致的，不是新奇的快修方案，而是作为分析家，建议以另一种方式组织公共部门，与过去在项目设计中使用的方式不同。

我们对这一方法的适用性的信心，来源于发展中国家多中心体系卓有成效的运行的证据。同德·索托（de Soto 1989）在秘鲁的"发现"一样，许多发展中国家存在着有力的、建设性的非正式的公共部门。在解决纠纷的机制和其他非正式的公共机构中，发现了与建设多中心体制相似的组织原则。许多本土制度经时间推移被证明非常有效，它们也是应用多中心原则组织起来的。但是，由于制度设计出来往往是要应对一系列特殊的环境，保持本土制度长久不发生变化，这并不总是可能的，也不总是可取的。如果环境变化了，或者要处理的任务的性质变化了，制度也必须改变。过去曾经或者现在依然提供了有效管理困难任务的办法的本土制度，其至关重要之处，在于被组织起来的基本原则。

许多本土灌溉制度应用多样化的机制，分配给成员与其所得利益成比例的责任，以参与者认为是有效的方式衡量收益，并且通过监督农民的付出来减少"搭便车"（E. Ostrom 1992）。随着变化的发生，例如在灌溉系统中建造更具耐久性的引水渠道，人们所必须履行的某些任务也将改变。不过，在维护草木堤坝时为避免"搭便车"而创建的制度机制，仍然适用于在维护混凝土大坝时防止"搭便车"。熟悉了其制度运行方式的农民，当要创建新制度安排以适应变化了的环境时，可以将这些原则当成新制度的基础。但是，常常发生的情况是，想要让农民参与的灌溉发展工程，却由走马观花的官员强行创建的"用户群体组织"代替。尽管如在赞亚拉的情况一样，用户群体组织成员与农民组织成员是同样的一群人，都是当地农民，这些群体间的主要区别在于，前者是由全国政府官员创建与管理的，后者是自己组织、自己管理的。赞亚拉人通过自己形成规则、随时间流逝改变规则的经验，对于什么才能使制度有效形成了自己的深刻理解，而在用户群体所组织的会议上，有关制度安排的解释顶多持续几个小时，这个解释所传达的理解，根本无法与之相提并论。

外面来的顾问可以通过了解那些运转良好的群体如何解决许多人所面临的难题，来提供更有效的帮助。例如，尼泊尔国际灌溉管理协会研究所举行过一些有关灌溉制度和实践的会议。一些学者的专题报告论及不同类型制度的运行以及从中能得到什么教益（实例见N. Pradhan and Yoder 1989）；有些会议活动包括组织农民现场参观那些管理得好的地方灌溉系统；其他一些是专题研讨会，由农民们交换他们如何处理各种问题的信息。较成功的农民组织成为其他人学习的榜样，这胜于纸印的抽象宪章。

依靠有效的地方制度处理可持续发展的不同方面的问题，对此的一个批评是，这些制度的运行可能只改善相对较少的人们的生活。罗杰·斯通（Stone 1992：205）讲述了这些批评："现在许多发展问题专家问的不是微观项目能否运转，而是他们自己的原则和方法论是否在各国都有效。他们争辩说，*一小部分人*，在一个遥远的角落，做了很好的工作，满足了一小部分的社区受益者，达到了有限的目标，这一切都很好。"（着重号为作者所加）斯通注意到，许多基层单位对这些指责很敏感，他们正在寻找办法"放大"他们的活动，设法得到官僚机构开发部门的尊重，获得更广泛的"影响力"。斯通（Stone 1992：211）随后问道，扩大的需要是否与大型政府部门和援助机构缩小规模的需要同样重要："那么，对大的放款人或资助人（基金会、大政府或准政府机构）来说，将其项目切割成小段，以强调其价值，这是否可行……他们能缩减自己吗？他们能像小项目获得持续性的成长那样获得灵活性吗？"专家对许多发展问题的回答是"不"，因为这需要大量增加项目成本。

斯通（Stone 1992：212）指出，从另一方面来看，如果许多大型机构"将现场活动交给新生的一大群国内或国际的非政府组织"，努力创造一种环境，在那里非政府组织和其他本土机构可以繁茂兴盛并承担责任，结果将能得到显著改善。他的立场与我们的相当接近。

本土制度和小型非政府组织可以形成具有地方适用性的多中心体制发展的基础。这一体制的实施还要求行政官员和公民设计其他包罗万象的制度。没有监督、惩罚和冲突解决的机制以确保人们之间达成可实施的协定，多中心体制就不能产生实效。如果不能确保参与协议者像协议中规定的那样行动，组织基础设施开发的许多具有潜在利益的方式就会被放弃。任何长期事业必定会产生矛盾。如果缺乏公正的、低成本的矛盾解决机制，未解决的争议会恶化，加剧个人拒绝参与维护活动的可能性。[7] 因此，任何试图增加供给和生产单位多样化的努力，也必须考虑强化冲突解决机制的方法，既包括地方层次，也包括基础设施服务的主要供给者与生产者。

发展中国家的本土制度通常演化于这样一个时代，那时主要关系还是非货币化的。有一些发展得很好的办法，限制领导人在使用社群劳动力方面的权力。这些限制比较容易保持，因为对于那些不认为是合法的社区公共工程，农民们简单的拒绝劳作就可以了。但是，在货币化关系已然迅速发展的地方，本土制度缺乏可以确保地方官员承担财政责任的有效机制。毕竟，把钱据为己有或用于私人目的，比重新分配邻人的工作，从让他维修道路或水渠，到让他建设私人住宅，要容易多了。为资金的适当使用设计新规则，这是本土制度参与者所面临的一大挑战。关于在其他环境中已被证明为成功的选择，外面的顾问可以提供相关信息。

第三节　本书研究方法的直接政策意义

难道不存在一种较短期的策略，使全国政府和援助机构可以用来使适当的基础设施一旦建成，就可能得到维护？尽管我们提供了一些能够直接实行的建议，但它们必然是一些一般原则，而不是具体的设计。在应用这些一般原则时，计划者必须考虑：（1）所涉及的基础设施的特殊属性；（2）可能成为受益者的个人和他们的资源的特殊属性；(3) 工程所在地的治理体制的特殊属性。

在分析为改善基础设施工程的绩效能做些什么时，我们必须首先考虑设施所涉及的共用类型。如同我们在第四章讨论过的，所有基础设施都是由一批受益者在某种程度上共同使用的。当然，个人直接消费的是某个基础设施产生的服务，如交通服务或用水，而不是基础设施本身，但这两者是紧密联系在一起的。逐渐地，个人也消耗了基础设施本身。因此，识别出基础设施的用户，确定他们构成的集合有多大，他们有多本地化，他们的表现、资产、使用方式以及一般的生活方式有多统一，是非常重要的。同样重要的是，根据现存的使用类型，考察服务流量减损的程度如何。

许多类型的农村基础设施可以用我们在第四章定义和描述的属性加以区分。要说明这些属性怎样能够用于特定类型政策分析，让我们用第四章曾经讨论过的有关共用问题的属性来区分两种完全不同类型的农村基础设施。让我们首先关注由一个明确的地方群体使用的设施，该群体从这个设施的使用中获得实质性的和非常显著的利益。其次，我们将关注较多且较分散的人口所使用的设施，短期内，他们中的许多成员从这一设施的改进中，没有感受到他们的生活获得了什么实在的、明显的改善。第一种类型的设施实例是小型灌溉系统或农村供水系统，第二种类型设施的实例是国家高速公路网的干线或其部分交通繁忙的支线。中央政府官员和资助机构人员能在第一类实例中采用比在第二类实例中更严格的工程设计原则。

一、持续的小型基础设施

让我们来思考可用于发展中国家小型灌溉工程设计的一般方法。[8] 我们建议那些想要增加对可持续的小型灌溉工程投资的全国政府与援助方，只有当有确切的证据表明谁是设施的受益者时，才实际投资于基础设施工程的融资与建造。这些受益者

(1) 意识到他们将能得到潜在的利益；

(2) 认识到除非设施得到维护，否则他们的利益不能充分实现；

（3）对于设施的长期维护做出了坚定的承诺；

（4）有组织与财政能力信守承诺；

（5）如果他们没能维护好设施，不能指望能获得修复设施的资源。

通过投资于符合下列情况的基础设施工程，能够实现：

（1）直接受益人愿意先期投入自己的某些资源。

（2）直接受益人愿意补偿相当份额的资本成本，通过补贴利息，如果需要，也许是长期地补贴利息和承担维护。

（3）直接受益人保证他们能够：

- 参与工程的设计；
- 监督工程实施的质量；
- 检查构成其财务责任基础的会计账目；
- 保护已确定的水权；
- 让承包人对工程运行后才发现的劣质工艺负责。

（4）拨款机构得到下述保证：

- 如果必要，农民对成本补偿的承诺将通过适当的法律行动予以执行；
- 农民有效组织起来，被证明有能力调动资源、分配收益和义务，并解决本地冲突。

（5）所有援助机构和受援国政府坚定履行这些原则，并且不为那些在履行职责方面失职的受益人提供资金。[9]

那些愿意进行初始投资以获取资本物品的人，表明他们认识到了未来的收益。受益人愿意偿还的资本投资比例越高，这些受益人越可能不是在寻租，而是试图做出经济上可靠的投资以提高生产力。如果该基础设施确实会提高预定受益人的福利，他们未来就会有更多的资源来偿还。如果他们知道自己必须偿还资本成本，如果受益人有制度性的自主权可以这样做，他们可能会坚持该工程要有较大可能性在将来产生纯收益。在这种情形下，援助机构和全国政府也因此会对那些受益人相信具有真实价值的工程加大资金投入。

这意味着，直接受益人或他们的代表，必须参与那些其产生的收益是高度本地化的基础设施的设计和财政规划，并且他们还必须有权对他们认为不值当的工程说不。如果他们不能说不，他们就不能做出有约束力的承诺，因为他们总是能说，他们是被迫同意的。此外，要做出可执行的承诺，受益人需要：

● 在创建财政与建造安排之前，以法律认可的方式组织起来，这样，受益人可以参与工程的设计与融资，参与合同的批准，最终获得设施的所有权，承担维护责任；

● 相信政府官员也做出了可执行的承诺，也就是说，受益人可以让政府官员承担责任，同时自己也承担责任；

● 保证未来有关合同引起的纠纷会得到公平的解决，如果需要，建立能够不偏不倚地解决冲突的场所。

对于小型基础设施工程，我们的分析政策含义是相当直接的：

● 鼓励受益者自主组织成为供给单位，能够筹集资源，随时间推移可以获得小型基础设施的所有权，承担运行与维护的全部责任；

● 投资于一般制度建设，提升供给单位的能力。

一些读者可能会说我们只不过是在建议私有化。这种看法没有抓住我们分析的实质。严格的私人供给涉及个人或家庭单位与某个公司，在某个设施的融资、设计、建造、运行、维护等方面进行互动。在第六章，我们检视了设计住房的单一市场和差异化市场安排。这样的安排能够恰当地称为私人或市场安排。然而，如果单一市场或差异化市场能有效或公平运行，必定存在能明确划定财产权的公正和低成本的法庭制度，以及有效率的警察系统去实现这些权利。因此，在被称为私人部门的市场运行中，公共制度扮演着至关重要的角色。

如果受益者群体组织起来提供共同利益，在资源调动和共同决策方面相互承担义务，就必须创建某种治理权威，确保这些相互义务能履行。即便其组织在技术上依然是私人的而不是公共的，这样的权威也能够被创造出来。赞亚拉就是这样一个供给单位，它在法律上被认可是一家私人公司。但是，如果我们列举赞亚拉官员调动资源、惩罚违反规则的人们的权力，这个权力清单将会非常类似于许多这样的组织拥有的权力，如美国特别管辖区，它们被正式认可为公共政府单位。

二、大型基础设施维护

像公路这样的设施，它所产生的收益，其受益者不大容易识别出来，并且分布在一个更大的区域，要加大对这类设施的投入是比较困难的。公路所产生的收益，相对于公路的全部用户群体的受益而言，对任何一个个人来说，他感受到的利益相对很小，这一事实让事情更加复杂。即使当主要的受益者都是本地居民，对于单独的用户，减少运输成本所增加的收益可能太小，不足以刺激个人对公路的改善贡献力量。在这种情形下，很难依靠个人或小的消费者团体的努力去维护公路。

我们对面临此类情况的援助机构和国家政府的建议与前面提到过的建议相同：除非有可靠的证据表明，规划中的受益者会对开发成本和投资维护做出重大贡献，否则帮助此类投资的机会就要放弃。不过，在这种情况下，详细说明指导项目设计的一系列原则更加困难。存在若干理由。

当一个公路项目的受益人构成一个大的、相对不定型的群体，在调动和分配资源方面阻止"搭便车"是极端困难的。通常，地方居民通过维护公路的付出而能享受到的可见利益相对很小，这使得难以依靠实物资源去资助维护。有可能需要用货币资源筹集工具来替代。但是，货币工具常常会导致寻租活动的增加，以及腐败的可能性的增加。加之，像农村公路这类服务，靠直接向获益者收费的方式很可能行不通，所以必须采用更广泛的资源调动工具。在这类情况下，受益人对服务供给所能实施的责任程度是微不足道的。

这表明，在公路服务的供给与生产中，提高所涉及行为者的负责程度是改善可持续性的关键。在这一方面，我们完全赞同哈拉尔和费兹（Harral and Faiz 1988：32）对发展中国家道路老化问题的评论，他们总结道："在发展中国家维护不足有各种原因，但是，只有制度失败才能解释维护不足的广度。失败的核心是公共责任缺乏。评价有关强化制度、提高激励、改进公路机构内部运行的所有活动，都要看它们是否增强了责任能力。"

我们并不自认为对负责任难题做出了解答，但我们的确相信，本书提出的制度分析方法的建议是有启发性的。任何制度改革的核心，一定是关注增加供给者与生产者方面的竞争性，确保承诺的可靠性。

首先，关于像公路这类设施的供给，供给单位的组织方式应当有助于用户与供给者之间就偏好进行交流。对于不同类型的公路，有多样化的供给单位，这有助于偏好的有效聚集，比如，地方单位适合服务于地方居民的支线公路，更大的单位负责通往市镇中心的公路，再大的单位负责地区高速公路。

其次，资助基础设施投资的决策应视情况而定，在前期投资中要求用户至少补偿一定比例的资本成本。但是，偿还贷款的要求同样意味着，供给单位本身必须拥有某种筹集财政收入的权力。在地方层次，这些收益能够通过地方费和地方税筹集，它们体现了因道路可通行而得到的收益，例如以产权为基础的征税或地方市场费。由区域或国家当局供给并且以机动车通行为主的公路，采用与机动车有关的投入诸如汽油和轮胎的间接税的方式更加易于实施。在那些已经由全国政府征收这些税种的地方，简单地基于使用程度的差异的税收分担，以行车英里数作为交通量的精确计量单位，最合适不过。同样，特定的筹集技术必须根据特定的环境而定制。

虽然地方或区域公路供应单位必须获得收入以安排公路服务，但它们的承诺也同样必须是靠得住的。如果地方单位很快获悉，即便它们没有维护好公路，破败的公路也会通过额外的补贴或贷款资金来修复，它们就不会再做维护工作了。这意味着全国政府必须让它们信守承诺；同时，全国政府所做的向地方管辖区转移收入的承诺，如果已经有所承诺的话，也必须是靠得住的。

最后，在供给方面，那些使用和支付基础设施费用的人，例如通过与使用车辆有关的活动缴纳间接税的人们，必须有相应的办法向供给者表明其偏好，并且让供给者为自己的决策负责。这要求所有层次决策过程公开化，使纳税人认识到，他们贡献了支撑着公路服务的资源，对于影响道路服务质量的决策具有一定的影响能力。在分配决策中，利益集团，如公交车和卡车车主协会，甚至区域公路服务范围内的小镇和村庄，也应当给予发声机会，表达它们的偏好。当多个团体在公共场域参与以决定结果，当多个辖区对于自己的公路收入能做出相关的控制决策，任一单一团体的寻租能力就被限制住了。同样地，当公共部门决策者被迫为其地位而竞争时，可以期待服务数量和质量会提高，因为这些决策者会对此做出反应，以增大其继续保持权力的可能性。

竞争和做出可信承诺的能力对于公路建设和维护服务的有效生产也是必需的。同样，只有当供给单位以及用户方面都能尽可能使生产者直接对其负责，才可能建造成良好的设施。尽管多个私人生产者能促进竞争，但决不应该排除公共机构或私人志愿者组织参与竞争过程。因此，举例来说，一个公路供给管理部门可能与另外一个部门签订生产特殊建筑或维护服务的合同。某些供给管理部门可能很近似于专门的管理单位，例如桥梁管理部门，这些部门的资本投入特定的设施，用征税补偿资本成本和提供经常开支费用。关键在于过程是真正竞争的，而参与地面运输产业的所有单位的实际法律地位并不那么重要。

230

前面几章也指出，只有当供给方和生产方之间的合同，使双方平等地获得独立的争议裁决服务时，竞争过程才能有效运转。合同方必须得到毫不含糊的信息，未能完成已承诺的工作将导致惩罚，这将损害他们当前和今后的利益，减少以后赢得合同的可能性。公共决策人也必须认识到，如果他们的行为妨碍了合同方有效地落实所承诺任务的能力，他们也将被处以某种惩罚或罚款，由独立的司法部门来裁定。

因建造或维护不当而产生的结果可能在相当长一个时期内显示不出来，值得高度重视的一种制度设计是某种形式的独立保险公司，它们从所有签约人甚或是供给部门那里吸纳小额费用。万一工程系统失败原因追溯到合同承包者的疏忽时，保险公司将承担法律责任。这样的制度安排创造了第三方部门，它发现监督公路服务的生产符合自己的最佳利益，它还能在合同纠纷中担当有助于裁判的独立信息来源。因此，如同我们在本书中一直强调的，精心构造合适的制度安排，为行为者确保他们的最佳利益提供一个机会，也能产生为所有人最佳利益服务的结果。

第四节　结论

分析家们同意，缺乏任何公共供给机会的单一市场安排，在提供适当的农村基础设施方面会失败。此外，我们这里的结论是，缺乏本地公共供给的单纯等级制度的安排，也会失败。与市场失败有关的成本不同于与官僚制失败有关的成本，但是最终结果非常一致：妨碍发展的不适当的基础设施。

我们从经验观察中得知，个人有可能设计出复杂的制度安排，在基础设施的供给与生产中非常成功地抵御不当激励。成功的制度安排要考虑特定的经济、技术和文化环境中的特定的供给与生产问题。然而，这些安排鲜有能简单地定性为"市场"或"国家"的一部分。也不存在一个简单的蓝图，能用于构造成功的制度，来维护所有环境下所有类别的农村基础设施。不过，我们能肯定，成功的制度安排通常是复杂的，而不是简单的，并且在某些类型的农村基础设施中实施得相对较好的多中心制度，仍然不能看成一个简单的类型。

没有哪一个制度安排，无论它多么简单或多么复杂，能解决基础

第十章　可持续发展的制度方法的意义

设施的可持续性问题而不引起显著的成本的。当我们谈到抵御不当激励的制度安排时，我们的意思不是认为这些负面激励被消除了。维护农村基础设施的成功的制度，仍然会持续地导致某些转换、协调、信息和策略方面的复合成本。即使在忽略交易成本的理想的制度模式中，相当成功的制度安排中也能发现一些缺陷，因为系统的运行已经被这些交易成本影响了。从分析和政策角度看，最重要的是与所有备选制度安排相关的一系列成本的实际评价。前面的章节说明了这些成本的性质和来源，并且说明了它们如何指导分析家和政策制定者探索制度改革，改善发展中国家农村基础设施的可持续性。

我们在本书中分析了与基础设施投资有关的不同政策的效果，我们的分析方法并不假定人类行为的决定性因素。许多物质的、文化的和制度的因素一起创造了复杂环境中的许许多多的行为者所要面对的激励组合。我们建议那些与基础设施设计、建造、运行、维护和使用有关的政策制定者能认识到，精心构筑适当的制度，以鼓励长期的可持续性，是与好的工程设计同样重要的工作。我们希望，对于那些必须构筑自己的制度以适应他们自己的环境的人，我们已经提供了一些有用的分析工具，去帮助他们完成艰巨而重要的工作。

【注释】

[1] 在这方面，哈佛有关美国印第安经济发展研究项目的发现很有教益。康奈尔和卡尔特对美国许多印第安保留地的广泛研究表明，能发展出与传统文化观契合并能解决问题的自治制度，是促进经济发展的必要条件。他们强调，许多制度形式相对有效，但缺乏手段约束行政权力和立法权力的制度形式与成功的发展无缘。"但支票不是空白的。上述制度理论表明，成功的部族所拥有的制度不仅提供了文化准则与正式结构的匹配，而且能够胜任对手头任务的处理。'匹配'的解决方案如果不能适当限制统治者的权力与行为，会进一步削弱其在政治、经济和社会方面成功发展的可能性。"（Cornell and Kalt 1990：28，另见 Cornell and Kalt 1992）

[2] 例如，美国政府会计总署为解决经常性成本难题提出下列建议：

我们认为援助应该加强项目规划、贷款协定，以及……确认过程，作为确立受援国运行与维护的能力、意愿和承诺的重要机制。在实施这一援助时，应协同其他援助者一起与受援国做如下工作：

● 通过运行与维护项目（包括管理、技术培训与设备维修），建立必要的制度能力；

● 评估系统生命周期内的年度运行与维护成本，包括人力、培训和设备需求；

● 根据受援国包括系统用户的最终目标确定运行与维护的资金来源，要包含所有的运行与维护成本；

● 对运行和维护不足提供必要的监督和预警。（U. S. Government Accounting Office 1983：21-22）

[3] 显然，对公务员技术和管理技能的培训投资在发展人力资本方面具有长远价值。我们将培训视为一项有潜力的物有所值的投资。我们关心的是，焦点放在国家机构权力的强化，而不是国家、区域和地方机构的能力的强化，以及法庭、机构间安排和私人协会的能力的强化。

[4] 民选官员很少能指望其在位时间能与其管辖区内的多数基础设施的系统生命周期同样长，比起维护旧设施，通常他们从建造新设施中能获得更多的个人利益。不过，地方民选官员常常与他们所服务的人民一样，要依赖同样的基础设施。他们也可能由于漠不关心维护和修缮问题而被选下台，并且，他们每天都必须面对愤怒的选民。

[5] 这些大笔资金能轻易得到，是许多援助机构内部运行的不良激励的结果。这些激励产生于绩效评估标准，这些标准对官员的奖励，部分是基于他们能设计出能吸收大笔金钱的项目。援助机构必须遵守合法的委托，花掉用于外援的大笔款项，它们将这些标准视为"必要的恶"。

[6] 尽管未能保住这些制度变革在当下的环境看来似乎令人遗憾，但这一经历对参与者具有教育意义，长期看，它是有价值的。当未来制度变革的机遇再次出现时，从以前的制度变革的实验中学到的教训，将最终有助于创建既卓有成效又能持久的制度。

[7] 例如，分配水的争端破坏相互信任，降低人们在维护活动中进行合作的意愿。

[8] 这个一般方法也见于：E. Ostrom 1992。

[9] 鉴于援助机构官员"动用钱"的迫切需求以及政府官员所面对的寻租诱惑，对于援助者和受援国政府来说，这是特别困难的承诺。这可能要求主要

援助者和受援国政府制定共同出资战略。援助者和受援国政府可能都想要为万一发生的重大灾害提供资金，以帮助重建被地震、洪水或雪崩摧毁的建筑物。这种形式的"保险"不会破坏实施日常维护的激励，除非自然灾害定义得过分宽泛。

参考文献

Aaron, Henry J. 1990. "Comments on 'Why is Infrastructure Important,'" in Alicia H. Munnell, ed., *Is There a Shortfall in Public Capital Investment?* Pp. 51–63. Boston, Mass.: Federal Reserve Bank of Boston.

Abeywickrema, Nanda. 1986. "Government Policy on Participatory Irrigation Management," in *Proceedings of the Workshop on Participatory Management in Sri Lanka's Irrigation Schemes*. Pp. 17–28. Digana Village, Sri Lanka: International Irrigation Management Institute.

Adelman, Irma, and Erik Thorbecke. 1989. "Special Issue on the Role of Institutions in Economic Development." *World Development* 17(9): 1317–1498.

ACIR (Ronald J. Oakerson). 1987. *The Organization of Local Public Economies*. Washington, D.C.: Advisory Commission on Intergovernmental Relations.

———. (Ronald J. Oakerson, Roger B. Parks, and Henry A. Bell). 1988. *Metropolitan Organization: The St. Louis Case*. Washington, D.C.: Advisory Commission on Intergovernmental Relations.

Ahmed, Raisuddin, and Mahabub Hossain. 1988. *Infrastructure and Development of the Rural Economy of Bangladesh*. Report to USAID, Dhaka. Washington, D.C.: International Food Policy Research Institute.

Akerlof, George A. 1970. "The Market for 'Lemons': Quality Uncertainty and the Market Mechanism." *Quarterly Journal of Economics* 84(3) (Aug.): 488–500.

Akin, John, Nancy Birdsall, and David de Ferranti. 1987. *Financing Health Services in Developing Countries*. Washington, D.C.: World Bank.

Alchian, Armen A. 1950. "Uncertainty, Evolution, and Economic Theory." *Journal of Political Economy* 58(3) (June): 211–221.

Alchian, Armen A., and Harold Demsetz. 1972. "Production, Information and Economic Organization." *American Economic Review* 62(5) (Dec.): 777–795.

Anderson, G. William, and Charles G. Vandervoort. 1982. *Rural Roads Evaluation Summary Report*. Program Evaluation Report no. 5. Washington, D.C.: U.S. Agency for International Development.

Anderson, James E. 1974. *Public Policy-making*. New York: Praeger.

Arnold, Steven H. 1989. "Sustainable Development: A Solution to the Development Puzzle?" *Development* 2(3): 21–25.

Arrow, Kenneth J. 1951. *Social Choice and Individual Values*. 2d ed. New York: John Wiley.

Aschauer, David Alan. 1990. *Public Investment and Private Sector Growth: The Economic Benefits of Reducing America's "Third Deficit."* Washington, D.C.: Economic Policy Institute.

参考文献

Ascher, William, and Robert Healy. 1990. *Natural Resource Policymaking in Developing Countries: Environment, Economic Growth, and Income Distribution.* Durham, N.C.: Duke University Press.

Asher, Robert E. 1970. *Development Assistance in the Seventies: Alternatives for the United States.* Washington, D.C.: Department of State.

Azabon, Mongi, and Jeffrey B. Nugent. 1989. "Tax Farming: Anachronism or Optimal Contract? (An Illustration with Respect to Tunisia's Weekly Markets)," in Mustapha K. Nabli and Jeffrey B. Nugent, eds., *The New Institutional Economics and Development: Theory and Applications to Tunisia.* Pp. 178–199. Amsterdam: North Holland.

Bacdayan, Albert S. 1974. "Securing Water for Drying Rice Terraces: Irrigation, Community Organization, and Expanding Social Relationships in a Western Bontoc Group, Philippines." *Ethnology* 13: 247–260.

Bagadion, Benjamin, and Frances F. Korten. 1985. "Developing Irrigators' Organizations: A Learning Process Approach to a Participatory Irrigation Program," in Michael M. Cernea, ed., *Putting People First: Sociological Variables in Rural Development.* Pp. 52–90. New York: Oxford University Press.

Bahl, Roy W. 1984. "Intergovernmental Grants in Bangladesh." Occasional Paper no. 87. Syracuse, N.Y.: Syracuse University, Metropolitan Studies Program.

Bain, Joe S. 1959. *Industrial Organization.* New York: John Wiley.

Barbier, Edward B. 1987. "The Concept of Sustainable Economic Development." *Environmental Conservation* 14(2): 101–110.

Barker, Randolph, E. Walter Coward, Jr., Gilbert Levine, and Leslie E. Small. 1984. *Irrigation Development in Asia: Past Trends and Future Directions.* Ithaca, N.Y.: Cornell University Press.

Barzel, Yoram. 1969. "Two Propositions on the Optimum Level of Producing Collective Goods." *Public Choice* 6 (Spring): 31–37.

———. 1982. "Measurement Cost and the Organization of Markets." *Journal of Law and Economics* 25(1) (Apr.): 27–28.

Bauer, P. T. 1984. "Remembrance of Studies Past: Retracing First Steps," in Gerald M. Meier and Dudley Seers, eds., *Pioneers in Development.* Pp. 25–43. New York: Oxford University Press.

Beardsley, R. K., J. Hall, and R. E. Ward. 1959. *Village Japan.* Chicago, Ill.: University of Chicago Press.

Beenhakker, Henri L. 1987. *Rural Transportation Services: A Guide to Their Planning and Implementation.* Boulder, Colo.: Westview Press.

Bell, Daniel. 1977. "The Future World Disorder." *Foreign Policy* 23 (Summer): 134–135.

Benjamin, Paul. 1989. "Local Organization for Development in Nepal." Ph.D. diss., University of North Carolina, Chapel Hill.

Ben-Porath, Yoram. 1980. "The F-Connection: Families, Friends and Firms, and Organizations of Exchange." *Population and Development Review* 6(1) (Mar.): 1–31.

Berg, Robert J., Carleen Gardner, Michael M. Horowitz, Palmer Stearns, and Charles Vandervoort. 1980. *Jamaica Feeder Roads: An Evaluation.* Project Impact Evaluation no. 11. Washington, D.C.: U.S. Agency for International Development.

225

Berk, Richard A., and Alice Hartmann. 1971. "Race and District Differences in Per Pupil Staffing Expenditures in Chicago Elementary Schools, 1970–1971." Evanston, Ill.: Northwestern University, Center for Urban Affairs.
Berkes, Fikret, ed. 1989. *Common Property Resources: Ecology and Community-based Sustainable Development*. London: Belhaven Press.
Bigelow, Ross E., and Lisa Chiles. 1980. *Tunisia: CARE Water Projects*. Project Impact Evaluation no. 10. Washington, D.C.: U.S. Agency for International Development.
Biggs, S. D. 1980. "Informal R&D." *Ceres* 13(4): 23–26.
Biggs, S. D., and E. J. Clay. 1981. "Sources of Innovation in Agricultural Technology." *World Development* 9(4): 321–336.
Bird, Richard. 1978. *Intergovernmental Fiscal Relations in Developing Countries*. Staff Paper no. 304. Washington, D.C.: World Bank.
Bish, Robert L. 1971. *The Public Economy of Metropolitan Areas*. Chicago, Ill.: Rand McNally/Markham.
Black, Jan Knippers. 1991. *Development in Theory and Practice: Bridging the Gap*. Boulder, Colo.: Westview Press.
Blomquist, William. 1992. *Dividing the Waters: Governing Groundwater in Southern California*. San Francisco, Calif.: Institute for Contemporary Studies Press.
Blomquist, William, and Elinor Ostrom. 1985. "Institutional Capacity and the Resolution of a Commons Dilemma." *Policy Studies Review* 5(2) (Nov.): 383–393.
Boyle, J., and D. Jacobs. 1982. "The Intra-City Distribution of Services: A Multivariate Analysis." *American Political Science Review* 76(2) (June): 371–379.
Brennan, Geoffrey, and James Buchanan. 1983. "Normative Tax Theory for a Federal Polity: Some Public Choice Preliminaries," in Charles E. McLure, ed., *Tax Assignment in Federal Countries*. Pp. 52–65. Canberra: Australian National University Press.
Breton, Albert, and Ronald Wintrobe. 1982. *The Logic of Bureaucratic Conduct: An Economic Analysis of Competition, Exchange, and Efficiency in Private and Public Organizations*. Cambridge: Cambridge University Press.
Brinkerhoff, Derick W., and Arthur A. Goldsmith. 1990. *Institutional Sustainability in Agricultural and Rural Development: A Global Perspective*. New York: Praeger.
Brokensha, David W., D. M. Warren, and Oswald Werner, eds. 1980. *Indigenous Knowledge Systems and Development*. Lanham, Md.: University Press of America.
Bromley, Daniel W. 1992. *Making the Commons Work: Theory, Practice, and Policy*. San Francisco, Calif.: Institute for Contemporary Studies Press.
Bryant, Coralie. 1991. "Sustainability Revisited: States, Institutions, and Economic Performance." Paper presented at the Annual Meeting of the American Society for Public Administration, Washington, D.C., March 23–27.
Bryant, Coralie, and Louise G. White. 1982. *Managing Development in the Third World*. Boulder, Colo.: Westview Press.
———. 1984. *Managing Rural Development with Small Farmer Participation*. West Hartford, Conn.: Kumarian Press.
Buchanan, James M. 1960. *Fiscal Theory and Political Economy*. Chapel Hill: University of North Carolina Press.

———. 1965. "An Economic Theory of Clubs." *Economica* 32(125) (Feb.): 1-14.

———. 1970. "Public Goods and Public Bads," in John P. Crecine, ed., *Financing the Metropolis*. Pp. 51-71. Beverly Hills, Calif.: Sage.

Buchanan, James M., and Gordon Tullock. 1962. *The Calculus of Consent*. Ann Arbor: University of Michigan Press.

Buchanan, James M., Robert D. Tollison, and Gordon Tullock, eds. 1980. *Toward a Theory of the Rent-Seeking Society*. College Station: Texas A&M University Press.

Bumgarner, Mary, Jorge Martinez-Vazquez, and David Sjoquist. 1989. "Municipal Capital Maintenance and Fiscal Distress." Working Paper. Atlanta: Georgia State University, Department of Economics.

Buzzard, Shirley. 1987. *Development Assistance and Health Programs: Issues of Sustainability*. AID Program Evaluation Discussion Paper no. 23. Washington, D.C.: U.S. Agency for International Development.

Campbell, D. T. 1974. "Downward Causation in Hierarchically Organized Biological Systems," in F. J. Ayala and T. G. Dobzhansky, eds., *Studies in the Philosophy of Biology: Reduction and Related Problems*. Pp. 179-186. Berkeley: University of California Press.

Carruthers, Ian. 1988. "Irrigation Under Threat: A Warning Brief for Irrigation Enthusiasts." *IIMI Review* 2(1) (Apr.): 8-11, 24-25.

Cernea, Michael M. 1984. "Can Local Participation Help Development? Mexico's PIDER Program Shows It Can Improve the Selection and Execution of Local Development Projects." *Finance and Development* 21(4): 41-44.

———, ed. 1985. *Putting People First: Sociological Variables in Rural Development*. New York: Oxford University Press.

———. 1987. "Farmer Organization and Institution Building for Sustainable Development." *Regional Development Dialogue* 8(2): 1-24.

Chamberlin, John. 1974. "Provision of Collective Goods as a Function of Group Size." *American Political Science Review* 68(2) (June): 707-716.

Chambers, Robert. 1975. *Water Management and Paddy Production in the Dry Zone of Sri Lanka*. Colombo, Sri Lanka: Agrarian Research and Training Institute.

———. 1979. *Rural Development: Whose Knowledge Counts?* IDS Bulletin (Brighton) 10(2) (Jan.).

———. 1980. "Basic Concepts in the Organization of Irrigation," in E. Walter Coward, Jr., ed., *Irrigation and Agricultural Development in Asia: Perspectives from the Social Sciences*. Pp. 28-50. Ithaca, N.Y.: Cornell University Press.

———. 1988. *Managing Canal Irrigation: Practical Analysis from South Asia*. Cambridge: Cambridge University Press.

Chauhan, Sumi Krishna, with Zhang Bihua, K. Gopalakrishnan, Lala Rukh Hussain, Ajoa Yeboah-Afari, and Francisco Leal. 1983. *Who Puts the Water in the Taps? Community Participation in Third World Drinking Water, Sanitation and Health*. Washington, D.C.: International Institute for Environment and Development.

Cheung, Steven N.S. 1983. "The Contractual Nature of the Firm." *Journal of Law and Economics* 26(1) (Apr.): 1-21.

Chubb, John E., and Terry M. Moe. 1990. *Politics, Markets, and America's Schools*. Washington, D.C.: Brookings.

Coase, Ronald H. 1937. "The Nature of the Firm." *Economica* 4(16) (Nov.): 386–405.

Cohen, Michael A. 1974. *Urban Policy and Political Conflict in Africa: A Study of the Ivory Coast*. Chicago, Ill.: University of Chicago Press.

———. 1980. "Francophone Africa," in Donald C. Rowat, ed., *International Handbook on Local Government Reorganization*. Pp. 415–422. Westport, Conn.: Greenwood Press.

Cohen, S. S., J. W. Dyckman, E. Schoenberger, and C. R. Downs. 1981. *Decentralization: A Framework for Policy Analysis*. Berkeley: University of California, Institute of International Studies, Project on Managing Decentralization.

Colmey, John. 1988. "Irrigated Non-Rice Crops: Asia's Untapped Resource." *IIMI Review* 2(1) (Apr.): 3–7.

Commons, John R. 1959. *Legal Foundations of Capitalism*. Madison: University of Wisconsin Press.

Connerley, Edwin, David Gephart, Larry Schroeder, and Louis Siegel. 1989a. *Bangladesh: Feeder Roads Maintenance and Improvement Project Evaluation*. Decentralization: Finance and Management Project Report. Burlington, Vt.: Associates in Rural Development.

Connerley, Edwin, Iben Nathan, Larry Schroeder, et al. 1989b. *Bangladesh Rural and Feeder Roads Sector Assessment*. Decentralization: Finance and Management Project Report. Burlington, Vt.: Associates in Rural Development.

Conyers, Diana. 1983. "Decentralization: The Latest Fashion in Development Administration." *Public Administration and Development* 3(2) (Apr.–June): 97–109.

———. 1984. "Decentralization and Development: A Review of the Literature." *Public Administration and Development* 4(2) (Apr.–June): 187–197.

———. 1985. "Decentralization: A Framework for Discussion," in Hasnat Abdul Hye, ed., *Decentralization, Local Government Institutions and Resource Mobilisation*. Pp. 22–42. Comilla: Bangladesh Academy for Rural Development.

Corey, A. T. 1986. "Control of Water Within Farm Turnouts in Sri Lanka," in *Proceedings of a Workshop on Water Management in Sri Lanka*. Pp. 25–30. Documentation Series no. 10. Colombo, Sri Lanka: Agrarian Research and Training Institute.

Cornell, Stephen, and Joseph P. Kalt. 1990. "Where's the Glue? Institutional Bases of American Indian Economic Development." Working Paper. Cambridge, Mass.: Harvard Project on American Indian Economic Development.

———. 1992. "Culture and Institutions as Public Goods: American Indian Economic Development as a Problem of Collective Action," in Terry L. Anderson, ed., *Property Rights and Indian Economies*. Pp. 215–252. Lanham, Md.: Rowman & Littlefield.

Cornes, Richard, and Todd Sandler. 1986. *The Theory of Externalities, Public Goods, and Club Goods*. Cambridge: Cambridge University Press.

Coward, E. Walter, Jr. 1979. "Principles of Social Organization in an Indigenous Irrigation System." *Human Organization* 38(1) (Spring): 28–36.

———, ed. 1980. *Irrigation and Agricultural Development in Asia: Perspectives from the Social Sciences*. Ithaca, N.Y.: Cornell University Press.

———. 1985. "Technical and Social Change in Currently Irrigated Regions: Rules, Roles, and Rehabilitation," in Michael M. Cernea, ed., *Putting People First: Sociological Variables in Rural Development*. Pp. 27–52. New York: Oxford University Press.

Crosson, P. R. 1975. "Institutional Obstacles to Expansion of World Food Production." *Science* 188(4188) (May): 519–524.

Cruz, Maria Concepcion J., Luzviminda B. Cornista, and Diogenes C. Dayan. 1986. *Legal and Institutional Issues of Irrigation Water Rights in the Philippines*. Laguna: University of the Philippines at Los Baños, Agrarian Reform Institute.

Curtis, Donald. 1991. *Beyond Government: Organizations for Common Benefit*. London: Macmillan.

Datta, Sama K., and Jeffrey B. Nugent. 1989. "Transaction Cost Economics and Contractual Choice: Theory and Evidence," in Mustapha K. Nabli and Jeffrey B. Nugent, eds., *The New Institutional Economics and Development: Theory and Applications to Tunisia*. Pp. 1–59. Amsterdam: North Holland.

Davis, Gina, and Elinor Ostrom. 1991. "A Public Economy Approach to Education: Choice and Co-Production." *International Political Science Review* 12(4) (Oct.): 313–335.

de Silva, Chandra Richard. 1987. *Sri Lanka: A History*. New Delhi: Vikas.

de Soto, Hernando. 1989. *The Other Path: The Invisible Revolution in the Third World*. New York: Harper & Row.

Development Research Group. 1986. *Rapti Rural Area Development Project: Medium Irrigation Appraisal Study Report*. Lalitpur, Nepal: Development Research Group.

Dickerson, O. D. 1959. *Health Insurance*. Homewood, Ill.: Irwin.

Dildine, Larry, and Fred Massey. 1974. "Dynamic Model of Private Incentives to Housing Maintenance." *Southern Economics Journal* (40)4 (Apr.): 631–639.

Donahue, John D. 1989. *The Privatization Decision: Public Ends, Private Means*. New York: Basic Books.

Dosi, Giovanni, and Massimo Egidi. 1987. "Substantive and Procedural Uncertainty: An Exploration of Economic Behaviours in Complex and Changing Environments." Paper prepared for the International Workshop on Programmable Automation and New Work Modes, Paris, April 2–4.

Downs, Anthony. 1967. *Inside Bureaucracy*. Boston, Mass.: Little, Brown.

Duany, Wal. 1992. "Neither Palaces nor Prisons: The Constitution of Order Among the Nuer." Ph.D. diss., Indiana University, Bloomington.

Eberts, Randall W. 1989. "Some Empirical Evidence on the Linkage between Public Infrastructure and Local Economic Development." Working Paper. Cleveland, Ohio: Federal Reserve Bank of Cleveland.

Ekeh, Peter P. 1975. "Colonialism and the Two Publics in Africa: A Theoretical Statement." *Comparative Studies in Society and History* 17: 91–112.

Esman, Milton J. 1980. "Development Assistance in Public Administration: Requiem or Renewal?" *Public Administration Review* 40(5) (Sept./Oct.): 426–431.

Esman, Milton J., and Norman T. Uphoff. 1982. *Local Organization and Rural Development: The State of the Art*. Special Series on Rural Local Organization no. 7. Ithaca, N.Y.: Cornell University, Center for International Studies, Rural Development Committee.

———. 1984. *Local Organizations: Intermediaries in Rural Development*. Ithaca, N.Y.: Cornell University Press.

Ferejohn, John. 1974. *Pork Barrel Politics: Rivers and Harbors Legislation, 1947–1968*. Stanford, Calif.: Stanford University Press.

Ferris, James M., and Donald R. Winkler. 1991. "Agency Theory and Intergovernmental Relationships," in Remy Prud'homme, ed., *Public Finance with Several Levels of Government*. Pp. 155–166. The Hague: Foundation Journal Public Finance.

Friedman, Lee S. 1984. *Microeconomic Policy Analysis*. New York: McGraw-Hill.

Frohlich, Norman, and Joe A. Oppenheimer. 1971. "I Get By with a Little Help from My Friends." *World Politics* 23 (Oct.): 104–120.

———. 1974. "The Carrot and the Stick: Optimal Program Mixes for Entrepreneurial Political Leaders." *Public Choice* 19 (Fall): 43–61.

Frohlich, Norman, Joe A. Oppenheimer, and Oran Young. 1971. *Political Leadership and Collective Goods*. Princeton, N.J.: Princeton University Press.

Gearheart, Robert A. 1990. *Community-based Maintenance and Cost Recovery of Piped Rural Water Schemes: Malawi*. Field Report no. 309. Washington, D.C.: U.S. Agency for International Development, Water and Sanitation for Health Project.

Glennie, Colin. 1983. *Village Water Supply in the Decade*. New York: John Wiley.

Gow, David D., and Jerry VanSant. 1985. "Decentralization and Participation: Concepts in Need of Implementation Strategies," in Elliott R. Morss and David D. Gow, eds., *Implementing Rural Development Projects: Lessons from AID and World Bank Experiences*. Pp. 107–147. Boulder, Colo.: Westview Press.

Growenewegen, Peter. 1990. "Taxation and Decentralization: A Reconsideration of the Costs and Benefits of a Decentralized Tax System," in Robert J. Bennett, ed., *Decentralization, Local Governments, and Markets: Toward a Post-Welfare Agenda*. Pp. 87–115. Oxford: Clarendon Press.

GTZ (Deutsche Gesellschaft fuer Technische Zusammenarbeit/Nepal). 1991. *Dhading Local Roads Programme Status Report*. Kathmandu, Nepal: GTZ.

Guyer, Jane I. 1991. "Representation Without Taxation: An Essay on Democracy in Rural Nigeria, 1952–1990." Working Papers in African Studies no. 152. Boston, Mass.: Boston University, African Studies Center.

Haggblade, Steven, Peter Hazell, and James Brown. 1989. "Farm-Nonfarm Linkages in Rural Sub-Saharan Africa." *World Development* 17 (Aug.): 1173–1201.

Haratani, Joseph, Ana Maria Viveros-Long, and Ana Maria Becerra Marzano de Gonzales. 1981. *Peru: The CARE Water and Health Services Project*. Project Impact Evaluation no. 24. Washington, D.C.: U.S. Agency for International Development.

Hardin, Russell. 1982. *Collective Action*. Baltimore, Md.: Johns Hopkins University Press.

Harral, Clell G. 1987. "The Road Deterioration Problem in Developing Countries." *World Highways* 38(3) (Apr./May): 1, 4–5.

Harral, Clell G., and Asif Faiz. 1988. *Road Deterioration in Developing Countries: Causes and Remedies*. Washington, D.C.: World Bank.

Harris, Milton, and Artur Raviv. 1978. "Some Results on Incentive Contracts with Applications to Education and Employment, Health Insurance, and Law Enforcement." *American Economic Review* 68(1) (Mar.): 20–30.

Harriss, J. C. 1977. "Problems of Water Management in Hambantota District," in B. H. Farmer, ed., *Green Revolution? Technology and Change in Rice Growing Areas of Tamil Nadu and Sri Lanka*. Pp. 364–376. New York: Macmillan.

———. 1984. "Social Organisation and Irrigation: Ideology, Planning and Practice in Sri Lanka's Settlement Schemes," in T. P. Bayliss-Smith and S. Wanmali, eds., *Understanding Green Revolutions*. Pp. 315–338. Cambridge: Cambridge University Press.

Hayter, Teresa. 1971. *Aid as Imperialism*. Baltimore, Md.: Penguin.

Hazell, Peter B.R., and Alisa Roell. 1983. "Rural Growth Linkages: Household Expenditure Patterns in Malaysia and Nigeria." Research Report no. 41. Washington, D.C.: International Food Policy Research Institute.

Heller, Peter. 1974. "Public Investment with Recurrent Cost Constraint." *Quarterly Journal of Economics* 88(2) (May): 251–277.

———. 1979. "The Underfinancing of Recurrent Development Costs." *Finance and Development* (16)1 (Mar.): 38–41.

Hesselberg, J. 1986. "Lack of Maintenance of Irrigation Facilities: Experiences from Southern Sri Lanka," in Irene Norlund, Sven Cederroth, and Ingela Gerdin, eds., *Rice Societies*. Pp. 72–80. London: Curzon Press.

Heston, Alan, H. Hasnain, S. Z. Hussain, and R. N. Khan. 1985. "The Economics of Camel Transport in Pakistan." *Economic Development and Cultural Change* 34(1) (Oct.): 121–141.

Hill, Catharine B., and Katundu M. Mtawali. 1989. "Malawi: Lessons from the Gravity-Fed Piped Water Supply," in *Successful Development in Africa: Case Studies of Projects, Programs, and Policies*. EDI Development Policy Case Series, Analytical Case Studies no. 1. Pp. 57–78. Washington, D.C.: World Bank, Economic Development Institute.

Hinchliffe, K. 1980. "Conflicts Between National Aims in Papua New Guinea: The Case of Decentralization and Equality." *Economic Development and Culture Change* 28(4) (July): 819–836.

Hirschman, Albert. 1970. *Exit, Voice and Loyalty*. Cambridge, Mass.: Harvard University Press.

Honadle, George, and Jerry VanSant. 1985. *Implementation for Sustainability: Lessons from Integrated Rural Development*. West Hartford, Conn.: Kumarian Press.

Horton, Robin. 1967. "African Traditional Thought and Western Science." *Africa* 37(1) (Jan.): 50–71, and (2) (Apr.): 155–187.

Hubbell, Kenneth, Denise Pineda, Norman Ramos, Cesar Saldana, and James T. Thomson. 1989. *Philippines Local Fiscal Integrity Analysis Report*.

Decentralization: Finance and Management Project Report. Burlington, Vt.: Associates in Rural Development.
Hunt, Robert C. 1988. "Size and the Structure of Authority in Canal Irrigation Systems." *Journal of Anthropological Research* 44(4) (Winter): 335–355.
Huntington, Samuel P., and Myron Weiner, eds. 1987. *Understanding Political Development*. Boston, Mass.: Little, Brown.
Hyden, Goran. 1980. *Beyond Ujamaa in Tanzania: Underdevelopment and an Uncaptured Peasantry*. Berkeley: University of California Press.
―――. 1983. *No Shortcuts to Progress: African Development Management in Perspective*. Berkeley: University of California Press.
Iglesias, Gabriel U. 1985. "The Provincial Development Assistance Project; Strengthening Local Capability in the Philippines," in G. Shabbir Cheema, ed., *Rural Development in Asia: Case Studies on Programme Implementation*. Pp. 42–66. New Delhi: Sterling Publishers.
Illo, Jeanne Frances I., and Maria Elena Chiong-Javier. 1983. *Organizing Farmers for Irrigation Management: The Buhi-Lalo Experience*. Naga City, Philippines: Research and Service Center.
IIMI. 1988. "Farmers' Panel Discussion," in IIMI, ed., *Irrigation Management in Nepal: Research Papers from a National Seminar*. Pp. 130–134. Kathmandu, Nepal: International Irrigation Management Institute.
International Labour Organization. 1979. *Appropriate Transport Facilities for the Rural Sector in Developing Countries*. Geneva: ILO, World Employment Programme.
―――. 1982. *The Maintenance of Rural Access Roads in Kenya: A Discussion Paper*. Geneva: ILO, World Employment Programme.
Jackson, Robert H., and Carl G. Rosberg. 1982. *Personal Rule in Black Africa*. Berkeley: University of California Press.
Jagannathan, N. Vijay. 1987. *Informal Markets in Developing Countries*. New York: Oxford University Press.
Jayawardene, Jayantha. 1986. "The Training of Mahaweli Turnout Group Leaders," in *Participatory Management in Sri Lanka's Irrigation Schemes*. Pp. 77–85. Digana Village, Sri Lanka: International Irrigation Management Institute.
Jenkins, Jerry, ed. 1988. *Beyond the Informal Sector: Including the Excluded in Developing Countries*. San Francisco, Calif.: Institute for Contemporary Studies Press.
Jenkins, Jerry, and Richard M. Bird. "Expanding Consent in the Delivery and Finance of Urban Services," in Jerry Jenkins and David Sisk, eds., *Development by Consent*. San Francisco, Calif.: Institute for Contemporary Studies Press, forthcoming.
Jenkins-Smith, Hank C. 1991. "Alternative Theories of the Policy Process: Reflections on a Research Strategy for the Study of Nuclear Waste Policy." *PS: Political Science and Politics* 24 (June): 157–166.
Jones, Charles O. 1970. *An Introduction to the Study of Public Policy*. Belmont, Calif.: Wadsworth.
Jorgenson, Dale W., John J. McCall, and Roy Radner. 1967. *Optimal Replacement Policy*. Chicago, Ill.: Rand McNally.
Kampsax International, A/S. 1986. "National Highway Maintenance Study: Final Report." Vol. 1. Working Paper. Islamabad: Kampsax International.

Katzman, M. T. 1978. "The Quality of Municipal Services, Central City Decline and Middle-Class Flight." Research Report R78–1. Cambridge, Mass.: Harvard University, Department of City and Regional Planning.

Kee, Woo Sik. 1977. "Fiscal Decentralization and Economic Development." *Public Finance Quarterly* 5(1) (Jan.): 79–97.

Khalid, Mansour. 1985. *Nimeiri and the Revolution of Dis-May*. London: KPI.

Kiser, Larry L., and Elinor Ostrom. 1982. "The Three Worlds of Action: A Metatheoretical Synthesis of Institutional Approaches," in Elinor Ostrom, ed., *Strategies of Political Inquiry*. Pp. 179–222. Beverly Hills, Calif.: Sage.

Knight, Frank. 1921. *Risk, Uncertainty, and Profit*. Boston, Mass.: Houghton Mifflin.

Korten, David C. 1980. "Community Organization and Rural Development: A Learning Process Approach." *Public Administration Review* 40(5) (Sept./ Oct.): 480–511.

———., ed. 1986. *Community Management: Asian Experiences and Perspectives*. West Hartford, Conn.: Kumarian Press.

———. 1991. "Sustainable Development." *World Policy Journal* 9(1): 157–190.

Korten, David C., and Filipe B. Alfonso. 1983. *Bureaucracy and the Poor: Closing the Gap*. West Hartford, Conn.: Kumarian Press.

Korten, Frances F. 1982. *Building National Capacity to Develop Water Users' Associations: Experience from the Philippines*. Washington, D.C.: World Bank, Agricultural and Rural Development Department.

———. 1985. "A Participatory Approach to Irrigation Development in the Philippines," in Jean Claude Garcia-Zamor, ed., *Public Participation in Development Planning and Management: Cases from Africa and Asia*. Pp. 179–186. Boulder, Colo.: Westview Press.

Krueger, Anne O. 1974. "The Political Economy of the Rent-Seeking Society." *American Economic Review* 64: 291–301.

Landa, Janet T. 1981. "A Theory of the Ethnically Homogeneous Middleman Group: An Institutional Alternative to Contract Law." *Journal of Legal Studies* 10(2) (June): 349–362.

———. 1988. "Underground Economies: Generic or *Sui Generis*?" in Jerry Jenkins, ed., *Beyond the Informal Sector: Including the Excluded in Developing Countries*. Pp. 75–103. San Francisco, Calif.: Institute for Contemporary Studies Press.

Landau, Martin, and Eva Eagle. 1981. *On the Concept of Decentralization*. Berkeley: University of California, Institute of International Studies.

Landau, Martin, Suchitra Punyaratabandhu-Bhakdi, Ledivina Carino, Rolando Tungpalan, and James Wunsch. 1980. "Final Report: Provincial Development Assistance Program—Philippines." Working Paper. Berkeley: University of California Institute of International Studies, Project on Managing Decentralization.

Lando, Richard Paul. 1979. "The Gift of Land: Irrigation and Social Structure in a Toba Batak Village." Ph.D diss., University of California, Riverside.

Lee, Barbara. 1989. "Organizational Economics: Links to Developing Country Problems." Paper presented at the Conference on Institutional Development and the World Bank, Washington, D.C., December 14–15.

Leibenstein, Harvey. 1983. "Property Rights and X-Efficiency: Comment." *American Economic Review* 83: 831–842.

Lele, Sharachchandra M. 1991. "Sustainable Development: A Critical Review." *World Development* 19(6): 607–621.

Leonard, David K. 1984. "The Political Realities of African Management." Working Paper no. 18. Binghamton, N.Y.: Institute for Development Anthropology.

Leonard, David K., and Dale Rogers Marshall, eds. 1982. *Institutions of Rural Development for the Poor: Decentralization and Organizational Linkages*. Berkeley, Calif.: Institute for International Studies.

Levi, Margaret. 1988. *Of Rule and Revenue*. Berkeley: University of California Press.

Levine, Gilbert. 1980. "The Relationship of Design, Operation and Management," in E. Walter Coward, Jr., ed., *Irrigation and Agricultural Development in Asia: Perspectives from the Social Sciences*. Pp. 51–62. Ithaca, N.Y.: Cornell University Press.

Levinson, Jerome, and Juan de Onis. 1970. *The Alliance That Lost Its Way*. Chicago, Ill.: Quadrangle Books.

Levy, Frank S., Arnold J. Meltsner, and Aaron Wildavksy. 1974. *Urban Outcomes: Schools, Streets, and Libraries*. Berkeley: University of California Press.

Liebenow, J. Gus. 1981. *Malawi: Clean Water for the Rural Poor*. American Universities Field Staff Report no. 40. Hanover, N.H.: The Wheelhouse.

Lineberry, Robert L. 1977. *Equality and Urban Policy: The Distribution of Municipal Public Services*. Beverly Hills, Calif.: Sage.

Lipsey, R. G., and K. Lancaster. 1956. "The General Theory of the Second Best." *Review of Economic Studies* 24(1): 11–32.

Loveman, Brian. 1973. "The Logic of Political Corruption." Working Paper. Bloomington: Indiana University, Workshop in Political Theory and Policy Analysis.

Malone, Thomas W. 1987. "Modeling Coordination in Organizations and Markets." *Management Science* 33(10) (Oct.): 1317–1332.

Malual, Bona. 1987. "The Roots of the Current Contention," in Francis Deng and Gifford Prosser, eds., *The Search for Peace and Unity in the Sudan*. Pp. 9–14. Washington, D.C.: The Wilson Center Press.

Mandel, A. S. 1975. *Resource Distribution Inside School Districts*. Lexington, Mass.: D. C. Heath.

Marglin, Stephen A. 1974. "What Do Bosses Do? The Origins and Functions of Hierarchy in Capitalist Production." *The Review of Radical Political Economics* 6(2) (Summer): 60–112.

Marschak, Jacob. 1972. *Economic Theory of Teams*. New Haven, Conn.: Yale University Press.

Martin, Edward, and Robert Yoder. 1983. "Review of Farmer-managed Irrigation in Nepal," in *Water Management in Nepal: Proceedings of the Seminar on Water Management Issues, July 31–August 2*. Pp. 82–91. Kathmandu, Nepal: Ministry of Agriculture, Agricultural Projects Services Centre, and the Agricultural Development Council.

Mawhood, Philip. 1983. "Decentralization: The Concept and the Practice," in Philip Mawhood, ed., *Local Government in the Third World*. Pp. 1–24. New York: John Wiley.

Mawhood, Philip, and Ken Davey. 1980. "Anglophone Africa," in Donald C. Rowat, ed., *International Handbook on Local Government Reorganization*. Pp. 404–414. Westport, Conn.: Greenwood Press.

Mayhew, David. 1974. *Congress: The Electoral Connection*. New Haven, Conn.: Yale University Press.

McCay, Bonnie J., and James M. Acheson, eds. 1987. *The Question of the Commons: The Culture and Ecology of Communal Resources*. Tucson: University of Arizona Press.

McClure, Charles E. 1983. "Introduction," in Charles E. McLure, ed., *Tax Assignment in Federal Countries*. Pp. xii–xix. Canberra: Australian National University Press.

McCullough, James S., and Thomas H. Steubner. 1985. "Project Inception Report: Management Support for Town Panchayats Project." Kathmandu, Nepal: His Majesty's Government of Nepal, Ministry of Panchayat and Local Development.

McGowan, Rick, Dawam Rahardjo, and Nick Ritchie. 1991. *Rural Water Supply and Sanitation in Indonesia: Midterm Evaluation Report for CARE/Indonesia's Community Self-Financing of Water and Sanitation Systems Project*. Burlington, Vt.: Associates in Rural Development.

McGuire, Martin. 1974. "Group Size, Homogeneity, and the Aggregate Provision of a Pure Public Good Under Cournot Behavior." *Public Choice* 18(2): 107–126.

McKelvey, Richard D. 1976. "Intransitivities in Multidimensional Voting Models and Some Implications for Agenda Control." *Journal of Economic Theory* 12(3) (June): 472–482.

Mellor, John W. 1976. *The New Economics of Growth: A Strategy for India and the Developing World*. Ithaca, N.Y.: Cornell University Press.

Mellor, John W., and Bruce F. Johnston. 1984. "The World Food Equation: Interrelations Among Development, Employment and Food Consumption." *Journal of Economic Literature* 22 (June): 524–531.

Mellor, John W., and Uma J. Lele. 1973. "Growth Linkages of the New Food Grain Technologies." *Indian Journal of Agricultural Economics* 18 (Jan.-Mar.): 35–55.

Mitnick, Barry M. 1974. "The Theory of Agency: The Concept of Fiduciary Rationality and Some Consequences." Ph.D. diss., University of Pennsylvania.

———. 1980. *The Political Economy of Regulation: Creating, Designing, and Removing Regulatory Forms*. New York: Columbia University Press.

Mladenka, Kenneth, and Kim Q. Hill. 1978. "The Distribution of Urban Police Services." *Journal of Politics* 40(1) (Feb.): 112–133.

Moe, Terry. 1984. "The New Economics of Organization." *American Journal of Political Science* 28(4) (Nov.): 739–777.

Montgomery, John D. 1981. "On the Decentralization of Integrated Rural Development Activities." Working Paper. Cambridge, Mass.: Harvard University, Institute for International Development.

Moran, Emilio F. 1992. "Deforestation in the Brazilian Amazon." Occasional Paper no. 10, Series on Environment and Development. Bloomington: Indiana University, Indiana Center on Global Change and World Peace.

Morss, Elliot R., and Victoria A. Morss. 1982. *U.S. Foreign Aid: An Assessment of New and Traditional Development Strategies.* Boulder, Colo.: Westview Press.

Munnell, Alicia H., ed. 1990. *Is There a Shortfall in Public Capital Investment?* Boston, Mass.: Federal Reserve Bank of Boston.

Musgrave, Richard A. 1959. *The Theory of Public Finance.* New York: McGraw-Hill.

———. 1983. "Who Should Tax, Where, and What?" in Charles E. McLure, ed., *Tax Assignment in Federal Countries.* Pp. 2–19. Canberra: Australian National University Press.

Nabli, Mustapha K., and Jeffrey B. Nugent. 1989. "The New Institutional Economics and Its Applicability to Development." *World Development* 17(9): 1333–1347.

National Research Council. 1981. *Labor-Based Construction and Maintenance of Low-Volume Roads.* Transportation Technology Support for Developing Countries: Synthesis 3. Washington, D.C.: National Academy of Sciences, Transportation Research Board.

Nelson, John M. 1968. *Aid Influence and Foreign Policy.* New York: Macmillan.

Newberry, David M. 1989. "Cost Recovery from Optimally Designed Roads." *Economica* 56 (May): 165–185.

Niskanen, William A. 1971. *Bureaucracy and Representative Government.* Chicago, Ill.: Aldine-Atherton.

North, Douglass C. 1985. "Institutions, Transactions Costs and Economic Growth." Working Paper. St. Louis, Mo.: Washington University, School of Business and Center in Political Economy.

———. 1986. "The New Institutional Economics." *Journal of Institutional Economics* 142(1) (Mar.): 230–237.

———. 1990. *Institutions, Institutional Change and Economic Performance.* New York: Cambridge University Press.

Nugent, Jeffrey B. 1985. "The Old-Age Security Motive for Fertility." *Population and Development Review* 11 (Mar.): 75–97.

Oates, Wallace. 1972. *Fiscal Federalism.* New York: Harcourt, Brace, Jovanovich.

Odell, Malcolm. 1985. "Local Government: Traditional and Modern Roles of the Village Kgotla," in Louis A. Picard, ed., *The Evolution of Modern Botswana.* Pp. 61–83. Lincoln: University of Nebraska Press.

Okun, Arthur M. 1975. *Equality and Efficiency: The Big Tradeoff.* Washington, D.C.: The Brookings Institution.

Olson, Mancur. 1965. *The Logic of Collective Action.* Cambridge, Mass.: Harvard University Press.

———. 1969. "The Principle of 'Fiscal Equivalence': The Division of Responsibilities among Different Levels of Government." *American Economic Review* 59(2) (May): 479–487.

Ostrom, Elinor. 1983. "Equity as a Performance Issue in Urban Policing," in Gordon P. Whitaker and Charles D. Phillips, eds., *Evaluating Performance of Criminal Justice Agencies.* Pp. 99–125. Beverly Hills, Calif.: Sage.

———. 1985. "Are Successful Efforts to Manage Common-pool Problems a Challenge to the Theories of Garrett Hardin and Mancur Olson?" Working

paper. Bloomington: Indiana University, Workshop in Political Theory and Policy Analysis.
———. 1986. "A Method of Institutional Analysis," in Franz-Xaver Kaufmann, Giandomenico Majone, and Vincent Ostrom, eds., *Guidance, Control, and Evaluation in the Public Sector*. Pp. 459–475. Berlin and New York: de Gruyter.
———. 1990. *Governing the Commons: The Evolution of Institutions for Collective Action*. New York: Cambridge University Press.
———. 1992. *Crafting Institutions for Self-Governing Irrigation Systems*. San Francisco, Calif.: Institute for Contemporary Studies Press.
Ostrom, Elinor, Roger B. Parks, and Gordon P. Whitaker. 1974. "Defining and Measuring Structural Variations in Interorganizational Arrangements." *Publius* 4 (Fall): 87–108.
———. 1978. *Patterns of Metropolitan Policing*. Cambridge, Mass.: Ballinger.
Ostrom, Vincent. 1986. "A Fallabilist's Approach to Norms and Criteria of Choice," in Franz-Xaver Kaufmann, Giandomenico Majone, and Vincent Ostrom, eds., *Guidance, Control, and Evaluation in the Public Sector*. Pp. 229–249. Berlin and New York: de Gruyter.
———. 1987. *The Political Theory of a Compound Republic: Designing the American Experiment*. 2d ed. Lincoln, Neb.: University of Nebraska Press.
———. 1989. *The Intellectual Crisis in American Public Administration*. 2d ed. Tuscaloosa: University of Alabama Press.
———. 1991. *The Meaning of American Federalism: Constituting a Self-Governing Society*. San Francisco, Calif.: Institute for Contemporary Studies Press.
Ostrom, Vincent, and Elinor Ostrom. 1977. "Public Goods and Public Choices," in E. S. Savas, ed., *Alternatives for Delivering Public Services: Toward Improved Performance*. Pp. 7–49. Boulder, Colo.: Westview Press.
Ostrom, Vincent, Robert Bish, and Elinor Ostrom. 1988. *Local Government in the United States*. San Francisco, Calif.: Institute for Contemporary Studies Press.
Ostrom, Vincent, David Feeny, and Hartmut Picht, eds. 1988. *Rethinking Institutional Analysis and Development: Issues, Alternatives, and Choices*. San Francisco, Calif.: Institute for Contemporary Studies Press.
Ostrom, Vincent, Charles M. Tiebout, and Robert Warren. 1961. "The Organization of Government in Metropolitan Areas: A Theoretical Inquiry." *American Political Science Review* 55(4) (Dec.): 831–842.
Otsuka, Keijiro, Masao Kikuchi, and Yujiro Hayami. 1986. "Community and Market in Contract Choice: The Jeepney in the Philippines." *Economic Development and Cultural Change* 34(2) (Jan.): 279–298.
Owen, J. D. 1972. "The Distribution of Education Resources in Large American Cities." *Journal of Human Resources* 7 (Winter): 26–38.
Pasternak, Burton. 1972. *Kinship and Community in Two Chinese Villages*. Stanford, Calif.: Stanford University Press.
Paul, Samuel. 1992. *Strengthening Public Service Accountability: A Conceptual Framework*. Discussion Paper no. 136. Washington, D.C.: World Bank.
Pauly, M. V. 1973. "Income Redistribution as a Local Public Good." *Journal of Public Economics* 2(1) (Feb.):35–58.
Pearce, David, Edward Barbier, and Anil Markandya. 1990. *Sustainable Development: Economics and Environment in the Third World*. Hants, England: Edward Elgar.

Perera, J. 1986. "The Gal Oya Farmer Organization Programme: A Learning Process?" in *Proceedings of the Workshop on Participatory Management in Sri Lanka's Irrigation Schemes.* Pp. 86–110. Digana Village, Sri Lanka: International Irrigation Management Institute.

Pipes, Richard. 1974. *Russia Under the Old Regime.* New York: Scribner.

Plott, Charles R. 1967. "A Notion of Equilibrium and Its Possibility Under Majority Rule." *American Economic Review* 57(4) (Sept.): 787–806.

Pohl, Gerhard, and Dubravko Mihaljek. 1992. "Project Evaluation and Uncertainty in Practice: A Statistical Analysis of Rate-of-Return Divergencies of 1,015 World Bank Projects." *The World Bank Economic Review* 6(2) (May): 255–277.

Pollak, Robert A. 1985. "A Transaction Cost Approach to Families and Households." *Journal of Economic Literature* 23(2) (June): 581–608.

Popkin, Samuel L. 1979. *The Rational Peasant.* Berkeley: University of California Press.

———. 1981. "Public Choice and Rural Development—Free Riders, Lemons, and Institutional Design," in Clifford S. Russell and Norman K. Nicholson, eds., *Public Choice and Rural Development.* Pp. 43–80. Baltimore, Md.: Johns Hopkins University Press.

Powell, John D. 1970. "Peasant Society and Clientelistic Politics." *American Political Science Review* 64(2) (June): 411–425.

Pradhan, Naresh C., and Robert Yoder. 1989. "Improving Irrigation System Management Through Farmer-to-Farmer Training: Examples from Nepal." IIMI Working Paper no. 12. Colombo, Sri Lanka: International Irrigation Management Institute.

Pradhan, Prachanda. 1980. *Local Institutions and People's Participation in Rural Public Works in Nepal.* Special Series on Rural Local Organizations no. 4. Ithaca, N.Y.: Cornell University, Rural Development Committee.

———. 1983. "Community-Managed Irrigation Systems Case Study Chhatis Mauja Irrigation System," in *Water Management in Nepal: Proceedings of the Seminar on Water Management Issues Held in Kathmandu 31 July to 2 August.* Pp. 218–242. Kathmandu, Nepal: Agricultural Projects Service Centre, Agricultural Development Council.

———. 1984. "Chhatis Mauja Irrigation System: Community Response on Resource Management." Kathmandu, Nepal: Development Research and Communication Group.

Prebisch, Raul. 1970. *Change and Development: Latin America's Great Task.* Washington, D.C.: Inter-American Development Bank.

Raby, Namika. 1991. "Participatory Management in Large Irrigation Systems: Issues for Consideration." *World Development* 19(12): 1767–1776.

Radnitzky, Gerard. 1987. "Cost-Benefit Thinking in the Methodology of Research: The 'Economic Approach' Applied to Key Problems of the Philosophy of Science," in Gerard Radnitzky and Peter Bernholz, eds., *Economic Imperialism: The Economic Approach Applied Outside the Field of Economics.* Pp. 283–334. New York: Paragon House.

Ramakrishnan, Subramaniam. 1985. "Recurrent Agricultural Expenditures in Kenya," in John Howell, ed., *Recurrent Costs and Agricultural Development.* Pp. 113–127. London: Overseas Development Institute.

Rana, Jitendra. 1991. "A Case Study of the Chhattis Mauja Irrigation System in Nepal," in IIMI, ed., *Performance Measurement in Farmer-managed Irrigation Systems: The Third International Workshop of the FMIS Network.* Pp. 26-1-XI. Kathmandu, Nepal: International Irrigation Management Institute.

Rashid, Salim. 1981. "Public Utilities in Egalitarian LDCs: The Role of Bribery in Achieving Pareto Efficiency." *Kyklos* 34(3): 448-460.

Redclift, M. 1987. *Sustainable Development: Exploring the Contradictions.* New York: Methuen.

Repetto, Robert. 1986. *Skimming the Water: Rent-Seeking and the Performance of Public Irrigation Systems.* Research Report no. 41. Washington, D.C.: World Resources Institute.

———. 1987. "Population, Resources, Environment: An Uncertain Future." *Population Bulletin* 42(2) (July): 1-43.

Richards, Paul. 1985. *Indigenous Agricultural Revolution: Ecology and Food Production in West Africa.* Boulder, Colo.: Westview Press.

Rockefeller, Nelson A. 1969. *The Rockefeller Report on the Americas: The Official Report of a United States Presidential Mission for the Western Hemisphere.* Chicago, Ill.: Quadrangle Books.

Rondinelli, Dennis A. 1981. "Government Decentralization in Comparative Perspective: Theory and Practice in Developing Countries." *International Review of Administrative Science* 47(2): 133-145.

———. 1983. "Implementing Decentralization Programmes in Asia: A Comparative Analysis." *Public Administration and Development* 3: 181-207.

Rondinelli, Dennis A., and John R. Nellis. 1986. "Assessing Decentralization Policies in Developing Countries: The Case for Cautious Optimism." *Development Policy Review* 4: 3-23. Beverly Hills, Calif.: Sage.

Rondinelli, Dennis A., James S. McCullough, and Ronald W. Johnson. 1987. "Decentralizing Public Services in Developing Countries: A Framework for Policy Analysis and Implementation." Working Paper in Decentralization in Developing Countries Series. Research Triangle Park, N.C.: Research Triangle Institute.

Rosenzweig, Mark R., and Kenneth I. Wolpin. 1985. "Specific Experience, Household Structure and Intergenerational Transfers: Farm Family Land and Labor Arrangements in Developing Countries." *Quarterly Journal of Economics* 100(4): 961-987.

Ross, Stephen A. 1973. "The Economic Theory of Agency: The Principal's Problem." *American Economic Review* 63(2) (May): 134-139.

Rostow, Walt W. 1960. *The Stages of Economic Growth: A Non-Communist Manifesto.* London: Cambridge University Press.

Roth, Gabriel. 1987. *The Private Provision of Public Services in Developing Countries.* Oxford: Oxford University Press.

Sabatier, Paul A. 1991. "Toward Better Theories of the Policy Process." *PS: Political Science and Politics* 24 (June): 144-156.

Sabetti, Filippo. 1984. *Political Authority in a Sicilian Village.* New Brunswick, N.J.: Rutgers University Press.

Sandler, Todd, and J. Tschirhart. 1980. "The Economic Theory of Clubs: An Evaluative Survey." *Journal of Economic Literature* 18(4) (Dec.): 1481-1521.

Savas, E. S. 1987. *Privatization: The Key to Better Government.* Chatham, N.J.: Chatham House.
Sawyer, Amos. 1988. "The Putu Development Association: A Missed Opportunity," in Vincent Ostrom, David Feeny, and Hartmut Picht, eds., *Rethinking Institutional Analysis and Development: Issues, Alternatives, and Choices.* Pp. 247–278. San Francisco, Calif.: Institute for Contemporary Studies Press.
———. 1992. *The Emergence of Autocracy in Liberia: Tragedy and Challenge.* San Francisco, Calif.: Institute for Contemporary Studies Press.
Schaaf, Jeanne. 1989. "Governing a Monopoly Market Under Siege: Using Institutional Analysis to Understand Competitive Entry into Telecommunications Markets, 1944–1982." Ph.D. diss., Indiana University.
Schroeder, Larry. 1987. *Rural Development Grants to Local Governments in Asia.* Monograph no. 19. Syracuse, N.Y.: Syracuse University, Metropolitan Studies Program.
———. 1988. "Intergovernmental Grants in Developing Countries." Policy, Planning and Research Working Paper no. 38. Washington, D.C.: World Bank.
Schultz, Theodore W. 1981. *Investing in People: The Economics of Population Quality.* Berkeley: University of California Press.
Scott, James C. 1976. *The Moral Economy of the Peasant.* New Haven, Conn.: Yale University Press.
Scudder, Thayer. 1972. "Ecological Bottlenecks and the Development of the Kariba Lake Basin," in M. Taghi Farvar and John P. Milton, eds., *The Careless Technology: Ecology and International Development.* Pp. 206–235. Garden City, N.Y.: The Natural History Press.
Sexton, P. C. 1961. *Education and Income.* New York: Viking.
Sharp, Elaine B. 1986. *Citizen Demand-Making in the Urban Context.* Tuscaloosa: University of Alabama Press.
Shepsle, Kenneth A. 1979. "The Role of Institutional Structure in the Creation of Policy Equilibrium," in Douglas Rae and T. J. Eismeier, eds., *Public Policy and Public Choice,* Sage Yearbooks in Politics and Public Policy, vol. 6. Pp. 249–281. Beverly Hills, Calif.: Sage.
Shrestha, Bihari Krishna. 1980. "Nuwakot District (Nepal)," in Bihari Krishna Shrestha, ed., *The Practice of Local-Level Planning: Case Studies in Selected Rural Areas in India, Nepal and Malaysia.* Pp. 35–55. Bangkok: U.N. Economic and Social Commission for Asia and the Pacific.
Simon, Herbert A. 1946. "The Proverbs of Administration." *Public Administration Review* 6(1) (Winter): 53–67.
———. 1965. *Administrative Behavior: A Study of Decision-making Processes in Administrative Organization.* New York: Free Press. (Originally published in 1947.)
———. 1972. "Theories of Bounded Rationality," in C. B. McGuire and Roy Radner, eds., *Decision and Organization: A Volume in Honor of Jacob Marschak.* Pp. 161–176. Amsterdam: North Holland.
Simon, Herbert A., Donald W. Smithburg, and Victor A. Thompson. 1958. *Public Administration.* New York: Alfred A. Knopf.
Siriwardhana, S. 1981. *Emerging Income Inequalities and Forms of Hidden Tenancy in the Mahaweli H Area.* Colombo, Sri Lanka: People's Bank Research Department.

Siy, Robert Y., Jr. 1982. *Community Resource Management: Lessons from the Zanjera*. Quezon City: University of the Philippines Press.
Small, Leslie, Marietta Adriano, and Edward D. Martin. 1986. *Regional Study on Irrigation Service Fees: Final Report*. Kandy, Sri Lanka: International Irrigation Management Institute.
Sommer, John G., Rosemary Aquino, Carlos A. Fernandez II, Frank H. Golay, and Emmy Simmons. 1982. *Philippines: Bicol Integrated Area Development*. Project Impact Evaluation no. 28. Washington, D.C.: U.S. Agency for International Development.
Squire, F. A. 1943. "Notes on Mende Rice Varieties." *Sierra Leone Agricultural Notes* no. 10 (Mimeo).
Steinberg, David I., Robert B. Morrow, Ingrid Palmer, and Kim Dong-il. 1980. *Korean Irrigation*. Project Impact Evaluation no. 12. Washington, D.C.: U.S. Agency for International Development.
Stiglitz, Joseph E. 1986. *Economics of the Public Sector*. New York: Norton.
Stone, Roger D. 1992. *The Nature of Development: A Report from the Rural Tropics on the Quest for Sustainable Economic Growth*. New York: Alfred A. Knopf.
Summers, Lawrence H. 1992. "Summers on Sustainable Growth." *The Economist* 323(7761) (May 30): 65.
Swaminathan, C. B., and N. B. Lal. 1979. "Appropriate Technologies for Rural Road Development." Road Research Papers no. 158. Delhi: Central Road Research Institute.
Tait, Alan A. 1988. *Value-Added Tax: International Practice and Problems*. Washington, D.C.: International Monetary Fund.
Tang, Shui Yan. 1992. *Institutions and Collective Action: Self-Governance in Irrigation*. San Francisco, Calif.: Institute for Contemporary Studies Press.
Tendler, Judith. 1975. *Inside Foreign Aid*. Baltimore, Md.: Johns Hopkins University Press.
Theobald, Robin. 1990. *Corruption, Development and Underdevelopment*. Durham, N.C.: Duke University Press.
Thomson, James T. 1991. *Decentralization, Governance and Problem-Solving in the Sahel*. Sahel Decentralization Policy Report, Volume 1. Decentralization: Finance and Management Project. Burlington, Vt.: Associates in Rural Development.
Tiebout, Charles. 1956. "A Pure Theory of Local Expenditures." *Journal of Political Economy* 64(5) (Oct.): 416–424.
Tisdell, Clem. 1988. "Sustainable Development: Differing Perspectives of Ecologists and Economists, and Relevance to LDCs." *World Development* 16(3): 373–384.
Tollison, Robert B. 1982. "Rent Seeking: A Survey." *Kyklos* 35(4): 575–602.
USAID. 1983. *Irrigation and AID's Experience: A Consideration Based on Evaluations*. AID Program Evaluation Report no. 8. PN-AAL-019. Washington, D.C.: U.S. Agency for International Development.
U.S. Government Accounting Office. 1983. *Irrigation Assistance to Developing Countries Should Require Stronger Commitments to Operation and Maintenance*. Washington, D.C.: General Accounting Office.

Uphoff, Norman T., ed. 1982. *Rural Development and Local Organization in Asia*, vols. 1 and 2. Delhi: Macmillan India.

———. 1985a. "Fitting Projects to People," in Michael M. Cernea, ed., *Putting People First: Sociological Variables in Rural Development*. Pp. 359–395. New York: Oxford University Press.

———. 1985b. "Summary of January 1985 Trip Report on Farmer Organization Program in Gal Oya, Sri Lanka." Ithaca, N.Y.: Cornell University.

———. 1985c. "People's Participation in Water Management: Gal Oya, Sri Lanka," in J. C. Garcia-Zamor, ed., *Public Participation in Development Planning and Management: Cases from Africa and Asia*. Pp. 131–178. Boulder, Colo.: Westview Press.

———. 1986a. *Improving International Irrigation Management with Farmer Participation: Getting the Process Right*. Boulder, Colo.: Westview Press.

———., ed. 1986b. *Local Institutional Development: An Analytical Sourcebook with Cases*. West Hartford, Conn.: Kumarian Press.

Uphoff, Norman T., and Milton J. Esman. 1974. "Local Organization for Rural Development: Analysis of Asian Experience." Series on Rural Local Government no. 19. Ithaca, N.Y.: Cornell University, Center for International Studies, Rural Development Committee.

Uphoff, Norman T., and Warren Ilchman, eds. 1972. *The Political Economy of Development*. Berkeley: University of California Press.

Van Voorst, Bruce. 1992. "Why America Has So Many Potholes." *Time*, May 4, 64–65.

von Hayek, Friedrich A. 1945. "The Use of Knowledge in Society." *American Economic Review* 35(4) (Sept.): 519–530.

Wade, Robert. 1984. "The System of Administrative and Political Corruption: Canal Irrigation in South India." *Journal of Development Studies* 18(3): 287–328.

———. 1985. "The Market for Public Office: Why the Indian State Is Not Better at Development." *World Development* 13(4): 467–497.

———. 1988. *Village Republics: Economic Conditions for Collective Action in South India*. Cambridge: Cambridge University Press.

Wall, David. 1973. *The Charity of Nations: The Political Economy of Foreign Aid*. New York: Basic Books.

Walters, A. A. 1968. *The Economics of Road User Charges*. Baltimore, Md.: Johns Hopkins University Press.

Warner, Dennis B., John Briscoe, Craig Hafner, and Bert Zellmer. 1986. *Malawi Self-Help Rural Water Supply Program: Final Evaluation*. WASH Field Report no. 186. Washington, D.C.: U.S. Agency for International Development, Water and Sanitation for Health Project.

Weicher, J. C. 1971. "The Allocation of Police Protection by Income Class." *Urban Studies* 8 (Oct.): 207–220.

Weingast, Barry, Kenneth Shepsle, and Chalmers Johnson. 1981. "The Political Economy of Benefits and Costs: A Neoclassical Approach to Distributive Politics." *Journal of Political Economy* 89(34) (Aug.): 642–664.

Whittington, Dale, John Briscoe, and Xinming Mu. 1987. "Willingness to Pay for Water in Rural Areas: Methodological Approaches and an Application in Haiti." Water and Sanitation for Health Project, Field Report no. 213. Arlington, Va.: Camp Dresser and McKee International.

Williamson, Oliver E. 1975. *Markets and Hierarchies: Analysis and Antitrust Implications*. New York: Free Press.

———. 1979. "Transaction Cost Economics: The Governance of Contractual Relations." *Journal of Law and Economics* 22(2) (Oct.): 233–261.

———. 1985. *The Economic Institutions of Capitalism: Firms, Markets, Relational Contracting*. New York: Free Press.

World Bank, The. 1976. *Village Water Supply: A World Bank Paper*. Washington, D.C.: World Bank.

———. 1988. *Rural Development: World Bank Experience, 1965–86*. Operations Evaluation Study. Washington, D.C.: World Bank.

World Commission on Environment and Development. 1987. *Our Common Future*. New York: Oxford University Press.

Wunsch, James. 1983. "The Provincial Development Assistance Project: Technocratic Strategies and Unintended Consequences." Working Paper. Omaha, Neb.: Creighton University.

———. 1988. "Rural Development, Decentralization and Administrative Reform: Towards a New Analytical Framework." Working Paper no. 18. Washington, D.C.: National Association of Schools of Public Affairs and Administration.

———. 1991. "Sustaining Third World Infrastructure Investments: Decentralization and Alternative Strategies." *Public Administration and Development* 11:5–23.

Wynne, Susan G. 1989. "The Land Boards of Botswana: A Problem in Institutional Design." Ph.D. diss., Indiana University.

Yang, Tai-Shuenn. 1987. "Property Rights and Constitutional Order in Imperial China." Ph.D. diss., Indiana University.

Yoder, Robert. 1992. *Performance of the Chhattis Mauja Irrigation System, a Thirty-Five Hundred Hectare System Built and Managed by Farmers in Nepal*. Colombo, Sri Lanka: International Irrigation Management Institute.

Young, Crawford, and Thomas Turner. 1985. *The Rise and Decline of the Zairian State*. Madison: University of Wisconsin Press.

Yudelman, Montague. 1985. *The World Bank and Agricultural Development— An Insider's View*. Washington, D.C.: World Resources Institute, WRI Paper no. 1.

Other Works of Interest

Bahl, Roy W., and Johannes F. Linn. 1992. *Urban Public Finance in Developing Countries*. New York: Oxford University Press.

Chambers, Robert. 1983. *Rural Development: Putting the Last First*. Harlow, England: Longman Scientific and Technical.

Groenfeldt, David. 1991. "Building on Tradition: Indigenous Irrigation Knowledge and Sustainable Development in Asia." *Agriculture and Human Values* 8 (Winter-Spring): 114–120.

Kaminski, Antoni. 1992. *An Institutional Theory of Communist Regimes: Design, Function, and Breakdown.* San Francisco, Calif.: Institute for Contemporary Studies Press.

Klitgaard, Robert. 1991. *Adjusting to Reality: Beyond "State versus Market" in Economic Development.* San Francisco, Calif.: Institute for Contemporary Studies Press.

Leonard, H. Jeffrey. 1989. *Environment and the Poor: Development Strategies for a Common Agenda.* New Brunswick, N.J.: Transaction Books.

Olowu, Dele. 1985. "Bureaucratic Corruption and Public Accountability in Nigeria: An Assessment of Recent Developments." *International Review of Administrative Sciences* 1(1): 7–12.

Rondinelli, Dennis A. 1987. *Development Administration and U.S. Foreign Aid Policy.* Boulder, Colo.: Lynne Rienner.

Scott, James C. 1969. "Corruption, Machine Politics, and Political Change." *American Political Science Review* 62(4) (Dec.): 1142–1158.

Steinberg, David I., Douglas Caton, Susan Holloran, and Thomas Hobgood. 1980. *Philippine Small Scale Irrigation.* Project Impact Evaluations no. 4. Washington, D.C.: U.S. Agency for International Development.

Task Force on Development Assistance and Economic Growth. 1992. *International Cooperation for Sustainable Economic Growth: The U.S. Interest and Proposals for Revitalization.* Washington, D.C.: Board for International Food and Agricultural Development.

Wunsch, James S. 1992. "Development Administration in Africa: 1960–1990. Themes, Issues and Works," in Mark Delancey, ed., *The Handbook of Political Science Research on Sub-Saharan Africa: (From the 1960s to the 1990s).* Westport, Conn.: Greenwood Press.

Wunsch, James S., and Dele Olowu, eds. 1990. *The Failure of the Centralized State: Institutions and Self-Governance in Africa.* Boulder, Colo.: Westview Press.

Wynne, Susan. 1988. "Institutional Resources for Development among the Kgalagadi of Botswana," in Vincent Ostrom, David Feeny, and Hartmut Picht, eds., *Rethinking Institutional Analysis and Development: Issues, Alternatives, and Choices.* Pp. 213–246. San Francisco, Calif.: Institute for Contemporary Studies Press.

Yudelman, Montague. 1989. "Sustainable and Equitable Development in Irrigation Environments," in H. Jeffrey Leonard, ed., *Environment and the Poor: Development Strategies for a Common Agenda.* Pp. 61–85. New Brunswick, N.J.: Transaction Books.

索　引

Abeywickrema, 100–101
Accountability, 67, 111, 112, 115–116, 129, 132, 138, 140(n8), 143, 151, 153–154, 156, 190, 194, 211(n4), 222, 223, 225, 228, 229
Adaptability, 111, 112, 116, 132, 139, 151
Adverse selection, 48, 55, 57–58, 59, 70, 123, 132
Advisory bodies, 168, 170
Africa, 12, 16, 165
　East Africa, 187
　North Africa, 62
African Development Bank, 141
Agriculture, 3, 4, 7, 11, 52, 89. *See also* Irrigation
Ahmed, Raisuddin, 23(n6)
Aid, 4
Akerlof, George A., 58
Alchian, Armen A., 60–61
Amazon region, 109(n12)
Analyses, institutional, xv, 18, 19–20, 127–139, 154–156, 160, 213, 215–218, 231
Anderson, James E., xix
Animals, 58–59, 80, 90
Aschauer, David Alan, 23(n4)
Ascher, William, 152
Asia, 12, 52
　South Asia, 62, 146
Asian Development Bank, 141
Asset specificity, 102–103
Assumptions, 9, 44–46, 143, 197, 204, 215
Authoritarianism, 7, 207
Authority, 164, 166, 177, 178, 190, 193, 207, 208, 209, 219, 227, 231(n1)
　judicial, 186–187

Bangladesh, 11, 23(n6), 31, 95, 110(n19), 159, 201
Banglung project, 69–70
Banks, 109(n12), 141
Barzel, Yoram, 182
Bauer, P. T., 3
Beenhakker, Henri L., 93
Benefits, 13, 15, 77, 114, 117, 118, 132, 160, 217, 221, 225, 226
　estimating, 29, 76, 92–93, 95, 192
　nonexcludability of, 76, 77–84, 113. *See also* Exclusion; Free riding
　See also under Costs
Bicol River Basin program, 171, 175(n2)
Bigelow, Ross E., 83
Biggs, S. D., 52
Bird, Richard, 172
Briscoe, John, 91
Bish, Robert L., 182, 183
Botswana, 187, 204
Brazil, 157, 158
Bretton Woods Conference, 2. *See also* International Monetary Fund; World Bank
Bridges, 25, 69–70, 98, 229
Britain, 152
Brown, James, 12
Brutland Commisssion report, 11
Bryant, Coralie, 66–67
Budgeting, 172, 205, 207
Building codes, 67

Canada, 152
Capital, 3, 4, 98, 150
　capital-intensive projects, 157, 158
　capital markets, 208

capital stock, 85
  See also Social capital
Capital cities, 147, 169
Capitalism, 208
CARE/Indonesia, 90, 109(n10)
Cement, 94
Centralization, xxi, 36, 51, 121, 141–161, 162(n5), 175, 177, 184, 203, 207. *See also* Decentralization; Governments, national
Cernea, Michael, 15–16
Cheung, Steven, 71(nn 4, 8)
Chhattis Mauja irrigation system, 187, 188–189
Chiles, Lisa, 83
China, 4, 71(n8)
Chubb, John E., xi
CILSS. *See* Comité Inter-état de Lutte Contre la Sécheresse au Sahel
Cities. *See* Capital cities; Urban areas
Citizen-consumers, 142–143
Clay, E. J., 52
Clubs, theory of, 211(n6)
Coase, Ronald, 71(n4)
Cohen, S. S., 166–167
Collective action, 18, 77, 78, 79, 199, 200, 207
Collective choice, 74, 84
Colmey, John, 53
Comité Inter-état de Lutte Contre la Sécheresse au Sahel (CILSS), 79, 199–200
Communication, 86, 228
Community organizers (COs), 171, 175(n2)
Community Resource Management: Lessons from the Zanjera (Siy), 191–192
Competition, 207, 208–209, 210, 228, 229–230
Conflict resolution, 223, 226. *See also* Disputes
Consumer groups, 125(n8). *See also* Institutional arrangements, user groups
Consumption, 82, 88. *See also* Infrastructure, use of

Contingent valuation method, 91
Contracts, 18, 46–47, 60, 62, 63, 71(n4), 101–102, 131, 146, 148, 195, 215, 226, 229, 230
  contracting out, 206, 207
Conyers, Diana, 167
Coproduction, 101
Cornell, Stephen, 232(n1)
Cornes, Richard, 88
Corruption, 48, 65–68, 70, 72(n), 94, 120, 123, 131, 136, 138, 146–148, 155, 156, 157, 159, 177, 218, 219, 228. *See also* Opportunism; Side-payments; *under* Incentives
COs. *See* Community organizers
Costs, 5, 27–28, 184, 198, 211(n6), 230
  and benefits, 9, 11, 12, 14, 16, 17, 36, 37, 40, 44, 81, 85, 93, 95, 109(n11), 113, 117, 138, 150, 162(n5), 215–216
  collection, 150, 203
  coordination, 119, 120, 123, 131, 136, 143, 145, 146, 155, 161(n2), 180, 220, 231
  decisionmaking, 86
  dispute resolution, 194
  environmental, 11, 112
  of errors, 121
  of exclusion, 82, 83
  information, 48–49, 119, 120, 122(fig.), 123, 131, 143, 145, 149, 154, 155, 161(n2), 169, 177, 220, 231
  intermediate, 119, 122, 127, 131, 136, 156
  long-term, 108(n2)
  maintenance, 117, 215. *See also* Costs, operation and maintenance; Maintenance, financing
  monitoring, 65
  operation and maintenance (O&M), 27, 30(table), 32, 90, 110(n13), 116, 117, 143, 151, 155, 170, 232(n2). *See also* Maintenance, financing
  opportunity, 14
  paid by users, 30, 70, 109(n10), 219, 225, 228,

production, 122–123, 124(table), 131, 143, 154–155, 161(n2), 207. *See also* Costs, transformation
provision, 119–122, 124(table), 125(n8), 131, 143
recurrent, 30–31, 215, 229, 232(n2)
sanctioning and governance, 48
strategic, 48, 119, 120, 123, 143, 161(n2), 177, 231
transaction, 18, 47–48, 55, 60, 63, 64, 68, 71(n4), 112, 118–119, 120–121, 123, 160, 175, 183, 231
transformation, 112, 119, 120, 131, 136, 143, 220, 231. *See also* Costs, production
See also Financing; *under* Irrigation
Côte d'Ivoire, 205
Cotton, 64
Credit, 58, 131, 138
Crime, 35, 186–187, 211(n3)
Crosson, P. R., 71(n5)
Currency, 208

Dams, 31, 61, 152, 198, 221
Davey, Ken, 165
Debt, 4, 5, 6, 22(n3), 156
Decentralization, 20, 59, 71(n9), 163–175, 192
administrative, 168–175, 177
centralized, 172
classic, 165, 166
dimensions of, 166–168
meanings, 163–164, 165–166
and privatization, 206–209
public sector, 181
typology, 167
See also Centralization
Decisionmaking, 86, 163, 174, 209, 227, 229
Deconcentration, 166, 168, 219
Demand, 11, 12, 90, 91, 116, 181, 182, 183
consumer demand theory, 92
Democracy, 164, 207
Demsetz, Harold, 60–61
De Soto, Hernando, 186, 221

Development
agencies/ministries, 109(n12), 173–174
institutional approach to, 8–10, 232(n1)
postwar initiatives, 2–7
sustainable, 11, 14, 112, 213–231
theories, 22(n1)
See also Economic growth
Disasters, 116, 233(n9)
Discount rates, 11, 36, 93, 109(n11)
Disease, 11
Dishonesty, 58
Disputes, 180, 186, 194, 195–196, 204, 209, 221, 230. *See also* Conflict resolution
Distribution, 181–182, 199. *See also* Redistribution
Districting, 182–183
Donor agencies, 141–142, 156–159, 199, 215, 222, 227, 232(n5), 233(n9)

Eagle, Eva, 163
Eastern Europe, 4, 21
Economic growth, 12, 23(n4). *See also* Development
Economic theories, 43, 44, 118
Economies of scale, 19, 65, 97–102, 143, 154, 159, 177, 178, 180, 198, 203, 204
Education, 4, 53, 90, 101, 147, 160, 184, 197, 201, 211(n3). *See also* Schools
Efficiency, 14, 17, 54, 65, 91, 98, 102, 103, 111, 112–113, 115, 116–117, 117–118, 122, 138, 146, 151, 157, 158, 182, 183, 184, 185, 197, 208, 210
Ekeh, Peter, 72(n)
Elderly people, 55
Elections, 149, 180. *See also* Voting mechanisms
Electricity, 156
Elites, xxi
Employment. *See* Labor issues
Energy generation, 152
Environmental issues, 6, 10–11, 112, 198

247

Equity, 111, 112, 113–115, 116–117, 118, 132, 205–206. *See also* Fiscal equivalence
Erosion, 11
Errors, 12, 45, 68, 93, 120, 121, 160, 177
Estimates, 153. *See also* Benefits, estimating
Ethnic issues, 7, 184, 185
European Economic Community, 152
Evaluations, xix, 11, 13, 14, 93, 111–125, 131–132, 156, 197
 criteria, 16–18, 111, 112–123, 124(table), 124–125, 132, 138, 139, 144(table), 233(n5)
 criteria, intermediate, 112, 118–123, 124(table), 125, 144(table)
 of engineers, 57
 impact evaluation studies (IESs), 15–16
 for irrigation, 26, 144(table)
 See also under Institutional arrangements
Exclusion, 81, 82, 83. *See also* Benefits, nonexcludability of
Externalities, 10, 198, 211(n5)

Faiz, Asif, 228
Fallible learners, 45
Familism, 62. *See also* Kinship networks
Federalism, 195
 fiscal, 181
Fees. *See* User fees
Ferris, James M., 71(n9)
Financing, 16, 77, 108(n2), 170, 193, 202–206
 donor financing, 115, 152, 153
 general funds for, 149–150, 220
 recurrent requirements. *See* r coefficients
 See also under Infrastructure; Maintenance
Fiscal equivalence, 112, 114, 125(n2), 205, 206, 210. *See also* Equity
Floods, 14, 116, 145, 159
Foreign exchange, 4
Forests, 6, 23(n3), 109(n12)

Fraud, 123, 132. *See also* Corruption
Free-riding, xx, 48, 80, 96, 120, 125(n8), 131, 136, 138, 139, 151, 154, 159, 177, 180, 185, 191, 216, 221. *See also* Benefits, nonexcludability of; *under* Incentives

Germany, 4, 152
GNP. *See* Gross national product
Governance, 48, 193–202. *See also under* Irrigation
Governing the Commons (E. Ostrom), xix–xx
Government Accounting Office. *See under* United States
Governments
 agencies/ministries, 36, 96, 121–122, 144(table), 159, 173–174, 202. *See also* Decentralization, administrative
 local, 168, 182, 183, 190, 194–195, 196, 197, 198, 201, 203, 204–205, 210(n2), 211(n3)
 national, 7, 67, 83, 141–161, 142(fig.), 161, 162(n5), 164, 168–175, 181, 185, 198, 200, 201, 202–203, 216, 217, 227, 229. *See also* Centralization
 officials, 96–97, 121, 143, 146–149, 150, 157, 164, 169–170, 174–175, 175(n2), 180, 185, 190, 194–195, 203, 204, 217, 223, 226, 232(n4)
Grants/loans, 76, 141, 152, 171, 198, 201, 203–204, 229
Gross national product (GNP), 3
Growenewegen, Peter, 202
Guyer, Jane, 151

Haggblade, Steven, 12
Haiti, 91–92
Harral, Clell G., 228
Harvard Project on American Indian Economic Development, 231(n)
Hayek, Friedrich A. von, 51
Hazell, 12
Health care, 4, 83, 147
Heller, Peter, 27
Highways. *See* Roads, trunk

248

Hirschman, Albert, 211(n4)
His Majesty's Government of Nepal. *See* Nepal
Holland, 2
Hong Kong, 4
Hossain, Mahabub, 23(n6)
Housing, 41(n6), 128, 129–130
Hunt, Robert C., 211(n7)
Hyden, Goran, 184

IESs. *See* Evaluations, impact evaluation studies
IIMI. *See* International Irrigation Management Institute
Illiteracy, 53
IMF. *See* International Monetary Fund
Imperialism, 156, 185
Imports, 4, 152
 duties, 150, 162(n6)
Import substitution, 4
Incentives, xv, 2, 9, 20, 22, 43, 44, 62, 65, 70, 82, 110(n18), 120, 143, 147, 156, 157, 168, 174, 191, 195, 196, 197, 203, 213, 214, 227, 230, 231, 232(n5)
 and allocation rules, 89
 and corruption, 147–148, 159, 160
 and free riding, 77–78, 81, 84, 85, 108(n4)
 and maintenance, 41(n2), 95, 209, 233(n9)
 and monitoring, 111
 and past errors, 45
 predicting, 105
 and rent seeking, 109(n12), 156, 217
 and shirking, 94, 108(n4), 145, 148
 types, 8
 to underestimate/overestimate benefits, 95
Income, 3, 4, 11, 12, 90, 92, 148, 152, 182, 205, 214
India, 10, 172
Individuals, xv, xx, 44–46
Indonesia, 53, 185. *See also* CARE/Indonesia
Industrialization, 3
Industry concept, 104–105
Inequality, 7. *See also* Equity

Informal economies, 185, 186
Information, 17, 45–46, 91–92, 136, 160, 164
 asymmetries, 49–62, 63, 68, 70, 120, 123, 129, 201
 and budgets, 172
 local. *See* Information, time and place
 loss of, 53, 180, 187
 about preferences, 115–116, 183
 rules of thumb for, 93
 scientific knowledge, 50, 52–53, 131, 132, 121–122, 145, 149, 159, 170, 177, 180, 190, 197
 time and place, 29, 31, 49–55, 56, 67, 81, 98, 100, 121, 132, 145, 149, 160, 168, 169, 177, 180, 197, 218
 See also under Costs
Infrastructure
 adaptability, 17–18
 construction, 32–33, 41(n4), 75, 94, 98, 104, 144(table), 146, 155(table), 157, 162(n9), 220
 definition, 10
 design of, 29, 31, 35, 36, 41(n4), 43, 51, 53, 92, 98, 104, 110(n14), 146, 155(table), 156, 220, 225, 226
 deterioration, 29, 40, 41(n1), 75, 94, 103–104, 107, 112, 117, 160, 219, 220
 development role of, 1–22, 230
 development stages, 29–34
 financing, 32, 41(n4), 75–76, 82–83, 97, 113, 115, 128. *See also* Financing; Maintenance, financing
 importance of physical, 10–13
 inappropriate, 4, 112, 115
 joint use of, 84–90, 154, 224. *See also* Institutional arrangements, user groups
 multiple uses of, 90
 network features, 201
 new vs. existing, xx, 36, 59, 96, 232(n4)
 operation and maintenance, 33, 41(n4), 43, 144(table), 146, 147, 148, 162(n9), 219, 220. *See also* Costs,

249

operation and maintenance; Maintenance
private facilities, 128–132, 133(table)
rural, 9, 12
self-governing, 232(n1)
size of, 83, 93, 94, 97, 102, 107, 139, 146, 155, 157, 224–230. See also Irrigation, size of systems
social, 6–7
urban, 2
use of, 33–34, 41(n4), 76, 84–90, 95, 154, 224
See also Maintenance; Production; Provision; Public facilities; Sustainability
Inheritance rules, 65
Institutional arrangements, 87, 100, 103, 111, 112, 118, 119, 230–231
analyzing, 127–139
differentiated market, 127, 129–131, 130(fig.), 133(table), 135, 136, 137(table), 138, 227
evaluations, 131–132, 133(table), 135–136, 137(table), 138–139. See also Evaluations
and local beneficiaries, 217
nested, 102, 177. See also Institutional arrangements, polycentric
optimal, 9
polycentric, 20, 21, 161, 177–210, 179(fig.), 231. See also Polycentricity
simple market, 127, 128–129, 129(fig.), 132, 133(table), 136, 137(table), 138, 227
user groups, 125(n8), 127, 134–135, 134(fig.), 136, 137(table), 138, 139, 163, 219, 221
See also Centralization; Decentralization; Institutions
Institutions, 6, 18
acephalous, 191
analysis, 18, 19–20
changes, 166, 167, 214, 219, 233(n6). See also Reforms
counteracting, 55, 58, 60–61, 62–65, 76, 132

financial, 129, 130
indigenous, 7, 61, 185, 187, 190, 191–192, 221, 222–223
institutional rational choice (IRC), xx–xxi
See also Institutional arrangements
Insurance companies, 55, 57, 59, 230
Interests, 86, 88, 216. See also Preferences
International Irrigation Management Institute (IIMI), 30–31, 222
International Monetary Fund (IMF), 2, 7
Investments, xv, 1, 4, 8, 11, 12, 13, 23(n4), 34, 37, 40, 138, 163, 197, 214, 225, 228
underinvestments/overinvestments, 84, 138, 151, 160, 213
IRC. See Institutions, institutional rational choice
Irrigation, xx, 10, 11, 12, 25, 26, 33, 52, 53, 61, 64, 89, 95, 98, 100–101, 106, 107, 152–153, 162(n9), 187, 221
associations, 56–57
costs, 30–31, 34, 109(n11), 151
farmer-managed, 172, 188–189, 211(n7), 221
governance, 54–55, 71(n5)
life of systems, 93
ministry officials for, 96–97
Philippine systems, 30–31, 55, 56–57, 87–88, 145–146, 170, 185. See also Zanjera system
size of systems, 134–135, 137(table), 139, 144(table), 147, 185, 188–189, 224
See also Water supply
Italy, 2

Jagannathan, Vijay, 64, 146–147
Jamaica, 5, 35–36, 53
Japan, 2, 7, 152, 185
Jenkins, Jerry, 172
Jones, Charles O., xix
Judicial systems, 186–187, 194, 196, 197, 208, 209, 211(n9), 227. See also Legal issues

Jurisdictions, 179–180, 193, 198, 201, 205, 206, 229

Kalt, Joseph P., 232(n1)
Kenya, 27, 197
Kinship networks, 62–65, 66
Korea, 4, 30, 162(n9)
Krueger, Anne O., 96
Kuwait, 152

Labor issues, 32, 33, 35, 97, 98, 197
  community labor, 61, 69–70, 99–100, 114, 135, 189, 223
  manual labor, 95
  rural nonfarm employment, 11–12
Landau, Martin, 163, 174
Latin America, 16
LDCs. *See* Less-developed countries
Leases, 103
Legal issues, 67–68, 186–187, 193–195, 209. *See also* Judicial systems
Leibenstein, Harvey, 61
Lele, Sharachchandra M., 12
Leonard, David K., 167
Less-developed countries (LDCs), 1, 3, 6, 21
Levi, Margaret, 108(n6)
Levine, Gilbert, 54
Literacy, 193
Loans. *See* Grants/loans
Logrolling, 150–151

Macroeconomic policy, 150, 181
Mahaweli Development Program, 152–153
Maintenance, 14, 16–17, 33, 70, 158, 183, 228, 229
  collective approach to, 86, 95, 104, 107, 110(n18), 136, 219
  by contract, 101–102
  emergency, 33, 36–37
  financing, 25–29, 40, 41(n2), 59, 75, 117, 228. *See also* Costs, operation and maintenance
  hypothetical cases, 37–38, 39
  and investment decision, 37
  levels of, 36, 38–39

  and multiple decisionmakers, 40, 43
  routine, 28, 36–37, 101, 233(n9)
  and single owner-users, 34–39, 43, 110(n18)
  See also Infrastructure, operation and maintenance; *under* Incentives; Roads
Malawi, 99–100
Mandates, 198, 201
Marchetti, Peter, 22(n2)
Markets, 19, 83, 118, 155, 183, 207, 208. *See also* Institutional arrangements, differentiated market; Institutional arrangements, simple market
Marshall, Dale Rogers, 167
Marshall Plan, 4
Matrices, 105
Mawhood, Philip, 165, 166
Measuring, 76, 159
  problems, 90–96
Mellor, John W., 12
Methodology, xv. *See also* Analyses
Mexico, 31
Migration, rural-urban, 35
Minorities, 193
Mobility, 183, 184
Modernization, 3
Moe, Terry, xxi, 59
Monitoring, 48, 60–61, 62, 65, 71(n8), 85, 95, 111, 114, 128, 129–130, 145, 146, 157, 159, 183, 221, 223, 225, 230
Monopolies, 98, 208
Moral hazard, 48, 55, 59, 63, 70, 123, 132
Moran, Emilio, 109(n12)
Moynihan, Daniel Patrick, 41(n2)
Mu, Xinming, 91
Multiplier effects, 11
Musgrave, Richard A., 202

National Irrigation Administrations (NIAs), 56–57, 145–146, 162(n9), 171, 175(n2)
Natural resources, 6, 79
Nepal, 11, 31, 69–70, 140(n5), 172, 185, 188–189, 197, 222
Nepotism, 7, 65–68

251

New institutional economics, 18, 43–44
NGOs. *See* Organizations, nongovernmental
NIAs. *See* National Irrigation Administrations
Nicaragua, 22(n2)
Nigeria, 22(n3), 64, 200
Niger River, 200
Nonexcludability. *See under* Benefits
Norms, 46, 61

O&M costs. *See* Costs, operation and maintenance
Oates, Wallace, 181, 182
Obligations, 66. *See also* Responsibility
Officials. *See under* Governments
Opportunism, 46, 55, 63, 67, 68, 111, 113, 132, 180
  types of, 48, 70
  See also Corruption
Organizations
  donor, 141–142. *See also* Donor agencies
  nongovernmental (NGOs), 190, 191–192, 220, 222–223, 229
  relationships among, 190
  voluntary, 79–80
Ostrom, Elinor, xix
Ostrom, V., 183

Pakistan, 10, 31, 101
Parma system, 69–70
Patrons/clients, 170
Paul, Samuel, 211(n4)
PDAP. *See* Philippines, Provincial Development Assistance Program
Peru, 186–187, 221
Philippines, 61, 140(n5), 151, 195
  Provincial Development Assistance Program (PDAP), 172–174, 196
  See also Irrigation, Philippine systems; Zanjera system
Point Four Program, 2–3
Policy issues, 218–230
Policy studies, xix
Polycentricity, 178–184, 208, 220
  concerns about, 192–206
  in developing countries, 184–192, 217, 221
  sources of, 185–190
  See also Institutional arrangements, polycentric
Popkin, Samuel L., xxi, 58
Poverty/poor people, 5, 6, 17, 23(n6), 114, 138, 153, 182, 193, 196
Power, 68, 70, 97, 164, 172
Pradhan, Naresh C., 69, 70
Preferences, 78, 80–81, 86, 115, 131, 136, 149, 168, 172, 180, 183, 201, 217, 228. *See also* Interests
Prices, 4, 57, 89, 113, 117, 132, 183
Principals/agents, 43, 61–62, 71(n9), 201, 203
Private sector, 19, 57–58, 77, 103, 197, 199, 227
  and maintenance decisions, 34–39
  privatization, 206–209, 210, 226
  and shirking, 60–61
Problem solving, 44, 45
Production, 133(table), 135, 136, 137(table), 143–148, 168–169, 197, 209, 210, 218, 229
  infrastructure attributes affecting, 97–105
  and provision, 73–76, 102, 106, 156, 178, 183–184, 208
  See also under Costs
Productivity, 4, 12, 23(n4), 66, 146, 172, 196–197, 214, 215, 225
  social, 27
Property rights, 128–129, 208, 227
Proprietary funds, 108(n2)
Provision, 133(table), 136, 137(table), 142–143, 148–151, 175, 177, 182, 198, 208, 218, 226, 228, 229
  infrastructure attributes affecting, 76–97, 106
  See also under Costs; Production
Public facilities, 9–10, 43
  beneficiaries of, 14, 16
  See also Infrastructure
Public finance, 181
Publics, 199
Public schools, xxi

Public sector, 19, 27, 39–40, 74, 77, 79–80, 82, 98, 102, 103, 104–105, 106, 119, 120, 161, 181, 197, 209, 210, 221, 229
Public services, 57–58, 67, 101, 102, 103, 104–105, 181

Ramakrishnan, Subramaniam, 27
Ranches, 109(n12)
R&D. *See* Research and development
Rationality, 9
  bounded, 44, 45–46
  See also Institutional rational choice
r coefficients, 27, 28(table)
Redistribution, 17, 111, 112, 114–115, 116, 118, 132, 138, 151, 153, 182, 202–203, 205, 206, 210, 210(n2)
  of authority, 164, 166
  See also Equity
Reforms, 164, 216, 221, 228, 233(n6). *See also* Institutions, changes
Rent seeking, 96–97, 109(n12), 115, 120, 131, 136, 138, 140(n7), 155, 156, 160, 177, 203, 216, 217, 218, 220, 228, 229, 233(n9)
Repairs, 33, 158, 189. *See also* Maintenance
Repetto, Robert, 10, 151
Reputations, 136
Research and development (R&D), 52
Resource mobilization, 70, 116, 118, 220, 225, 227, 228
Responsibility, 81, 85, 86, 90, 131, 138, 193, 198, 201
Revenue instruments, 202–204, 210(n2), 214–215. *See also* Taxation; User fees
Rice, 50, 162(n9), 189
Richards, Paul, 50
Risks, 13, 48, 65, 97, 129, 130
Rivalry, 88, 108(n7)
Roads, 11, 14, 25, 28, 32, 33–34, 82, 83, 88, 93, 95, 98, 106, 139, 159, 201, 230
  feeder, 5, 27, 35–36
  maintenance of, xx, 26, 41(n2), 86, 101–102, 107, 110(n19), 117, 227–228, 229
  trunk, 27, 139, 156, 157, 158
Roell, Peter B.R., 12
Rome, 62
Rules, 20, 44, 46, 54, 79, 86, 89, 95, 113, 123, 128, 131, 135, 138, 140(n5), 177–178, 185, 186, 191, 193, 195, 209, 211(n5), 220, 222, 223

Sahel countries, 79, 199–200
Salaries, 67, 147, 148, 160, 204, 205
Sanctions, 48, 138, 140(n6), 191, 223
Sandler, Todd, 88
Sanitation projects, 90
Savas, E. S., 206
Scaling up/down, 222
Schools, 83, 169. *See also* Education
Science. *See* Information, scientific knowledge
Scott, James, 66
Scudder, Thayer, 10
Second best, theory of, 117–118
Self-interest, xx
Settlers' associations, 186
Sewage treatment, 184, 198, 201, 211(n5)
Shirking, 46, 48, 60–61, 65, 70, 71(n8), 111, 113, 123, 132, 146, 151, 155, 160, 177, 215, 218. *See also under* Incentives
Side-payments, 146–147, 148, 161(n3), 169
Sierra Leone, 50
Singapore, 4
Siy, Robert, 191–192
Social capital, 6, 190, 191, 197, 209, 220, 232(n3)
Social welfare, 14, 113
South Korea. *See* Korea
Soviet Union, 3, 4, 7
Squire, F. A., 50
Sri Lanka, 151, 152–153
Stone, Roger, 22(n3), 190, 222
Structural adjustment, 7, 22(n3)

253

Subsidies, 41(n2), 47, 109(n12), 114–115, 118, 153, 162(n9), 205
Subtractability of service flow, 88–90, 107, 108(n7), 113, 117, 224
Sudan, 63, 64, 164
Summers, Lawrence H., 11
Sustainability, 1–2, 13–18, 21, 106, 111, 113, 116, 154, 158, 170, 203, 209, 210, 213, 214, 215, 218, 231
   definitions, 13–14, 15
   See also Development, sustainable
Sweden, 152
Switzerland, 195

Taiwan, 4, 54, 162(n9), 185
Taxation, 81, 84, 96, 108(n6), 109(n12), 113, 116, 149–150, 151, 154, 160, 198, 202–203, 205, 212(n10), 216, 228–229
   avoidance of, 82, 114
   tax farming, 62
   value-added taxes (VATs), 150, 162(n7)
Technology, 4, 16, 35, 52, 69
Telephone service, 67, 98
Tendler, Judith, 157, 158
Thailand, 30
Third World, 2, 4
Thomson, James, 79
Tiebout, Charles, 183–184
Time issues, 12–13, 77, 85, 93. See also Information, time and place
Tollbooths, 83
Tourism, 35
Truman, Harry S, 2
Trust, 63
Tunisia, 83

Uncertainties, 43, 46, 47, 49, 94, 130, 138
Unions, xxi

United States, 5, 7, 41(n2), 108(n2), 195, 211(n3), 227
   Agency for International Development (USAID), 13, 26, 83, 141, 157, 158, 162(n9), 171, 173, 232(n2)
   equipment made by, 157
   Government Accounting Office, 232(n2)
Uphoff, Norman T., 31
Urban areas, 2, 35, 41(n7), 100. See also Capital cities
USAID. See United States, Agency for International Development
User fees, 83, 113, 116, 117, 151, 202, 203, 228

Values, 8
VATs. See Taxation, value-added taxes
Voting mechanisms, 78, 80–81, 84, 88, 135. See also Elections

Wade, Robert, 147, 197
Warren, Robert, 183
Water supply, 10, 11, 25, 27, 52, 53, 82–83, 89, 90, 91–92, 98, 99–100, 109(n10). See also Irrigation
Weather, 117
Western Europe, 1, 3–4, 7
West Germany, 152
Whittington, Dale, 91
Williamson, Oliver, 47, 103
Willingness to pay (WTP), 90, 91–92, 151
Winkler, Donald R., 71(n9)
World Bank, 2, 7, 11, 13–14, 15–16, 23(n3), 26, 92, 94, 141, 152
World Food Program, 153
WTP. See Willingness to pay

Zanjera system, 61, 87–88, 140(n8), 185, 191–192, 195, 197, 209, 221–222, 227
Zimbabwe, 10

Institutional Incentives and Sustainable Development: Infrastructure Policies in Perspective by Elinor Ostrom, Larry Schroeder and Susan Wynne

ISBN：9780813316192

Copyright © Taylor & Francis Group 1993

Authorized translation from the English language edition published by Routledge, a member of the Taylor & Francis Group. All rights reserved. 本书原版由 Taylor & Francis 出版集团旗下 Routledge 公司出版，并经其授权翻译出版，版权所有，侵权必究。

China Renmin University Press is authorized to publish and distribute exclusively the Chinese (Simplified Characters) language edition. This edition is authorized for sale throughout the mainland of China. No part of the publication may be reproduced or distributed by any means, or stored in a database or retrieval system, without the prior written permission of the publisher. 本书中文简体翻译版权授权由中国人民大学出版社独家出版并仅限在中国大陆销售，未经出版者书面许可，不得以任何方式复制或发行本书的任何部分。

Copies of this book sold without a Taylor & Francis sticker on the cover are unauthorized and illegal. 本书封面贴有 Taylor & Francis 公司防伪标签，无标签者不得销售。

北京市版权局著作权合同登记号：01-2011-5737

图书在版编目(CIP)数据

制度激励与可持续发展：基础设施政策透视／(美)埃莉诺·奥斯特罗姆，(美)拉里·施罗德，(美)苏珊·薇恩著；李梅等译. --北京：中国人民大学出版社，2023.6

ISBN 978-7-300-18590-3

Ⅰ.①制… Ⅱ.①埃…②拉…③苏…④李… Ⅲ.①激励制度-关系-可持续性发展-研究 Ⅳ.①C936 ②X22

中国国家版本馆CIP数据核字（2023）第095090号

制度激励与可持续发展：基础设施政策透视
埃莉诺·奥斯特罗姆（Elinor Ostrom）
[美] 拉里·施罗德（Larry Schroeder） 著
苏珊·薇恩（Susan Wynne）
李梅 毛寿龙 陈幽泓 等 译
Zhidu Jili yu Kechixu Fazhan: Jichu Sheshi Zhengce Toushi

出版发行	中国人民大学出版社		
社　　址	北京中关村大街31号	邮政编码	100080
电　　话	010-62511242（总编室）	010-62511770（质管部）	
	010-82501766（邮购部）	010-62514148（门市部）	
	010-62515195（发行公司）	010-62515275（盗版举报）	
网　　址	http://www.crup.com.cn		
经　　销	新华书店		
印　　刷	北京宏伟双华印刷有限公司		
开　　本	720 mm×1000 mm　1/16	版　次	2023年6月第1版
印　　张	18.5	印　次	2023年6月第1次印刷
字　　数	251 000	定　价	78.00元

版权所有　侵权必究　印装差错　负责调换